华中村治研究丛书

"找回"城市与"祛魅"的居民自治

Rethinking Urban Community Governance

张雪霖 著

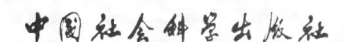

中国社会科学出版社

图书在版编目(CIP)数据

"找回"城市与"祛魅"的居民自治/张雪霖著.—北京：中国社会科学出版社，2021.7

(华中村治研究丛书)

ISBN 978-7-5203-8585-5

Ⅰ.①找… Ⅱ.①张… Ⅲ.①市民—群众自治—研究—中国 Ⅳ.①D638

中国版本图书馆 CIP 数据核字(2021)第 110061 号

出 版 人	赵剑英
责任编辑	马 明
责任校对	胡新芳
责任印制	王 超

出　　版	中国社会科学出版社
社　　址	北京鼓楼西大街甲158号
邮　　编	100720
网　　址	http://www.csspw.cn
发 行 部	010-84083685
门 市 部	010-84029450
经　　销	新华书店及其他书店

印　　刷	北京明恒达印务有限公司
装　　订	廊坊市广阳区广增装订厂
版　　次	2021年7月第1版
印　　次	2021年7月第1次印刷

开　　本	710×1000 1/16
印　　张	18
字　　数	277千字
定　　价	88.00元

凡购买中国社会科学出版社图书，如有质量问题请与本社营销中心联系调换
电话：010-84083683
版权所有　侵权必究

《华中村治研究丛书》
总　序

贺雪峰[*]

在2002年发表的《村治研究的共识与策略》一文中，我们达成了村治研究的三大共识，即"田野的灵感、野性的思维、直白的文风"，这三大共识是华中村治学者多年研究所形成的基本共识，一直指导着华中村治学者的研究实践。

"田野的灵感"强调华中村治研究中的经验优先原则。当前中国正处在史无前例的巨大变革时期，经验现象十分丰富，从经验中来，到经验中去，以理解中国经验与实践作为出发点和归属，在理解经验与实践中形成对经验与实践的解释，是华中村治研究的显著特征。

"野性的思维"强调华中村治研究中理论与方法的多元性。只要有利于增加对经验与实践的理解，任何理论与方法都是好理论和好方法。正是在用各种理论与方法来理解和解释经验与实践的过程中会形成各种提炼与概括，会形成基于中国经验与实践的具有主体性的中国社会科学。"野性的思维"的另外一层含义是"不拘一格，大胆假设，不怕出错，敢于探索"。

"直白的文风"强调华中村治研究要能容纳多学科、经验性与原创研究的特点。经验研究看起来没有进入门槛，真正深入进去却需要长期积累和学术功力。"直白的文风"反对雕刻文字，闭门造车，注重想事说事，注重研究向大众开放，注重多学科研究对话。开门搞研究而不是关门自我循环，是华中村治学者的一个基本准则。

---

[*] 贺雪峰，武汉大学中国乡村治理研究中心主任，教授。

中国是一个大国，有5000年文明，14亿人口，陆地国土面积就有960万平方千米。按购买力平价计算，中国GDP已是世界第一。中国正处在史无前例的伟大变革时期，农村人口迅速城镇化。中国正由一个传统国家变成一个现代甚至后现代的国家。如何理解巨变中的中国经济、政治、社会、文化和历史，在这个理解与解释的过程中形成有主体性的中国社会科学，并转而指导实践和改造实践，就成为当前中国社会科学的伟大使命。

立足中国经验和实践的中国社会科学一定是伟大的，是具有中国主体性的，是饱含中国民族性和地域特色的。社会科学研究的目的是扩大我们观察和理解实践的视野，而不是屏蔽我们的视野。脱离中国实践的语境，套用没有经过中国实践注解和浸泡的西方理论，往往不仅不能改善我们的视野，反而可能屏蔽我们的视野。只有真正进入经验与实践，我们的理论才有还原经验与实践的能力，才能改善我们观察和理解经验与实践的视野，真正理解实践和改造实践。

中国社会科学是在理解和解释伟大的中国经验与实践中产生的，是服务于中国实践并以中国实践来检验的。这样一种"从经验中来—形成理论提炼与概括—又回到经验中去"的社会科学研究循环，就是中国社会科学研究中的大循环。只有在这样的大循环中，中国社会科学才能选择正确的研究方向，研究也才能获得丰富的中国经验与实践的滋养，也正是在这样一个大循环过程中产生的有主体性的中国社会科学才具有生命力。有了从经验到理论再到经验的大循环，逐步形成了具有中国主体性的社会科学，就必然会有从理论出发—到经验中去—再回到理论的以学术对话为特点的小循环，这样一种小循环是服务于和服从于中国社会科学大循环的。

要在从经验到理论再到经验与实践的大循环中建立起有主体性的中国社会科学，就必须要有真正做中国经验研究的学者。这些学者要有充分的经验训练，要在长期经验调查中形成对经验的总体把握能力，要有"经验质感"，不仅要能从经验中提炼出理论命题，而且要有将理论还原到经验中的能力。

获得经验质感的不二法门是进行饱和经验训练，不断地到经验中浸泡，这样才能具有透过现象看本质的能力，具有将经验碎片整合起来的能力，从而真正形成想事的能力。饱和经验训练尤其要防止对经验的"一触即跳"，即仅在经验中产生了微弱问题意识就脱离经验去做精致"研究"。只有通过饱和经验训练，才能利用各种理论和方法来分析经验，才能将经验研究中提出的问题进行理论化的概括，才能为建立有主体性的中国社会科学添砖加瓦。

十数年来，华中村治研究所追求的就是在饱和经验训练基础上建立有主体性的中国社会科学事业。这个事业从理解和解释经验与实践开始，又回归经验与实践，中间留下的理论提炼与概括正是建设有主体性的中国社会科学所需要的砖瓦。

最近十数年来，我所组织的研究团队按人次算，每年驻村调研时间都超过4000个工作日，平均下来，我们研究团队每天都有超过10人在全国各地农村调研。在某种意义上，我们团队同仁都经历了饱和的经验训练。

从时间上看，我们在取消农业税前的20世纪末期就开始进行农村调研，到现在国家推进乡村振兴战略，国家与农民的关系发生了巨大变化。2000年，我国城市化率只有36%，现在已超过60%，几乎所有农村青壮年劳动力都进城了；从地域上看，我们不仅在中国南方、中国北方和长江流域调查，而且近年也密集地到东部沿海发达地区和西部贫困地区调查，发现了中国南北、中国东西和中国腹地的巨大区域差异；从研究主题上看，我们从基层政治研究开始，由此进入对乡村治理社会基础的研究，再延展到对几乎所有乡村主题的研究，比如家庭制度、农业发展、宗教信仰、土地制度、乡村教育、医疗保障等；近年来我们的研究也跟着农民工进城，开始了城市社区、街头治理、信访制度、县市治理、教育治理等方面的研究。

我们希望在调查和研究中能真正做到"从经验中来，到经验中去"，从经验中得灵感，依靠经验形成"想事"的能力，并在此过程中形成若干理论提炼与概括。

十数年来，我们研究团队在饱和调研基础上形成了大量理论概括，这些理论又作为视角融入政策问题的讨论中，并在一定程度上对政策产生了影响，比如对农业、土地、信访、乡村治理、城镇化等方面的政策产生了或大或小的影响。我们相信，只要我们团队坚持下去，再坚持十年、数十年，就一定可以形成理解中国经验的具有中国主体性的社会学科一家之言。我们希望中国社会科学有百十家这样的一家之言，我们呼吁各种一家之言良性竞争，相互启发，相互补充，共同发展，最终成长出与中华民族伟大复兴相适应的高水平的中国社会科学。

我们计划在未来持续将团队的最新研究纳入《华中村治研究丛书》出版。希望丛书能增加读者对华中村治研究的了解，引发社会各界对转型中国问题的关注与讨论。

是为序。

作于 2018 年 4 月 10 日晚

修于 2021 年 4 月 12 日晚

序　打开社区治理研究新局面

王德福[*]

张雪霖博士的新著即将出版，作为师兄，又是多年并肩穿梭于城市田野里的"战友"，自然很是为她感到高兴。这本书，是她博士期间学术训练的结晶，也为华中村治研究团队的学术文库新增一部力作。

我虽然比雪霖虚高几个年级，可单论起社区治理研究来，她起步却比我要早。2015年7月，我第一次踏上城市之旅，雪霖已是第二次"进城"。那次我带队，地点在南京，访谈什么人，调研什么内容，都是从零开始摸索，却也充满了好奇与兴奋，全程兴致勃勃，讨论得不亦乐乎，许多场景回忆起来仍然津津有味。从秦淮河畔的老旧小区自治试验，到雨花台下的社会组织孵化，再到玄武湖边的智慧社区创新，社区治理的丰富性令人目不暇接。尽管许多经验在当时没有转化为问题意识，却在后来更多的社区调研中不断被激活。那次参与调研的几位师弟师妹中，只有雪霖的博士论文选择了社区治理议题，她初步拟定选题，正好也是在那次南京调研中。后来，在贺雪峰教授的支持和指导下，在团队自由热烈的集体学术氛围中，雪霖出色地完成了博士期间的经验训练，便有了呈现在读者面前的这部作品。

这些年来，我们与团队同仁一起，穿梭在各个城市的大街小巷。从一无所知，到心中有底；从积极参与经典话题讨论，到自觉设置学术议题，肉眼可见的进步，不断增强着我们坚持下去的信心。我想，这正是团队饱和经验训练的力量。雪霖这本书，田野经验以深圳和武汉为主，更离不开持续多年的多点调研积累。这些鲜活的学术认识，正是经验饱

---

[*] 王德福，武汉大学社会学院副教授，武汉大学中国乡村治理研究中心研究员。

和后的自然析出。正因为如此，雪霖在书中讨论的诸多议题，就具有了相当的普遍性意义。她从社区治理经典议题"去行政化"切入，系统辨析了多元化治理主导下社区改革的实践悖论，揭示了源自西方的"国家—社会"二元认识范式的局限性，运用"中央—地方—民众"三层关系视角，提炼出同西方"多元网式治理结构"相对的中国"链式治理结构"，很好地解释了中国式城市社区"半行政—半自治"的组织属性与治理机制，并论证了社区"通才型治理"简约高效的治理优势，也就澄清了片面追求去行政化与社区自治的实践迷思。这些概念化提炼，或许稍欠精致，却充满启发性。我喜欢这些有冲击力和挑战性的学术观点，并热切地期待它们引起更多的学术讨论。

我国已经进入城镇化新阶段。一方面，高速城镇化还在继续，大开大合的城市开发建设尚未结束。农民进城，城市扩张，城市基层治理格局在深刻重组；另一方面，城市要谋求更高质量发展，市民要追求更高品质生活，社会阶层重构催生的生活秩序重建问题，已成为城市社会治理的重中之重。从2000年算起，城市社区建设历经20多年，"社区治理"已取代"社区建设"成为新时代城市基层治理的主题。经历了新冠肺炎疫情，人们更加充分地体认到社区的重要性。后疫情时代，城市社区如何实现更好的治理，既是国家治理现代化的时代命题，也是充满想象力和生长点的学术命题。现代社会科学伴随着人类社会从农业社会向工业社会的巨变而诞生，城市的崛起和发展更是直接催生了芝加哥学派以及众多城市社会科学理论流派的百家争鸣。中国的城市治理具有独特制度基础和社会基础，仅仅是社区治理实践，就拥有足以支撑得起百花齐放的经验厚度。我们应该有主体性地吸收借鉴西方理论，扎扎实实地深耕中国经验，从市民生活中那些漏水、停车、养狗等鸡毛蒜皮的小事开始，去真正理解当代中国的市民社会与社区治理。

我和雪霖所在的华中村治研究团队，以农村研究见长，也一直在探索从更多面向切入中国经验，理解中国实践。进入城市社区治理领域，有一定偶然性，但我们像欢迎田野中经验的"意外"一样，热情地迎接这种偶然性。现在，社区治理已经成为团队五大治理研究版图（即乡村治理、农业治理、地方治理、街头治理与社区治理）的重要组成部分。正如我们对中国城乡关系——相辅相成而非对立割裂——的认识一样，社区治理与团队整体学术积累同样密不可分。社区治理遵循"华中乡土派"的立场、观点和方法共识，并从团队既有研究积累中汲取营养。正因为如此，我们进入社区治理领域以来，尽管初期也曾短暂遭遇一点陌生带来的困惑与障碍，却一直信心满怀。

经过几年积累，我们的社区治理研究正在扎实推进。从探讨社区治理体制，到剖析社区治理机制，并沿着"向上"和"向下"两个路径向纵深拓展：所谓"向上"，就是考察"城市中的社区"，将社区治理纳入城市治理体系中理解，也就是雪霖在书中所说的"找回城市"。其实，我们一开始就自觉将社区置于城市整体中认识，避免将其与城市割裂和孤立起来，简化为自足的主体。社会治理重心下沉，以及近年来的市域社会治理现代化实践，更加凸显这种研究进路的现实意义。尤其值得进一步追问的是，作为中国国家治理体系在城市的末梢，"社区"到底是什么？以及治理下沉的限度又在哪里？所谓"向下"，则是考察"社会中的社区"，从陌生人社会的性质与结构层面，揭示社区治理的社会基础，从而探索中国式社区的公共事务治理之道。我们尤其感兴趣的是，坐落于当代中国都市场域中的陌生人社会，到底具有怎样的社会学内涵？被国家塑造出来的"社区"，在陌生人社会的秩序重建中，应该扮演怎样的角色？显然，"城市中的社区"与"社会中的社区"既相互贯通又存在张力，这既是中国语境中的社区治理必须面对的基本现实，也是中国研究者要回应的本土议题。

现在，越来越多的团队同仁加入进来，一同开掘这口深井。团队一直所坚持的集体学术，正在形成研究合力，相信我们会不断奉献出更多具有鲜明"华中乡土派"风格的学术作品，与学界同仁交流切磋，共同推进社区治理研究不断打开新局面。

学术创新就是攀登无名高峰。作为攀登者，我们一直在路上。

2021年4月6日于武汉大学碧玉楼

前　言

本书是在我的博士学位论文的基础上修改而成，也是我人生的第一本专著。都说母爱是伟大的，因为生育要承受十月怀胎之辛苦，但听到一声洪亮的啼哭，自己的宝贝降临人间时，想必每个母亲也都难掩会心的幸福。此刻我也有相似的心情，因为用心写作的博士论文实际上比十月怀胎还要久。因为误打误撞的机会，2014年10月在秦皇岛调研时首次接触城市社区。2015年7月，再次有机会到南京做城市社区调研，开始初步打算以此为博士论文选题。随后，又陆续在上海、杭州、佛山、黄冈等城市做了若干次社区集体调研。从2016年8月底到2017年5月底，先后在武汉、深圳、南京溧水做博士论文专题调研。2017年6月开始，就正式进入博士论文的写作阶段，2017年12月底定稿送外审，2018年3月18日通过博士学位论文答辩。

作为华中村治研究团队首篇城市社区研究主题的博士论文，开拓的过程中虽不乏艰辛、压力与焦虑，甚至自我怀疑，但更多的是探索未知的好奇、勇于挑战的激情以及创新发现的兴奋。至今都还清晰记得，写完导论后自我感觉有重大突破与发现时的狂喜与亢奋，虽然没有持续几分钟就低落下来，开始自我怀疑与担心能不能获得外界的认可。这真是平时不常有的一种刻骨铭心的高峰体验。正是博士学位论文的写作让自己处于激发状态，感受到写作创造的畅快感，有了几次高峰体验，所以苦也不苦了。正是这种探索性创新研究的高峰体验让我体会到一种深刻的幸福，让人着迷。博士论文的写作，对我而言可算是成人礼，学术研究生涯的起点。这也受惠于太多人的帮助才能完成，很多感谢放在后记中表达，在此先不赘述。

下面再简要介绍下博士论文答辩完成后的两个主要工作。一个重要的工作就是将博士论文内容修改成小文章发表。目前，已经将博士论文内容修改为 8 篇学术论文，均已获得正式发表或录用。按照章节顺序排列如下：（1）第一章导论部分修改为《"中央—地方—民众"三层关系框架：城市社区研究的范式转换》，发表于《中共宁波市委党校学报》2020 年第 4 期；（2）第三章内容改出两篇文章，其中《名义社区与实质社区：社区的本质与分类——基于土地产权性质与城市公共服务供给机制的二维视角》，发表于《华中农业大学学报》（社会科学版）2019 年第 3 期；（3）第三章内容改出的第二篇为《城市社区邻里关系性质研究》，发表于《经济社会体制比较》2020 年第 6 期；（4）第二章、第四章内容结合修改为《治理有效：社区公共事务性质与社区权威的二维框架》，已被《社会学评论》录用待刊；（5）第五章内容改出 3 篇文章，其中《通才型治理：城市社区治理现代化新方向》，发表于《求索》2020 年第 2 期；（6）第五章内容改出的第二篇文章为《链式治理结构：解释中国特色社区治理模式的理论框架》，发表于《科学社会主义》2020 年第 2 期；（7）第五章内容改出的第三篇文章为《街居治理共同体：街道办事处改革的新方向与路径》，发表于《城市问题》2021 年第 1 期；（8）第六章内容修改为《多层级核心政治体制与"统分结合"双层治理》，发表于《教学与研究》2020 年第 6 期。在很多期刊不发学位论文的学术生态下，改写的系列文章还能顺利地获得发表，在此真挚地感谢上述期刊对拙文的认可与鼓励！

另一个重要的工作就是按照书稿的体例格式对博士论文修改校对。我写文章喜欢一气呵成，不喜欢精雕细琢，除非期刊外审意见回来后才有修改动力。所以博士论文初定稿后就没有再改动过，自然难免出现一些冗余啰唆之处。刚好借着这次出版的机会，认真对博士论文进行校对。这次修改没有大的实质改动，主要是做一些文字精简校对工作。原文包括注释和参考文献等部分总共约 25 万字，修改时把前后重复、啰唆冗杂以及可有可无的一些段落文字，精简删除了 3 万余字，最后还剩下 21 万余字。纵然如此，本书还是难免存在一些不足，虚心接受学界各位同人的批评与指正。

拙著得以出版，感谢中国社会科学出版社！特别感谢本书的编辑马明老师对本书的肯定与认可，以及为此书的编辑与出版付出的大量心血。还要感谢我任职的武汉大学新闻与传播学院对拙著出版的资助，特别感谢强月新院长、姚曦教授、单波教授、肖珺教授等教授委员会老师的推荐！

为建立中国社会科学的主体性而努力奋斗，是一个伟大而又任重道远的学术使命。本书也是在这样一个使命感的指引下，尝试对中国城市社区治理经验做出本土化理论提炼的探索性研究。虽然还有很多遗憾，但转念想到这只是学术研究的起点，内心也就释然了。

路漫漫其修远兮，初心不改，吾将上下而求索。

目　　录

第一章　导论 …………………………………………………（1）
　　第一节　问题的提出 …………………………………………（1）
　　第二节　国家与社会二元关系范式下的社区研究 …………（5）
　　第三节　中央、地方与民众三层关系范式下社区治理：
　　　　　　一个新分析框架 ……………………………………（19）
　　第四节　研究方法与田野工作 ………………………………（29）
　　第五节　概念界定与章节安排 ………………………………（41）

第二章　政府职能社区化与居民自治改革内卷化 …………（46）
　　第一节　居民自治：政府与社会的分权改革 ………………（46）
　　第二节　深圳悖论：一元化治理—多元化治理—
　　　　　　一核多元治理 ………………………………………（59）
　　第三节　一元化治理：体制性障碍还是体制性优势？………（79）

第三章　社区邻里性质：社区分类与共同体建设的可能性 …（83）
　　第一节　城市公共服务的生产机制与社区的分类治理 ……（83）
　　第二节　城市社区邻里关系：共同体是否可能？ …………（95）
　　第三节　城市社区建设目标与社会基础的重置 ……………（109）

第四章　社区权威的生成与公共事务的再分类 ……………（111）
　　第一节　行政、服务与自治三分法的理论假设与辨析 ……（111）

1

第二节 社区实践的逻辑:社区公共事务的具体内容与
属性特征 …………………………………………… (117)
第三节 社区权威的生成:行政、服务与自治之间的
关系 ………………………………………………… (130)
第四节 社区公共事务分类体系的重构 …………………… (138)

第五章 链式治理结构:城市社区治理的有机构成 ………… (142)
第一节 社区基层组织:通才型治理还是专才型治理? … (142)
第二节 "条条"进社区:行政辅助职能的分流与
生产机制的选择 …………………………………… (155)
第三节 "块块"进社区:街居治理共同体的重构 ……… (161)
第四节 "国家"进社区:居民自治的培育 ……………… (173)
第五节 链式治理结构下行政—半行政半自治—
自治机制的有机衔接 ……………………………… (180)

第六章 多层级核心政治体制与"统分结合"双层治理 ……… (183)
第一节 城市开发时期的公共品供给体制与机制 ………… (183)
第二节 城市治理转型:从城市开发逐步迈向城市
管理新阶段 ………………………………………… (193)
第三节 多层级核心政治体制:我国大城市地区治理
经验的理论考察 …………………………………… (210)
第四节 多中心政治体制与多层级核心政治体制的
比较 ………………………………………………… (231)

第七章 结论 …………………………………………………… (234)
第一节 中央—地方—民众三层互动关系:社区研究的
范式转换 …………………………………………… (235)
第二节 "找回"城市:我国城市社区治理的体制性
优势 ………………………………………………… (240)
第三节 "祛魅"的居民自治:社区治理现代化改革的
政策选择 …………………………………………… (243)

第四节　我国城市的结构化分类与研究展望 …………………（245）

参考文献 ……………………………………………………（247）

后　记 ………………………………………………………（266）

第一章 导论

第一节 问题的提出

自20世纪90年代民政部提出社区建设试点，2000年在全国推广社区建设运动以来，各大城市先后推行了几轮以居民自治为目标的社区多元治理结构改革，同时在学界也引发了社区研究的热潮。由于单位制解体后企业剥离的社会职能社区化，和随着城市化快速扩张带来的城市管理职能急剧增加导致行政职能社区化的双重趋势，使得社区居委会承担的行政事务快速膨胀，社区出现过度行政化和负担过重的格局。[①] 由于我国《宪法》和《居民委员会组织法》规定了居委会的群众性自治组织的性质，使得居民自治具有了法律制度基础。同时，新公共管理理论和治理理论从90年代开始风靡于中国学术界。在此背景下，国家—社会二元关系范式下的社区多元民主治理与居民自治目标仿佛具有了宗教信仰般不容置疑的"超凡魅力"[②]，也成为历次社区治理改革的逻辑起点。

然而，许多城市政府先后推动的几轮以居民自治为目标的社区去行政化改革都难以取得理论预期的效果，甚至陷入了社区去行政化—

[①] 徐昌洪：《社区居民委员会行政化及其治理研究》，《社会主义研究》2014年第1期。

[②] 这里的"超凡魅力"（Charistmas），又直译为卡里斯玛，借用的是马克斯·韦伯对西方基督教研究时提出的概念，喻指宗教信仰的神圣性与对其毋庸置疑和不加反思的笃信，与其相对的就是宗教的理性化与祛魅化进程，本文提出的居民自治的"祛魅化"也是借用的此意。参见［德］马克斯·韦伯《经济与社会》，阎克文译，上海人民出版社2010年版。

多元化改革→居委会边缘化—社区治理碎片化→居委会再行政化—社区治理一元化的怪圈。对于此悖论，有的学者将之归结于我国的威权体制①，言外之意就是只有彻底改变我国的政治体制才能真正实现居民自治和社区多元治理的目标。显然，这在当下是不现实和不可行的，那么关于社区治理的学术研究和政府改革实践都陷入了内卷化的困境。②但是这依旧无法阻止城市政府不断推行的社区治理和服务创新改革试验的热潮，如眼下正在进行新一轮的以"三社"联动（社区、社工和社会组织）为代表的社区治理结构转型试验。

2014年10月很偶然的一次机会，笔者带队到河北省秦皇岛市第一次做城市社区治理调查。2015年7月，笔者有机会第二次参与城市社区治理调查，当时去了南京市秦淮区、玄武区和雨花台区等三个社区治理改革试验区。这次调研之后，对城市社区治理的认识进一步加深，同时觉得城市社区治理经验尚未得到深耕，研究空间很大，便确定将城市社区治理研究作为博士论文选题方向，此后便与城市治理结下缘分。之后，笔者还先后去了上海、佛山、黄冈、杭州、武汉、深圳等城市做田野调查。

随着调研的增多，对各城市纷纷进行的令人眼花缭乱的社区治理改革创新，从最初的新鲜感逐渐陷入"审美疲劳"，名义上花样百出的改革创新模式，实质上出现了趋同和模仿风尚。这让我一度很困惑，不知道实现居民自治到底要做什么，居民自治又能做什么。我国传统的以社区两委组织③为核心的治理体制又面临哪些重大弊端而非改革不可呢？然而，城市政府不断进行的热火朝天的社区治理改革创新基本上都陷入了制度空转的尴尬困境。以GDP增长为导向的僚政绩驱动的纯粹瞎折腾，还是确实回应现实需求的基层治理创新探

---

① 孙柏瑛：《城市社区居委会"去行政化"何以可能？》，《南京社会科学》2016年第7期。

② 何艳玲、蔡禾：《中国城市基层自治组织的"内卷化"及其成因》，《中山大学学报》（社会科学版）2005年第5期。

③ "社区两委"指社区党支部委员会和居委会，有的社区党员数量较多，社区层面的党组织则称为社区党总支，下面会再分成若干党支部，而随着许多城市开展了区域化党建的基层治理创新探索，开始将社区党总支升级为社区党委，下文将不再重复解释。

索？居民自治—多中心治理理论指导下社区去行政化改革的"失败"，显示了多中心治理与我国体制的不兼容，那么我国的城市治理体制是什么，必然是落后的吗？

既有的研究无法解答我的困惑，因为绝大多数社区研究还停留在对西方理论的直接"拿来主义"，既缺乏将西方理论概念还原为西方社会经验的能力，也缺乏基于我国城市社区治理经验现象的机制提炼和中层理论。因此，直接拿西方理论话语来指导与推动我国社区治理改革，就不免容易陷入名与实的背离。或许这也是当下学术研究和改革实践陷入双重内卷化的症结所在，要解开这一团乱象和突破内卷化困境，需要新的研究范式。

多中心治理理论是对我国城市社区治理改革影响比较大的理论之一，其中奥斯特罗姆夫妇是多中心治理理论的代表。而多中心政治体制（polycentric political system）最早是在1961年由文森特·奥斯特罗姆、查尔斯·M.蒂勃特和罗伯特·沃伦合作的《大都市地区的政府组织：一项理论考察》一文中，基于对美国大都市地区地方政府组织经验的理论总结。[①] 美国实行的三级政府体系，即联邦、州与地方政府，州以下的政府泛称为地方政府，包括县、市、镇、专区和学区等。美国的大多数地方政府都很小，全国有近8.8万个地方政府，其中有2/3不足5000人，而大都市地区[②]地方政府的细碎化就更为凸出，平均每个大都市区有100个地方政府。[③] 再如匹兹堡大都市区内地方政府的数量为418个，包括6个县政府，412个市或镇政府，相当于每10万个居民有18个地方政府，而在芝加哥大都市区，竟有

[①] 该文载［美］文森特·奥斯特罗姆：《美国联邦主义》（王建勋译，上海三联书店2003年版，第141—167页）。引用的部分为第六章《大都市地区的政府组织：一项理论考察》，是由文森特·奥斯特罗姆、查尔斯·M.蒂伯特、罗伯特·沃伦合作完成。

[②] 美国人口统计署于1910年正式启用大都市区概念，所谓大都市区，指人口在10万人及以上的中心城市及与中心城市连绵不断、人口密度达150人/平方英里的地区，具体统计以县为单位。标准的大都市区，起码拥有一个县，少量规模较大的大都市区，可以跨越几个县。此后美国预算总署先后对大都市区的定义进行了多次修改，可参见王旭《美国城市发展模式》，清华大学出版社2006年版，第304—306页。

[③] 王旭、罗思东：《美国新城市化时期的地方政府：区域统筹与地方自治的博弈》，厦门大学出版社2010年版，第4页。

1200个以上有征税权的行政辖区。① 列举这么一组数字是想直观地呈现美国地方政府的规模之小与分散化，美国社会对这些政府有"细碎化"、"巴尔干化"、"分散化"、"多中心"和"百衲被"等诸多形象生动的称谓。

然而，这种细碎化的地方政府治理格局与美国大都市区内经济一体化以及市政公共服务一体化需求之间产生了深刻矛盾。美国国内的改革派将这一社会现象视为"病态的"和"不健康的"，主张建立统一的大都市政府以解决大都市区地方政府的细碎化问题。以奥斯特罗姆夫妇为代表的公共选择学派对改革派的观点进行了反思与辩驳，并进一步揭示和论证了这种表面看似复杂无序的分散化治理体系，反而在深层次上形成了一套分散的地方自治政府之间，以契约精神为基础的准市场竞争与合作治理模式下的都市公共品供应的"隐秩序"②，并将之提炼总结为一种多中心政治体制。奥斯特罗姆夫妇的著作给了我很大的启发，一种思维上的启发。我们对多中心治理理论的理解，不能仅仅停留名词与概念的"望文生义"上，而是要把其还原为具有"历史感"和"当地感"③的经验现实，把握其问题意识以及机制原理。唯有在机制原理的层次上，我们才能进行实质上的类型比较、借鉴、融合与超越。

大都市地区公共秩序的生产机制以及原理是什么？在笔者看来，这是奥斯特罗姆夫妇对于城市治理研究贡献的本源性问题意识。在以西方的国家与社会关系理论以及多中心治理理论为参照系来主张改革我国城市社区治理结构，乃至城市治理与国家体制，潜在的假设是认为我国既有的社区与城市治理体制是"落后的"和"不健康的"，所以才需要向西方发达国家（特别是以美国为代表）的"先进"体制与制度学习。但问题是我国"独特"的社区与城市治理体制必然是

---

① Myron Orefield, *American Metropolitics: The New Suburban Reality*, Washington, D.C.: Brookings Institution Press, 2002, p.312.
② [美]约翰·霍兰：《隐秩序：适应性造就复杂性》，周晓牧、韩晖译，上海科技教育出版社2000年版。
③ 杨华：《女孩如何在父姓村落获得人生归属？——村落"历史感"与"当地感"的视角》，《妇女研究论丛》2013年第2期。

"落后"或"不健康的"吗？我国城市公共物品与服务的供应有没有形成一套与多中心政治体制不同的"隐秩序"与机制？作为城市系统末梢的社区在城市治理体系中又扮演什么样的角色？

只有在回答了上述一系列问题，真正理解和揭示我国城市公共秩序的机制及原理后，才有可能进一步对城市社区治理结构转型与现代化改革的方向做出精准定位，也才有希望突破社区研究和社区治理改革创新实践的瓶颈，打开新的视界。本文基于全国多个城市的田野调研经验，运用以个案为基础的机制分析方法，在对国家—社会二元关系范式下的居民自治"祛魅化"理解的前提下，将从中央—地方—民众的三层互动关系的分析视角，理解我国城市公共秩序的生产原理与机制，进而去探寻嵌入城市系统末梢的社区治理研究。

第二节 国家与社会二元关系范式下的社区研究

正是在城市基层治理改革需求与西方理论渗透的共振下，国家于2000年开启了社区建设运动，学界也迅速形成了社区研究的热潮。通过近20年的发展，以国家与社会关系为主线，社区研究积累了丰硕成果。由于社区建设的诞生过程本身就内含有价值干预和社会改造的目标，这一倾向也直接影响了学术研究的内在矛盾，主要表现为"应然研究"和"实然研究"之间的交织。正是在社区这一微观层面，国家与社会彼此相遇、交织渗透而又微妙互动，使得国家与社会关系成为社区研究中最具影响力的范式。在国家与社会的二元关系框架下，社区研究大致形成了市民社会发育论、国家政权建设论、国家与社会互动论以及多中心合作治理论等四个不同的论断。

一 市民社会发育论：以共同体—居民自治为基础

单位制渐趋解体后，面对城市社会解组或失序的风险压力，地方政府具有对城市社会整合与再组织化的迫切需求。西方的共同体理论与我国居民自治的法律制度规定产生耦合，被学界视为社区建设的目标和城市社会再组织化的基础。正是在社区这一微观层面，国家与社会之间直接互动,在假定了地域性共同体与居民自治对于社区建设的必要性与可能性的前提下,学界主流进一步将城市社区提升为一个与国家正在分离的公共领域,以及市民社会的基础。① 市民社会发育论成为我国社区建设运动以来主流的研究旨趣。

（一）社区的形成与概念界定

作为社会学的专门术语,"社区"这个概念最早源于德国社会学家滕尼斯出版于1887年的 *Gemeinschaft and Gesellschaft* 一书,该书后来由美国学者查尔斯·罗密斯（C. P. Loomis）翻译成英文,书名为 *Community and Society*。滕尼斯的社会学研究关注的焦点是社会联系纽带的性质及其变迁的问题。Gemeinschaft 在德语中是共同生活的意思,滕尼斯用它来表示由"本质的意志"所导致的、建立在自然情感一致的基础上、紧密联系、排他的社会联系,它产生关系亲密、守望相助、富有人情味的生活共同体。在与个体成员的关系上,强调以共同体为本位,并赋予个体以身份。而这种形态在社会迈向工业化、城市化的进程中,正在为那种由"选择的意志"所导致的,建立在外在的利益合理的基础上,以契约、交换与计算为形式的社会联系即"Gesellschaft"所取代。在这种社会联系中,个体为本位,个体之所以选择加入这种联系乃是出于一种功利的或实用的目的,因而是可以选择和替代的,不具有身份属性。②

王小章认为,滕尼斯对 Gemeinschaft 这一概念的使用,主要强调的是它作为人们社会联结形态的含义,并不突出"地域性"内涵。在翻译为英文的过程中,并在芝加哥学派对于城市区位的人文生态学研究的影响下,该词就和"地域"紧密联系起来了。这不仅决定性地影响了美国社会学界对"Community"的理解,也决定性地影响了中国社会学界对于"Community"的翻译和理解。在我国的汉语言系统中,并没有"社区"一词,其最早被引入中国是在20世纪30年代。据费孝通先生回忆,在1933年帕克访华之前,我国学界把"Community"和"Society"都翻译为"社会",正是由于帕克的影

---

① 李友梅:《社区治理:公民社会的微观基础》,《社会》2007年第2期。
② 王小章:《何谓社区与社区何为》,《浙江学刊》2002年第2期。

响,特别是他的"Community is not society"这句话的逼迫,才把"Community"翻译成新创的"社区"一词。①"社区"一词在20世纪30年代被引入中国,并由费孝通、吴文藻领衔的燕京学派基于我国乡村社会的调查研究,开创了社区研究的工作方法传统,作为理解中国的最小单位。值得注意的是这里的社区研究主要对应的是乡村社会下的村庄。

社区作为一个广泛使用的名词始于1986年,当时民政部为推进城市社会福利工作改革,应对消费性短缺经济的困境,提出"社会福利社会办"的口号,开始与"社会福利单位办"的模式分道扬镳。②1987年9月,民政部在武汉召开全国城市社区服务工作座谈会,对社区服务的内涵做了定义,提出了社区服务发展的方向,鼓励街居两级开展社区便民利民服务,这也是八九十年代街居经济的来源。为了应对国企改制和单位制逐渐解体后带来的城市社会失序风险,1991年民政部为了拓展民政工作,又提出"社区建设"概念。1992年10月,中国基层政权建设研究会在杭州市下城区召开了"全国城市社区建设理论研讨会"。1999年民政部在全国选择26个"城市社区建设试验区"作为试点,经过几年探索,形成了各具特色的社区管理新模式,如上海卢湾模式、沈阳模式、江汉模式、武汉百步亭模式、成都锦江模式等。③2000年11月,中共中央办公厅和国务院办公厅转发《民政部关于在全国推进城市社区建设的意见》(下文简称《意见》),由此带来了社区建设运动在全国轰轰烈烈的开展,同时也引起学界对社区研究的热潮。

除了上海模式是将社区设置在原街道一级外,其余模式基本都是将社区放置在原街道和居委会之间的中间层级,一个社区下辖若干个居委会,随后也都经历了居委会合并的过程。《意见》明确规定:"加强社区居民自治组织建设的前提是科学合理地划分社区。要以改

---

① 费孝通:《学术自述与反思》,生活·读书·新知三联书店1996年版。
② 华伟:《单位制向社区制的回归——中国城市基层管理体制50年变迁》,《战略与管理》2000年第1期。
③ 汪波:《城市社区管理体制创新探索——行政、统筹、自治之三元复合体制》,《公共管理科学》2010年第2期。

革创新精神，按照便于服务管理、便于开发社区资源、便于社区居民自治的原则，并考虑地域性、认同感等社区构成要素，对原有街道办事处、居民委员会所辖区域作适当调整，以调整后的居民委员会辖区作为社区地域，并冠名社区。"社区建设前的街道—居委会体制变为街道—社区制，居委会也相应地变成社区居委会。

我国社区的地理边界并不像美国那样是自然形成的，也不需要经由辖区居民投票决定，而是由政府基于行政区划而调整。社区的行政边界是变动的，地方政府会根据实践的需要做出调整，行政区划的调整权限在街道，但需要报区政府备案。社区的地域范围在我国首先是一种行政区划边界，和欧美一些国家社区的内涵和边界并不同。社区一词虽然是舶来品，但是在创新性地引入中国并落地后，便具有了其独特含义和生命轨迹。因此，笔者将对本文的研究对象限定于我国社区建设运动背景下的城市社区治理。

（二）社区性质论争：城市社会是否还可能存在地域性共同体？

围绕着城市社会是否还可能存在地域性共同体的争论，西方学界内部存在社区消失论、社区保存论和社区解放论等三种不同观点。[①]社区消失论主张，在现代大城市社会中社会的一体化和生活的个体化，使得人们的社会联系受到地域的限制越来越小，不管是功能上的互助满足，还是心理和情感上的认同与归属，地域性邻里社区在人们的生活中都无足轻重。[②]而社区保存论则认为城市化与工业化的发展并未带来社区的消亡，如赫伯特·甘斯[③]、桑德斯[④]等，力图证明有相对明确的地域界限、有凝聚力的邻里社区在现代都市中的继续存在。社区保存论者的观点也被学界批评其选择的田野调查社区大都是一些移民社区或者族群社区。而社区解放论主张在现代都市社会中，地域性共同体虽已式微，但并不意味着社会的解体，而是将人们从相对封闭狭隘的地域共同体中解放出来，在整个城市系统中进行交换与

---

① 程玉申、周敏：《国外有关城市社区的研究评述》，《社会学研究》1998年第4期。
② Stein, M. R., *The Eclipse of Community*, Princeton: Princeton University Press, 1960.
③ Gans, H. J., *The Urban Villager's: Group and Class in the Life of Italian-Americans*, New York: The Free Press, 1962.
④ ［美］桑德斯：《社区论》，徐震译，黎明文化事业股份有限公司1982年版。

交往①，形成的是"脱域的共同体"②。换而言之，与地域性社区相对，现代社会形成的是个体网络式社区。

我国在2000年推行的社区建设运动，《意见》明确指出："社区是聚居在一定地域范围内的人们所组成的社会生活共同体。"这一理解突出了社区的两个属性：一是地域属性，即社区具有一定的相对明确和有限地域边界；二是共同体属性，即居住在同一地域范围内人们之间的功能的、心理的和情感的深层社会联系。《意见》还特别提出："今后五到十年城市社区建设的主要目标是：（1）适应城市现代化的要求，加强社区党的组织和社区居民自治组织建设，建立起以地域性为特征、以认同感为纽带的新型社区，构建新的社区组织体系。"我国社区建设的政策目标被设定为地域性生活共同体，具有地域性和认同感两个关键要素。

社区建设运动以来，我国学界对社区性质的研究便聚焦于地域性共同体是否可能以及是否必要的问题。主要有两种针锋相对的观点。其一，主张共同体可能论，即认为地域性共同体不仅对于单位制解体后的社区建设而言是必要的，而且是可能的，并将社区治理预期为基层民主与市民社会发育的基础，如李学春③，唐亚林、陈先书④。但需要注意的是共同体与市民社会发育论不是基于实然经验得出的结论，其逻辑是在假设地域性共同体在现代社会仍然是必要的前提下来推导出来的。如冯钢认为在社区生活意义上的个人，并不完全是经济学意义上的"理性经济人"，他至少还是一个心理意义上的个人，是体验社区成员、群体、组织之间相互依赖关系的基础。⑤ 王春光认为万变不离其宗的是社区精神，即他们是给每个人提供一个精神家园或

---

① Fisher, C. S., *The Urban Experience*, New York: Harcourt Brace Jovanovich, 1984.
② ［英］马丁·阿尔布劳：《全球时代：超越现代性之外的国家与社会》，高湘泽、冯玲译，商务印书馆2001年版，第252页。
③ 李学春：《城市社区自治的社会基础》，《西北师范大学学报》（社会科学版）2002年第3期。
④ 唐亚林、陈先书：《社区自治：城市社会基层民主的复归与张扬》，《学术界》2003年第6期。
⑤ 冯钢：《现代社区何以可能》，《浙江学刊》2002年第2期。

社会归属,在这里充分发挥个人的社会性。①此为学界主流的点,并对政府的政策制定以及社区治理改革实践形成深远影响。

其二,主张社区不可能论,即基于实践经验认为在现代城市社会中,具有认同和归属感的地域性社区是不符合社会现实的。如王小章、王志强认为社区作为地域性共同体在现代社会居民生活中的重要性走向式微已是不争的事实,期望社区能够作为人们社会活动的依托并体现"社会"走向自主,即使不完全是一厢情愿,其实际可能性也将大打折扣。②桂勇认为问题的关键在于邻里这一城市居住空间本身的性质,和农村邻里空间的功能合一不同,城市生活体系内存在着功能结构的空间分化,个体和家庭的需求是由不同的空间来完成的。③桂勇和黄荣贵,通过对居民参与的测量发现城市社区并不具有浓厚的共同体色彩,邻里之间的社会互动比较弱,居民的需求可通过社会化和市场化的方式得到满足。④此观点构成了一股微弱而重要的对主流进行反思的力量。

(三)市民社会发育的路径之一:社区参与和社会资本培育

在对社区性质的认识上,社区可能与市民社会培育论的逻辑就不是对城市社区是否还是一个地域生活共同体进行"实然"分析论证,而是转化为城市社区"应该"成为地域共同体以及如何培育市民社会的逻辑。帕特南的社区民主参与和社会资本理论成为他们的理论武器库和路径选择。⑤社区过程研究将居民参与视为是社区形成的核心机制。⑥通过积极的社区参与和密切的社会交往,构建社

---

① 王春光:《控制还是聚合?——对当前社区建设的几点反思》,《浙江学刊》2002年第2期。
② 王小章、王志强:《从"社区"到"脱域的共同体"——现代性视野下的社区和社区建设》,《学术论坛》2003年第6期。
③ 桂勇:《城市"社区"是否可能?——关于农村邻里空间与城市邻里空间的比较分析》,《贵州师范大学学报》(社会科学版)2005年第6期。
④ 桂勇、黄荣贵:《城市社区:共同体还是"互不相关的邻里"》,《华中师范大学学报》(人文社会科学版)2006年第6期。
⑤ [美]罗伯特·帕特南:《使民主运转起来:现代意大利的公民传统》,王列、赖海榕译,中国人民大学出版社2015年版。
⑥ 杨敏:《公民参与、群众参与与社区参与》,《社会》2005年第5期。

会支持网络,培育社会资本,是市民社会和共同体形成的关键。[1] 然而,社区可能论或市民社会培育论面临的实际障碍首先表现在无论采取何种手段,大多数居民总是不愿意参与到作为一个共同体的邻里公共生活中来。这为诸多学者的调查数据所验证[2],表明社区建设面临的困境是居民参与意愿不足、参与率低,且呈非正态分布,即老人、妇女、经济低收入者和受教育程度低者对社区的参与率相对要高,反之越是中青年男性、经济收入越高以及受教育程度越高者,社区参与率越低。

此外,不少学者发现与大多数居民对社区参与的冷漠相对,参与社区事务的往往是少数"积极分子",这部分积极分子往往兼具党员、党小组长、楼栋长、五六十岁退休的低龄老人、女性等多种身份和特征。[3] 刘春荣将这些与社区组织有着特殊关系的积极分子称为"关键群众"[4],郭圣莉则将之称为获得社区居委会组织以及非正式组织认可的"核心团队"。[5] 李辉进一步探讨了这部分"积极分子"参与社区的动力主要在于追求获得一种融合了荣誉、政治关心、邻里交往与互助、弱权威感与个人价值等为一体的"社会报酬"。[6] 由此,有学者指出,"积极分子"对社区的参与并不是西方市民社会下基于公民责任的"志愿主义",而是一种社区权威"动员式参与"。[7] 社区参与实践中实质上形成了"社区居委会—积极分子—普通居民"的二

---

[1] 孙立平:《社区、社会资本与社区发育》,《学海》2001年第4期;燕继荣:《社区治理与社会资本投资——中国社区治理创新的理论解释》,《天津社会科学》2010年第3期;潘泽泉:《社会资本与社区建设》,《社会科学》2008年第7期。

[2] 马卫红、黄沁蕾、桂勇:《上海市居民社区参与意愿影响因素分析》,《社会》2000年第6期;张亮:《上海社区建设面临困境:居民参与不足》,《社会》2001年第1期。

[3] [德]托马斯·海贝勒、[德]君特·舒耕德:《从群众到公民:中国的政治参与》(城市卷),张文红译,中央编译出版社2009年版。

[4] 刘春荣:《另类的邻里动员:关键群众和社区选举的实践》,赵汀阳主编《年度学术2007》,中国人民大学出版社2007年版。

[5] 郭圣莉:《加入核心团队:社区选举的合意机制及其运作基础分析》,《公共行政评论》2010年第1期。

[6] 李辉:《社会报酬与社区积极分子:上海S新村楼组长群体研究》,《社会》2008年第1期。

[7] 桂勇:《邻里空间:城市基层的行动、组织与互动》,上海人民出版社2008年版。

阶动员路径①，社区居委会干部通过积攒情感、面子、信任与互惠等非正式资源实现对少数积极分子的一阶动员。② 但是现在社区参与的困境就在于社区居委会干部希望通过少数积极分子来带动大多数普通居民的二阶动员的失效，导致一阶动员和二阶动员的断裂。③

（四）市民社会发育的路径之二：商品房小区的业主维权—抗争运动

我国住房商品化改革后，商品房社区大量涌现的业主维权事件，极大地吸引了政、学、媒体界的注意力，这也重新燃起了主流学界对市民社会发育的希望。业委会的出现改变了城市社区权力秩序，形成了国家、市场与社会并存的多元社区权力结构。为此，有学者将居委会、业主委员会和物业公司视作城市社区治理的"三驾马车"。④ 同时，业主维权运动面临着双重结构的制约，一方面需要突破外部的政府与市场联合打压的结构压力和制度限制⑤，利用我国体制形塑的"政治机会结构"，在对外部的抗争中就表现为策略主义式的"以理抗争"⑥或"法权抗争"⑦；另一方面需要将高度陌生化和原子化的业主个体动员起来达成集体行动，在业主内部的动员策略中体现为"关系网络"⑧和"互联网"技术⑨的利用。由此，业委会与开发商和物业公司之间的民事法律纠纷，在基层政府的介入下，业委会与外部的

---

① 刘岩、刘威：《从"公民参与"到"群众参与"——转型期城市社区参与的范式转换与实践逻辑》，《浙江社会科学》2008年第1期；刘威：《街区邻里政治的动员路径与二重维度——以社区居委会为中心的分析》，《浙江社会科学》2010年第4期。
② 金桥：《基层权力运作的逻辑：上海社区实地研究》，《社会》2010年第3期。
③ 王德福、张雪霖：《社区动员中的精英替代及其弊端分析》，《城市问题》2017年第1期。
④ 李友梅：《城市基层社会的深层权力秩序》，《江苏社会科学》2003年第6期。
⑤ 陈映芳：《行动力与制度限制：都市运动中的中产阶层》，《社会学研究》2006年第4期。
⑥ 朱健刚：《以理抗争：都市集体行动的策略——广州南园的业主维权为例》，《社会》2011年第3期。
⑦ 陈鹏：《当代中国城市业主的法权抗争——关于业主维权活动的一个分析框架》，《社会学研究》2010年第1期。
⑧ 石发勇：《关系网络与当代中国基层社会运动：以一个街区环保运动个案为例》，《学海》2005年第3期。
⑨ 黄荣贵、桂勇：《互联网与业主集体抗争：一项基于定性比较分析方法的研究》，《社会学研究》2009年第5期。

斗争，就不仅仅是与作为市场主体的开发商和物业公司，同时还有对地方政府的抗争。正是在双重的结构性束缚下，业委会维权行动的蓬勃发展，这让众多学者看到业主维权的重大意义在于社区社会资本的发育、市民社会机会空间的营造，并担纲建构市民社会发育的使命。①陈鹏进而将业主维权的权利基础区分三个层次：即建筑物区分所有权（"物"权）、社区自治权（"治"权）和公民权（"人权"），并将其纳入公民的形成、中产阶级的形成和市民社会的形成三个框架中。②

然而，近年来也有学者开始对业主维权体现的市民社会范式开始进行反思。石发勇发现业委会并非如学界期待的那样能给业主注入合作习惯、团结意识和民主参与精神，反而在业主自治过程中形成少数既得利益业主精英排斥大众参与的寡头统治和派性斗争。③吴晓林基于9个城市的调研发现业主维权难以超越个体或局部利益，难以形成可持续的公民参与，从而也难以发育为成熟的市民社会。④庄文嘉认为业主抗争者并没有在规则制定层面重塑国家权力与公民个人之间的契约关系，相反，他们仅仅以寻求国家主导的权利话语来构建自身诉求的合法性。⑤张雪霖则在对"维权—市民社会"范式反思的基础上，提出"私民社会"理论框架对业委会维权与自治实践进行解释。⑥陈丹基于个体决策的视角来分析业主自治面临的困境。⑦张雪霖进一步提炼了一个关于利益密度与社会异质性的二维框架，来解释

---

① 施芸卿：《机会空间的营造——以B市被拆迁居民集团行政诉讼为例》，《社会学研究》2007年第2期；刘子曦：《激励与扩展：B市业主维权运动中的法律与社会的关系》，《社会学研究》2010年第5期。
② 陈鹏：《从"产权"走向"公民权"——当前中国城市业主维权研究》，《开放时代》2009年第4期。
③ 石发勇：《准公民社区：国家关系网络与城市基层治理》，社会科学文献出版社2013年版。
④ 吴晓林：《房权政治：中国城市社区业主维权》，中央编译出版社2016年版，第170—201页。
⑤ 庄文嘉：《跨越国家赋予的权利——对广州市业主抗争的个案研究》，《社会》2011年第3期。
⑥ 张雪霖：《私民社会：对业主维权与民主自治实践的反思》，《云南行政学院学报》2017年第2期。
⑦ 陈丹：《城市住宅区业主自治运行实效研究——基于集体决策的视角》，法律出版社2014年版。

不同小区业委会选举景象差异的机制。[1]

二 国家政权建设论：社区居委会的行政化

与市民社会发育论不同，有一些学者则认为国家主导的社区建设，并非以地域性共同体和市民社会的发育为目标，实质上是由于城市基层政权建设的能力不足，需要通过行政力量下沉来加强国家政权建设。[2] 杨敏认为社区建设过程中建构起来的社区不是一个地域社会生活共同体，而是一个国家治理单元。[3] 桂勇、崔之余认为居委会实际功能的行政化、政府机构对人事和财政的控制等因素作用，使得居委会实际上成为城市基层政权建设的一部分。[4] 此外，还有一些学者从中华人民共和国成立后城市居委会的形成与发展史来说明居委会实质上作为国家政权建设部分的性质。[5] 刘祖云认为居委会组织是作为国民党的保甲组织的对立物出现的。[6] 杨丽萍认为中华人民共和国成立后在逐步彻底清理保甲组织及人员后，国家主导建立居民委员会，作为新的城市基层社会控制组织。[7] 张济顺基于对50年代居委会的考察发现，通过基层社会的整顿和社会生活计划供应的实施，中国共产党有效利用并成功改造了居委会，并将之纳入国家政权设定的体制轨道，国家统合社会之路开始畅通。[8] 郭圣莉、高民政认为，居民委

---

[1] 张雪霖：《小区业委会选举景象差异一般机制的解释——基于利益密度与社会异质性二维框架的分析》，《城市问题》2016年第12期。

[2] 侣传振、崔琳琳：《从单位制到社区制：国家与社会治理空间的转换——以现代国家政权建设为视角》，《武汉理工大学学报》（社会科学版）2007年第5期。

[3] 杨敏：《作为国家治理单元的社区——对城市社区建设运动过程中居民社区参与和社区认知的个案研究》，《社会学研究》2007年第4期。

[4] 桂勇、崔之余：《行政化进程中的城市居委会体制变迁——对上海市的个案研究》，《华中理工大学学报》（社会科学版）2000年第3期。

[5] 郭圣莉：《城市社会重构与国家政权建设——建国初期上海国家政权建设分析》，天津人民出版社2006年版。

[6] 刘祖云：《中国都市居民委员会的历史沿革及其特点——中国都市社会基层居民组织的结构与功能研究之一》，《社会学研究》1987年第6期。

[7] 杨丽萍：《从废除保甲制度到建立居民委员会——以新中国成立前后的上海为例》，《党的文献》2010年第5期；杨丽萍：《新中国成立初期的上海里弄整顿》，《当代中国史研究》2010年第5期。

[8] 张济顺：《上海里弄：基层政治动员与国家社会一体化走向（1950—1955）》，《中国社会科学》2004年第2期。

会建立伊始其自主性就严重不足,它不过是新政权改造、管理城市社会制度架构中的一个基层单元,自然随着城市社会形势变化而变迁,以满足不同时期国家的政治、经济与社会需要。①

三 国家与社会互动论:对国家中心论和社会中心论的反思

西方的自由主义思想有一个基本的假设,即国家能力与个人权利的关系是零和博弈关系,如果国家能力太强,个人权利就会受到威胁,只有在弱政府下,公民权利才能保障。自由主义思想下的市民社会理论,强调与国家分离的市民社会作为一个整体的独立性与自主性,以及对国家权力的限制与对抗,属于"社会中心论"。国家政权建设论强调的是国家作为一个整体对社会的控制与支配,社会对国家处于依附的从属关系,从而抑制了市民社会以及居民自治的发育,被认为是"国家中心论"。在西方社会科学理论中,一直以来就具有结构论与实体论的传统,受这一视角的影响,"社会"与"国家"长期以来都被视为具有内部同一性以及外在独立性和自主性的两个实体,处于相对立的二元结构之中。②

然而,20世纪60年代的"行为主义革命"却打破了实体化的国家与社会观念,其中米格代尔为典型代表。他否定了国家与社会的实体性,并提出"社会中的国家"理论,认为无论是国家还是社会都是高度破碎化的,两者不是"二分类的结构",而是"一个社会组织的混合体",彼此相互关联相互塑造。③受行动者视角的影响,我国学者对社区治理中呈现的国家与社会关系实态进行考察,开始对实体主义视角下形成的社会中心论和国家中心论进行反思④,转而采用关

---

① 郭圣莉、高民政:《建国初期上海市居民委员会创建的历史考察》,《上海行政学院学报》2001年第4期;高民政、郭圣莉:《居民自治与城市治理——建国初期城市居民委员会的创建》,《政治学研究》2003年第1期。
② 肖瑛:《从"国家与社会"到"制度与生活":中国社会变革研究的视角转换》,《中国社会科学》2014年第10期。
③ [美]乔尔·S.米格代尔:《社会中的国家:国家与社会如何相互改变与相互构成》,李杨、郭一聪译,江苏人民出版社2013年版,第45—67页。
④ 王汉生、吴莹:《基层社会中"看得见"与"看不见"的国家——发生在一个商品房小区中的几个"故事"》,《社会学研究》2011年第1期。

系主义的视角重新审视微观社区中国家与社会具体而复杂的互动关系，可以称之为"国家与社会的互动论"。[1] 如桂勇提出的国家与社会的粘连模式[2]，郭伟和提出的国家意志对社区公共事务的"柔性控制"[3]，何艳玲用"权变的合作主义"来概括国家与社会关系[4]，朱健刚则将"邻里"视为"国与家之间流动的公共空间"[5] 等。国家与社会互动论的视角下，看到的不再是整体性的市民社会试图限制与反抗国家，也不再是整体性的国家试图控制与支配社会的单一图景，而是充满了两面性、复杂性、策略性和动态性的互动关系。

四 多中心合作治理论：政社分离与社区去行政化改革

不管是国家政权建设论还是国家与社会互动论，其实都是基于社区中呈现的国家与社会关系实态的经验观察，而对市民社会发育论反思的产物。一方面，强调了国家是"碎片化"的科层体系，社会具有非独立性或镶嵌的自主性[6]，以及国家与社会的非对抗性的现实，即市民社会发育理想的落空；另一方面，其隐含的潜在价值假设依旧是以西方市民社会为参照系，我国社区实践经验只是显示了与市民社会理想的差距。我国城市社区建设方案探索之初，就对政府与社区分权改革进行了点题，但是由于政府职能不断社区化，并未破题。因此，当以地域性共同体和居民自治为内核的市民社会发育落空时，绝大多数学者将原因归咎于社区空间与社区居委会的过度行政化，国家

---

[1] 仇叶：《实体主义与关系主义视角下的社区治理研究的分殊与融合》，《南京农业大学学报》（社会科学版）2016年第1期。

[2] 桂勇：《邻里政治：城市基层的权力操作策略与国家—社会的粘连模式》，《社会》2007年第6期。

[3] 郭伟和：《街道公共体制改革和国家意志的柔性控制——对黄宗智"国家和社会的第三领域"理论的扩展》，《开放时代》2010年第2期。

[4] 何艳玲：《都市街区中的国家与社会：乐街调查》，社会科学文献出版社2007年版。

[5] 朱健刚：《国与家之间：上海邻里的市民团体与社区运动的民族志》，社会科学文献出版社2010年版。

[6] 王信贤：《镶嵌抑或自主性？——中国大陆环保组织的发展：官僚竞争的观点》，载《地方政府创新与公民社会发展国际研讨会论文集（下）》，浙江大学出版社2007年版。

的过度干预挤压了居民自治与市民社会发育的空间。①

由于国家与社会在实践中呈现出的策略性合作特征，与西方的治理理论强调的多中心或多主体合作治理具有表面的"契合性"，由此社区治理改革的理论指南便从强调国家与社会对抗的市民社会发育论，转向国家与社会合作的多中心治理理论。以奥斯特罗姆夫妇为代表的多中心治理理论，强调在公共事务治理上的多主体性，以打破政府对于公共事务生产的垄断地位，突出社会自组织的治理机制。② 在公共事务的治理上，可以形成行政、市场以及自治机制等多元合作共治秩序，从而构建公私合作伙伴关系。③ 多中心治理理论引入国内后迅即被学界接受和倾注了极高的热情，并且成为社区治理改革创新实践的理论指导和合法性来源。其影响的典型具体为以"政社分离、居民自治"为代表的社区治理结构的转型与现代化改革，即旨在将行政职能从社区居委会中剥离出去，从而恢复其群众性自治组织的法律属性与自治功能。④

社区权力结构研究素有以米歇尔斯、多姆霍夫、米尔斯等为代表的精英论和以罗伯特·达尔为代表的多元论的分立传统，两者最终指向的是形成少数精英寡头统治与多元主义民主政体的差异后果。⑤ 我国学者直接援引西方的多元主义社区权力结构理论来指导和推进社区治理改革，与多中心治理改革产生共振的合力，最终的旨趣在于改变

---

① 郑杭生、黄家亮：《论我国社区治理的双重困境与创新之纬》，《东岳论丛》2012年第1期；徐昌洪：《社区居民委员会行政化及其治理研究》，《社会主义研究》2014年第1期。
② ［美］迈克尔·麦金尼斯主编：《多中心治道与发展》，王文章等译，上海三联书店2000年版。
③ 敬乂嘉著：《合作治理——再造公共服务的逻辑》，天津人民出版社2009年版。
④ 朱健刚：《论基层治理中政社分离的趋势、挑战与方向》，《中国行政管理》2010年第4期。
⑤ 参见［意］罗伯特·米歇尔斯《寡头统治铁律——现代民主制度中的政党社会学》，任军锋等译，天津人民出版社2003年版；［美］威廉·多姆霍夫《谁统治美国：权力、政治和社会变迁》，吕鹏、文翔译，译林出版社2009年版；［美］查尔斯·赖特·米尔斯：《权力精英》，王昆、许荣译，南京大学出版社2004年版；［美］罗伯特·A.达尔：《谁统治：一个美国城市的民主和权力》，范春辉、张宇译，江苏人民出版社2011年版；［美］罗伯特·A.达尔《多元主义民主的困境：自治与控制》，周军华等译，吉林人民出版社2006年版。

过去的以社区两委组织为核心的一元化权力结构，形塑社区多元化权力结构，实现基层民主与自治的理想，进而推动政府与社区的分权改革。① 但是将西方社区权力结构理论直接对应到我国社区治理的现实，存在适用性的谬误，以及名与实的背离。因为虽然同是"社区"这一概念，但是西方社区权力结构理论下的"社区"的内涵和外延，与我国社区建设运动下形成的作为城市治理末端的具有明确行政边界的社区是不同，其往往指涉的是整个城市社会。

小结与述评：国家—社会二元关系范式成为社区研究中最具影响力的主流范式，对我国社区治理中呈现的国家与社会关系的认识先后出现了市民社会发育论、国家政权建设论、国家与社会互动论以及多中心合作治理论等不同的论断。在国家与社会二元关系范式下的社区研究有两大特征。其一，具有较强的价值干预与改造社会的关怀。正如波兰尼对于西方资本主义发展与反向社会保护运动同时兴起的双向运动的论述，将作为一门学科的社会学视为逆向社会保护运动的体现。② 随后，以布洛维等为代表的公共社会学进一步主张社会学作为一门学科应将"保卫社会"作为自己的使命。③ 由于我国不具有市民社会的基础，有学者主张将"生产社会"作为我国社会学的使命，引发了学界主流的认同。④ 因此，国内的社区研究充满了浓厚的价值干预色彩，遵循的是干预社会学的研究路径。由于市民社会发育论或多中心合作治理论隐含的都是以价值干预与改造社会的"应然"目标为逻辑出发点，而不是基于"实然"现象的经验分析，当实践与理论不一致时，往往归因于改革不彻底或体制性障碍，实质上演变为一种无法证伪的"类强盗"逻辑。

其二，国家—社会二元关系视角下的社区研究，比较类似于王铭

---

① 何艳玲：《都市街区中的国家与社会：乐街调查》，社会科学文献出版社2007年版。
② [英]卡尔·波兰尼：《大转型：我们时代的政治与经济起源》，冯钢、刘阳译，浙江人民出版社2007年版。
③ [美]麦克·布洛维：《公共社会学》，沈原译，社会科学文献出版社2007年版。
④ 沈原：《社会的生产》，《社会》2007年第2期。

铭所说的"范式"验证。① 具体而言，这主要表现在：即使少数遵循实践社会学研究路径的学者，基于对社区生活以及治理经验的"实然"考察后，发现我国的国家与社会关系与西方有很大不同，开始对市民社会发育论进行反思；但也是将社区视为社会的代表或者国家与社会的中介，其调研的关注点往往不在于社区本身，而是通过社区去验证国家与社会关系理论的某些论断及其适用性，如国家政权建设论和国家与社会互动论都是基于"实然"经验的考察，去验证是否符合市民社会基础下国家—社会关系，当发现不符合时便进一步去描述社区生活实践中的国家—社会关系样态，旨趣在于"范式"验证，而非经验自身的分析与提炼。

第三节　中央、地方与民众三层关系范式下社区治理：一个新分析框架

社区建设运动以来，先后历经几轮以居民自治为目标的社区去行政化改革都无法取得预期效果，国家—社会二元关系范式对于中国经验的适用性不断遭到质疑，社区治理改革实践与社区研究需要新的视角。本文将在融合并超越国家—社会二元范式中实体主义与关系主义两大视角的基础上，提出中央—地方—民众三层互动关系框架来重新认识我国城市社区治理问题。前面讲到既有的城市社区研究，大都属于对国家与社会二元关系范式的"验证"，即通过微观的社区去透视宏观的国家与社会关系，以验证与西方理论的一致性或差异性。在"范式"验证的社区研究逻辑下，社区犹如一个个治理的"孤岛"，脱嵌于整个城市系统。而笔者将致力于在中央—地方—民众的三层互动关系的新视野下，重新找回城市，通过对城市公共秩序生产原理的揭示，来分析和解释嵌入在城市系统末端中的社区治理体制与机制。

---

① 王铭铭：《小地方与大社会——中国社会的社区观察》，《社会学研究》1997年第1期。

一 中央、地方与民众的三层互动分析：纵向政府结构与社会之间的关系

在实体主义视角下的国家与社会关系，不管是国家政权建设论还是市民社会发育论，都将国家与社会视为两个相对独立而各自内部高度整合的实体性结构。由于国家与社会之间的零和博弈关系，国家一方寻求控制和支配社会，而市民社会则试图限制与反抗国家权力扩张，因此国家与社会在长期的博弈中形成了制度化的分权关系，即国家与社会之间有明确的权力边界。

在关系主义视角下的国家与社会互动论，对结构化的国家与社会观念进行了质疑和解构，国家与社会都不再是"铁板一块"的整体，而是分化为"碎片化"的科层体系与"碎片化"的社会行动者之间的互动，国家与社会在接触与互相嵌入的过程中，形成了一个介于国家与社会之间交叉的"模糊地带"或"第三领域"①。正如 Uphoff 和 Krishna 作出的极佳解释，除了国家的核心层与完全自治的市民社会，大量的国家机构与社会机构都处于国家与社会之间的模糊地带，具有国家与社会的双重特征。② 两者之间的差异，具体见图 1-1、图 1-2。

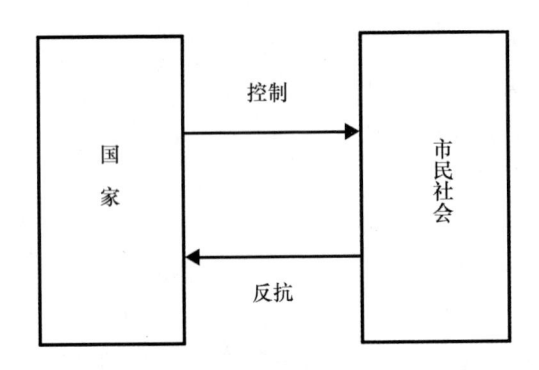

图 1-1 实体主义视角下的国家与社会关系

---

① 黄宗智：《集权的简约治理——中国以准官员和纠纷解决为主的半正式基层行政》，《开放时代》2008 年第 2 期。
② Uphoff, N. and Krishna, A., "Civil Society and Public Sector Institutions: More Than a Zero-sum Relationship", *Public Administration and Development*, Vol. 24, No. 4, 2004, pp. 357–372.

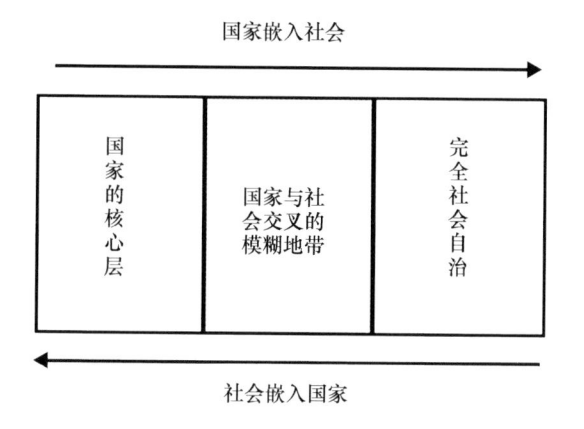

```
        国家嵌入社会
    ──────────────────────▶
┌────────┬────────┬────────┐
│ 国家的  │国家与社 │完全社  │
│ 核心层  │会交叉的 │会自治  │
│        │模糊地带 │        │
└────────┴────────┴────────┘
    ◀──────────────────────
        社会嵌入国家
```

图 1-2　关系主义视角下的国家与社会关系

在对国家与市民社会之间简单的二分法理论对中国经验适用性的反思基础上，国家与社会互动论基于我国社区个案"实然"经验的观察，发现国家与社会双方各自并非以具有内聚力的实体性结构而在社区界面相遇、交会与碰撞，而是两者之间都存在分化与间隙。因此，国家与社会在交互的领域内，既存在控制与冲突，也存在合作与妥协，以及渗透与反渗透等多面性关系。虽然国家与社会互动论相较于"国家中心论"和"社会中心论"而言，能够呈现城市基层实践的复杂性，但是"碎片化"的国家与社会在相交叉的模糊地带的博弈，犹如一个"黑箱"，主要依凭双方策略性地利用对方空间的分化与间隙的博弈能力，那么国家与社会之间的互动关系就具有策略化、特殊化以及不规则化特征，最后就容易变成"精致"而"琐碎"的权力技术的描写与呈现。

在借鉴与融合实体主义视角下结构化分析与关系主义视角下行动者分析的基础上，笔者将国家区分为中央政府与地方政府，而将社会进一步区分为民众中的少数与多数，那么抽象的国家与社会关系在具体的基层社会治理中就呈现为中央—地方—民众之间的三层互动关系。中央—地方—民众之间的三层互动关系框架，在吸收前两者优点的基础上，而避免了其不足，因此将对我国城市社区治理经验具有较强的解释力。我国中央—地方—民众的三层关系框架与

"找回"城市与"祛魅"的居民自治

西方国家—社会的二元关系范式的差别，核心在于纵向政府结构与社会的关系不同。该分析框架的灵感主要源于崔之元、贺雪峰、韩毓海、欧树军、周黎安、汪锦军等学者对我国独特的三层政治关系与国家治理本土化解释的启发。

崔之元在学界内较早对我国政治社会提出"中央政府—地方政府—民众"的三层分析路径，具体为"上层"（中央政府）、"中层"（地方政府和新兴资本大户）和"下层"（广大挣工资谋生的老百姓）之间的互动循环，以与时下流行的"国家—市民社会"的二元关系范式相对，但是他并没有展开对三者互动关系的机制分析。[①] 贺雪峰运用"中央—地方—民众"的三层互动关系，对实行"一票否决"的信访维稳问题展开了漂亮的机制分析，他认为中央政府一方面需要借助地方政府实行对辖区民众的治理和维护社会稳定，另一方面中央政府也需要借助民众的力量来监督和控制地方政府行为带来的统治风险，关键在于三者之间的互动要形成治理的相对均衡。[②]

欧树军等认为："国家治理落实三个层次：高层、中层与基层，高层指中央领导层，是统领者、领航者；中间指中间官僚层，是管理者、执行者；基层指与人民群众直接打交道的最底层，是基础，是稳定器。基层党组织和基层政府必须接受双重压力：来自中高层的行政压力，来自基层人民的政治压力，这就需要恰当的制度机制来引导他们服务于基层。"[③] 同样，韩毓海在分析中国近代为什么会落后时，他给出的较新颖解释为：宋代以降，经济和市场的不断发展与国家组织能力的持续下降之间的矛盾，国家组织能力下降的根源则在于国家治理能力的全面下降，即代表中央高层的皇帝和士大夫文人官僚阶层，缺乏管理经济、财政、税收、司法和金融的具体能力，也不再能

[①] 崔之元：《"混合宪法"与对中国政治的三层分析》，《战略与管理》1998年第3期。

[②] 贺雪峰：《国家与农民关系的三层分析——以农民上访为问题意识之来源》，《天津社会科学》2011年第4期。

[③] 鄢一龙、白钢、章永乐等：《大道之行：中国共产党与中国社会主义》，中国人民大学出版社2015年版，第103页、126页，本文引用的是欧树军执笔的卷三《组织起来，再造人民》。

够担负起组织和教育人民的责任,而基层治理早已落在了横征暴敛的胥吏手中,三者之间的互动产生严重失衡而带来危机。① 周黎安提出的纵向行政发包和横向晋升竞争的行政发包制理论以及曹正汉的统治风险理论也都是对我国特色的中央政府、地方政府与民众三者间互动关系的分析与解释。②

以上学者对国家治理的本土化解释,都共同强调了我国纵向政府之间的权力结构与社会之间的互动平衡关系,而非简单的国家—社会二元关系。这根源于我国独特的政治行政体制安排,和西方典型代议制民主政体国家下纵向政府之间实行制度性分权和地方自治体制有根本不同。在西方典型的代议制民主政体国家,不管国家权力结构采取单一制还是联邦制,政府权力结构实行的都是制度性分权。③ 纵向政府之间往往根据公共品的外溢范围来划分事权,每一级政府都有自己单独负责的公共领域,各自的职责边界相对清晰,且各级政府的行政首脑都是由各自辖区内的选民选举产生,并在本级政府负责的事务领域内直接向各自辖区内的选民负责,而不用向上级负责,不同层级政府之间在公共事务的治理上属于合作伙伴关系。④

然而,我国除了国家权力结构采取的是中央集权的单一制外,政府权力结构实行的也是中央集权制,而非制度化分权,即不管是中央

---

① 胡鞍钢、王绍光、韩毓海等:《人间正道》,中国人民大学出版社2011年版,第9—32页,文中引用的部分为韩毓海执笔。

② 周黎安:《行政发包制》,《社会》2014年第6期;周黎安:《行政发包的组织边界:兼论"官吏分途"与"层级分流"现象》,《社会》2016年第1期;曹正汉:《中国上下分治的治理体制及其稳定机制》,《社会学研究》2011年第1期;曹正汉:《中国的集权与分权:"风险论"与历史证据》,《社会》2017年第3期。

③ 所谓国家权力结构形式指的是国家主权的分享与划分,一般有单一制和联邦制两种,单一制代表的是国家主权集中在中央政府,联邦制代表的是国家主权由中央政府(联邦政府)和州政府共同分享。而政府权力结构形式主要是指政府权力的分享与划分,同样有集权和分权的区分。单一制国家在政府结构形式上可以采取集权制,如中国,同样也可以采取分权制,如日本。而联邦制国家在政府结构形式上也可以采取集权制,如苏联,同样也可以分权制,如美国。所以单一制国家政府权力结构运行并不必然是中央集权的,联邦制国家政府权力结构运行也并不必然是地方分权的。而西方典型代议制民主政体国家的政权权力结构形式一般采取的是分权与自治体制。参见周振超《当代中国政府"条块关系"研究》,天津人民出版社2009年版。

④ 周黎安:《行政发包制》,《社会》2014年第6期。

政府内部还是纵向不同层级政府之间，都只有分工，而无分权。有一些学者对我国独具"特色"的纵向政府关系作出了有力的解释，如朱光磊、张志红将我国纵向多层级政府之间"上下左右对齐"的机构与职能设置称为"职责同构"，以区别于西方纵向政府之间在制度化分权下"职责异构"体制；①荣敬本等提出的"压力型体制"；②周黎安提出的政治锦标赛体制；③贺雪峰提出的我国层级间责权利不对称行政原理，以区别于法理型科层制下责权利对称的行政设计原理等。④由此，我国纵向政府之间是上下级领导和被领导关系，下级政府的权力直接源于上级，并直接向上级负责，而间接向辖区内民众负责。

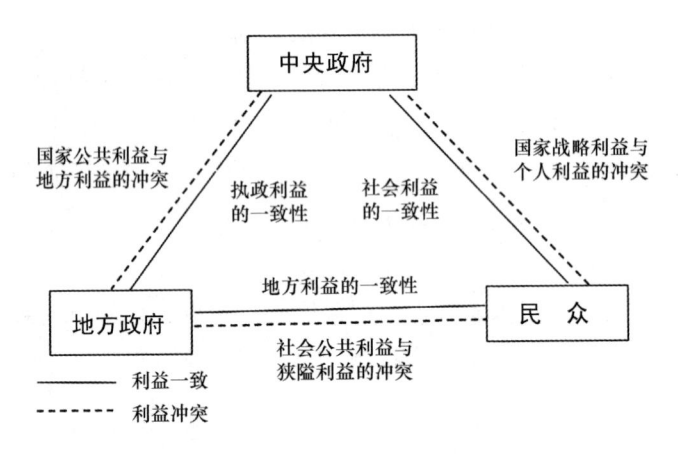

图 1-3　中央、地方与民众之间的三层互动关系

那么，在不同的政治社会体制下，纵向政府权力结构与社会关系的不同，将会进一步对社会治理机制产生不同影响。汪锦军认为：

---

① 朱光磊、张志红：《"职责同构"批判》，《北京大学学报》（哲学社会科学版）2005年第1期；张志红：《当代中国政府间纵向关系研究》，天津人民出版社2005年版。

② 荣敬本等：《从压力型体制向民主合作体制的转变：县乡两级政治体制改革》，中央编译出版社1998年版。

③ 周黎安：《中国地方官员的晋升锦标赛模式研究》，《经济研究》2007年第7期；周飞舟：《锦标赛体制》，《社会学研究》2009年第3期。

④ 贺雪峰：《行政体制中的责权利层级不对称问题》，《云南行政学院学报》2015年第4期。

"中央政府与地方政府存在利益博弈关系，政府与民众也在不断在特定的制度中互动并相互施加影响，中央政府、地方政府与社会之间呈现一种纵横交错的复杂利益关系。"[①] 如图1-3。汪锦军关于中央政府、地方政府与民众之间三层利益互动关系，延续的是崔之元对中国政治三层分析的路径，与笔者的想法不谋而合，本文将在他的三维利益框架基础上继续向前推进。

中央政府代表国家关注的是整体性、长期性、根本性的战略利益，积极推动的是整个社会福利的增长，可以将之视为整个社会的最大公共利益维护者。而地方政府作为一个相对独立的利益主体，主要源于改革开放以来中央对地方的放权，包括财政包干制和"下管一级"的人事任命权，同时辅之以"目标责任管理制"为核心的压力型考核与政治晋升锦标赛，使得同级地方政府之间形成了高度竞争的关系，也容易形成地方保护主义等行为。因此，地方政府相较于中央政府代表的是一种局部性或地方性公共利益。但同时，地方政府权力在没有受到有效监督与控制时，也有可能在利益驱动下蜕变为谋求部门、行业以及官员个人的狭隘私利。

民众往往是从个体的、具体的和短期的利益出发去表达诉求，代表的是个人利益，但是不同民众的利益诉求在一个阶段内可能相对同质化，可以做出简单的"少数/多数"区分，但也可能是多元化和异质性的，民众内部的利益分化程度也将对政府提供公共服务的决策以及社会治理机制产生影响。中央政府和地方政府、中央政府与民众、地方政府与民众之间形成的三对关系，均存在利益一致或利益冲突两种可能。因此，中央政府、地方政府与民众三者之间在不同的社会环境与发展阶段，可能就会生成不同的利益互动关系。进而，我国纵向政府之间的权责配置以及社会治理机制，就要根据变换了的利益关系作出动态的调整。正文将结合城市社区治理问题，对三者关系的具体互动与变化，以及对城市治理体制的影响展开详细的分析。综上，在西方分权体制下形成的国家—社会的二分法，并不适合解释我国独特

[①] 汪锦军：《纵向政府权力结构与社会治理：中国"政府与社会"关系的一个分析路径》，《浙江社会科学》2014年第9期，引用文字为133页，图片为135页。

的集权体制下国家与社会的关系。因此,对我国城市社区治理的研究需要从西方"国家—社会"的二元关系范式向"中央—地方—民众"的三层互动关系分析视角转换。

二 "找回"城市:城市公共秩序原理与嵌入在城市系统末梢的社区治理

正如芒福德所说:"人类用了5000多年的时间,才对城市的本质和演变过程获得了一个局部的认识,也许要用更长的时间才能完全弄清它那些尚未被认识的潜在特性……我们需要构想一种新的秩序,这种秩序须能包括社会组织的、个人的,最后包括人类的全部功能和任务。"[①] 城市化已经成为我们时代发展的主旋律,而我们对城市本质的理解还比较匮乏。正如社会学思考的原点问题"社会秩序是如何可能"的一样,我们对城市的认识也必须从最原始的城市秩序开始思考,即城市秩序是如何可能的,及其生产原理与机制是什么?是否可能有不同的秩序原理与机制并存?

然而,我国既有的社区研究都将社区视为一个个仿佛脱离了具体的"时空"情境和脱嵌于城市系统的治理"孤岛",再透过"孤立"的社区去"验证"宏大的国家与社会二元关系范式,却忽视了我国城市社区的独特内涵以及与城市系统的关联。笔者在此大胆地主张城市社区治理研究要"找回城市",并在理解和解释城市公共秩序的生产原理与机制的基础上,来反观嵌入在城市系统末梢的社区治理的角色功能、组织结构与有效机制。该研究思路的灵感主要源于奥斯特罗姆夫妇对美国大都市地区的治理经验考察,以及赵燕菁的城市经营理论对我国城市秩序原理的解释,下面将详述。

城市公共经济学理论将城市视作一组公共物品与服务(public goods and service)的集合。赵燕菁认为城市是一组通过空间途径盈利的公共产品和服务,有没有商业化的公共品交易是划分城市和乡村的

[①] [美]刘易斯·芒福德:《城市发展史——起源、演变和前景》,宋俊岭、倪文彦译,中国建筑工业出版社1989年版,第1—2页。

分水岭。① 赵燕菁提出的通过空间手段进行的公共品交易，和奥斯特罗姆夫妇对大都市地区公共品的"可打包性"（packageability）内涵相似，都寻求探索大城市地区公共物品与服务秩序的原理与机制。学界对以奥斯特罗姆夫妇为代表的多中心治理理论笃信较深，并将之用来指导我国社区治理体制改革，却往往忽视了"多中心治理"背后的美国经验，缺乏将理论还原为经验的能力，那么社区治理改革自然无法取得西方理论预期的效果。

开篇中提到文森特·奥斯特罗姆等人提出的"多中心政治体制"理论，是针对美国大都市地区公共物品与服务一体化需求与细碎化的地方自治政府治理格局之间的矛盾引发争论的回应，并在美国社会取得主导性影响。美国国内的改革派将美国大都市地区细碎化而分散并存的地方自治政府体制视为"巴尔干化"，认为这是"病态的"或"不健康的"，因此主张应该合并细碎化的地方政府，建立统一的大都市政府体制。奥斯特罗姆夫妇则对改革派的观点进行了反思，即美国大都市地区以众多分散并存的小规模地方自治政府为基础的城市公共品供应机制必然是"不健康"或"无效率"的吗？他们通过提出公共品的提供者与生产者可分离性、公共品的可打包性与多层次规模属性以及美国民众对民主传统的偏爱等分析性概念，揭示和论证了这种表层看似复杂无序的分散化治理体系，反而在深层次上形成了一套多个分散而地位平等的地方自治政府之间，以契约精神为基础的准市场竞争与合作治理模式下的都市公共品供应的"隐秩序"，并将之提炼总结为一种"多中心政治体制"②。

阅读奥斯特罗姆夫妇的原著给予笔者很大启发，不应该对其多中心理论采取直接的"拿来主义"，当我国的经验土壤与其理论不相符时，主张彻底更换"土壤"，这无异于"削足适履"。而是首先要先去探寻我国大城市社会公共品供应的"隐秩序"，在把握了城市公共秩序的原理与机制的基础上，方能进一步对不同供应体制的优劣进行

---

① 赵燕菁：《城市的制度原型》，《城市规划》2009年第10期。
② [美] 文森特·奥斯特罗姆：《美国联邦主义》，王建勋译，上海三联书店2003年版，第141—167页。

比较，以及对改革做出合理的政策选择。在对我国城市社会公共品供应"隐秩序"的探索上，赵燕菁做出了一系列有力的解释成果。他认为中美两国城市化开发经营机制的不同，也决定了两国城市治理体制，乃至国家政体的不同。尽管他侧重的是城市化开发建设阶段公共品供应秩序的形成，但是对于我们理解城市公共秩序同样具有很大价值。

赵燕菁指出城市化开发建设的核心在于大规模城市基础设施与服务如何供应，这个涉及两个重要方面：其一，城市化启动初期公共品供给一次性投资的原始资本来源问题；其二，由于城市公共品的非排他性和非竞争性特征，将产生外部性的外溢和租值漏失，即公共品的投资如何收回成本的问题。[1] 在独特的历史与制度环境条件下，我国形成了以"土地财政＋工商税收"为财政基础的城市经营模式，不同于美国等西方典型国家通过殖民掠夺和发动战争来实现城市化建设原始资本积累的基础上，形成的以"债券融资＋税收财政"为财政机制的城市经营模式。[2] 进而，由于城市公共品供应的财政来源与经营机制的不同，决定了更为深层的城市政治与治理体制及机制的差异。

在"税收财政"体制下，自治的城市政府公共财政主要源于辖区居民的财产税，城市政府为了能够征收税费，就要向居民让渡城市公共品供应的参与权和决策权，建立地方民众对政府的民主政治问责机制。相反，在我国"土地财政"体制下，城市公共品供给属于一种集权制，但不意味着城市政府的行为不受约束。城市政府之间为了创造良好的营商环境以招商引资发展经济，围绕着城市基础设施与公共服务展开了高度竞争。最后，他将中国以土地财政为基础的城市公共秩序总结概括为"集权＋竞争"的城市治理体制，与美国式"垄断＋民主"的城市治理体制形成对照。[3] 赵燕菁对我国城市化过程与治理机制做出了有力解释，虽然他侧重的是对城市化开发建设阶段的

---

[1] 赵燕菁：《城市化的几个基本问题》（上），《北京规划建设》2016年第1期；赵燕菁：《城市化的几个基本问题》（下），《北京规划建设》2016年第3期。

[2] 赵燕菁、庄淑亭：《基于税收制度的政府行为解释》，《城市规划》2008年第4期。

[3] 赵燕菁：《城市规划职业的经济学思考》，《城市发展研究》2013年第2期。

分析，但依然对于我们理解整个城市秩序的形成有重要借鉴价值。

小结：本文的研究目的为在社区研究中"找回城市"，并致力于揭示我国城市公共物品与服务供应的"隐秩序"，在此基础上去定位和理解嵌入城市系统的社区治理研究。具体的研究思路为：我们需要破除对西方国家—社会二元范式的迷思，以及对社区居民自治的祛魅化理解。通过采取更符合我国本土化经验的"中央—地方—民众"的三层关系的分析视角，去认识我国城市社区的独特内涵，以及将其视为嵌入在城市系统的有机环节去看待，而非一个个"脱嵌"于城市系统的"孤岛"。在对城市社区的"人""事""组织"三要素微观分析的基础上，我们将进一步去探寻我国城市深层的公共秩序原理，以及城市治理的体制与机制。最后，我们将对中美两国形成的不同的城市公共秩序机理及其效能进行简单的比较。唯有此，我们才有可能对城市社区治理结构转型与现代化改革的方向做出精准定位，也才有希望突破社区研究和社区治理改革创新实践的瓶颈，打开新的研究视界。

第四节 研究方法与田野工作

一 研究方法

在对主流的结构社会学及其"结构—制度"分析方法是否适用我国转型社会反思的基础上，行动社会学及其"社会学干预"方法对城市社区研究影响较大，但由于其预设的立场与价值直接来自西方社会学理论，而无法真正认识与理解我国实践经验的复杂性及其内在逻辑。在对"社会学干预"方法反思的基础上，研究主张迈向从实践出发的城市社区研究。其中，以孙立平为代表的实践社会学派提出的实践社会学与"过程—事件"分析方法对学界研究转向产生了巨大影响力，但由于其将作为研究手段的"过程"本体化，容易陷入琐碎的故事呈现，而忽视了背后的逻辑与机制。以贺雪峰为代表的华中乡土派，在融合与超越既有方法的基础上，开创了以经验研究为本位、机制分析方法与饱和经验训练法为核心的实践社会学2.0版。本文遵循的正是华中乡土派的研究方法与研究路径。

（一）"行动社会学"与"社会学干预"方法反思

"社会"与"个人"之间的关系是西方社会学理论中的一个基本分歧。其争论的核心点在于对于解释社会现象而言，结构（或制度）与行动（或个体行动者）何者更为基本，它们中何者能够更为深入地理解人类群体生活的基本秩序问题。①沈原认为："社会学家们时而突出'结构'，时而突出'行动'，并非纯粹的理论偏好使然。一般说来，在社会框架稳定时期，社会学家努力发掘的多是'结构'对'行动'的支配和制约作用。看到貌似自由的行动背后，存在着隐秘的、深层的结构支配机制，发现制度和规范如何经由各种途径而被'内化'为人的行为动机。但是当社会稳定时期频频出现社会运动或者处于社会转型时期，社会学更多地看到的是'行动'的意义。"②因此，在发现运用主流的社会学理论与方法无法解释处于巨变中的转型社会时，他便主张从"结构社会学"转向"行动社会学"，从行动者的主体性和能动性视角，并运用"社会学干预"的方法来考察中国的转型社会。

行动社会学与"社会学干预"方法是在综合了阿兰·图海纳、麦克·布洛维以及卡尔·波兰尼等人的理论谱系上而形成的。布洛维认为社会学与社会之间存在着类似脐带般的联系，他是从市民社会的立场上研究国家和经济。③第一波市场化产生了反对劳动力商品化和维护劳工权利的对冲运动，波兰尼提出了社会自我保护运动，社会学作为一门学科也是双向运动的产物。④第二波市场化产生了反对货币商品化和维护社会权利的对冲运动，表现为福利国家的兴起与社会权利的发展。而当下全球正在经历的第三波市场化浪潮，则是国家权力与

---

① 张静：《基层政权：乡村政治诸问题》（节选），载谢立中主编《结构—制度分析，还是过程—事件分析？》，社会科学文献出版社2010年版，第223页。

② 沈原：《"强干预"与"弱干预"：社会学干预方法的两条途径》，《社会学研究》2006年第5期。

③ ［美］麦克·布洛维：《公共社会学》，沈原译，社会科学文献出版社2007年版，第48页。

④ ［英］卡尔·波兰尼著：《大转型：我们时代的政治与经济起源》，冯钢、刘阳译，浙江人民出版社2007年版。

市场联袂夹击社会，因此布洛维提出"社会学的马克思主义"，将"保卫社会"带回社会学的中心议题，复苏自组织的市民社会生活以抵御国家与市场的"殖民"。①

而在我国处于市场转型过程的独特背景下，由于以往的"总体性体制"与"再分配经济"，从根本上抑制了自组织的社会生活。同样，国家通过单位制和街居制实现了对城市空间的权力控制，城市中的自组织生活机制也被抑制到最低限度，我国尚不存在西方的自组织式"市民社会"传统。② 因此，沈原认为我国转型社会新时期，"生产社会"，而不是"保卫社会"成为第一位的任务，既是社会学认知的任务，也是我国社会建设的目标。③ 那么，问题的核心就进一步转化为我国的"市民社会"（社会生活的自组织机制）如何被生产出来？

对此沈原等学者选择遵从的是欧陆传统"行动社会学"的代表阿兰·图海纳（Alain Touraine）的理论和方法，即"行动社会学"与"社会学干预"方法。"社会学干预"方法认为社会学家不再是社会生活之外的旁观者，而是社会运动的积极参与者，只有通过能动的干预手段，介入社会生活，社会学家才能形成关于行动者本身的真切知识。与传统社会学主张的"价值中立"和"工具实证主义"方法相对，"行动社会学"与"社会学干预方法"则坚持以下两点。一是明确地设定社会学家面对转型社会的基本立场与价值，鲜明地站在底层群体一边，将揭示不平等的社会结构原因作为社会学的目标，力求实现解放。二是从"行动"概念引入"实践"概念，引入"社会改造"面向。而改造的目标是培育"市民社会"或"自组织社会生活机制的生产"，对于社会自组织机制发育充分的地方，主张运用"弱干预"手段，对于社会自组织机制难以在短期内自动修复的地方，则必须使用"强干预"手段。④

---

① ［美］麦克·布洛维：《公共社会学》，沈原译，社会科学文献出版社2007年版，第58—74页。
② 沈原：《社会的生产》，《社会》2007年第2期。
③ 沈原：《又一个三十年？转型社会学视野下的社会建设》，《社会》2008年第3期。
④ 沈原：《"强干预"与"弱干预"：社会学干预方法的两条途径》，《社会学研究》2006年第5期。

"行动社会学"与"社会学干预"方法，强调的是在转型社会期间"行动者"努力突破"体制"与"结构"限制的主体性与能动性，并饱含浓厚的价值干预与社会改造的解放任务。正如布洛维主张的："社会学不仅是一门科学，还是一种道德与政治的力量。"[①] 这深刻地影响了我国社区研究以及社区治理改革实践的方向，"市民社会"的生产被主流视为我国转型期社会建设与社区治理改革的现代化目标。虽然"行动社会学"与"社会学干预"方法也强调对我国社会生活实践的理解和扎根社区的经验研究，但由于是直接将西方理论的预期与理念"嫁接"到中国社会，本质上还是属于从理论出发的形式主义研究。在没有深入认识和理解我国实践的复杂性及其内在逻辑的前提下，直接从西方理论的预期与理念出发对我国社会进行价值干预与改造，必然产生与经验的背离，如历次社区去行政化改革的"失败"。

（二）"实践社会学"与"过程—事件分析"方法的反思

黄宗智提出从实践出发的社会科学和理论研究，即从实践的认识而不是从西方经典理论的预期出发，建立符合中国历史实际的理论概念，通过民众的生活实践而不是以理论的理念来理解中国的社会事实。在关于从实践出发的研究方法上他主张："一个做法是从悖论现象出发，对其中的实践做深入的质性调查，了解其逻辑，同时通过与现存理论的对话和相互作用，来推进自己的理论概念建构。"[②] 黄宗智提出从实践出发的社会科学具有重要意义，但是他所遵循的研究方法为"理论→经验→理论"的循环路径，即在西方理论框架的预设下，再深入实践去发现与西方理论之间的悖论现象，以此再建构自己的理论概念，最终实现与西方理论的对话。虽然相较于从西方理论出发的社会学干预方法而言，更加贴近我国社会实践，但其本质上属于在西方理论大厦上的"插空"研究，终点在于与西方理论对话，补充和完善西方理论体系，无法实现构建中国社会科学主体性的任务。

---

① [美]麦克·布洛维：《公共社会学》，沈原译，社会科学文献出版社2007年版，第7页。

② 黄宗智：《认识中国：走向从实践出发的社会科学》，《中国社会科学》2005年第1期。

以孙立平为代表的实践社会学派,提倡面向实践的社会学,即要将一种实践状态的社会现象作为社会学的研究对象。他提出的"过程—事件分析"是一种接近实践状态社会现象的研究策略与叙事方法,主要是针对静态结构分析所存在的局限,即结构上的不可见性。"过程—事件分析"将社会现象看作流动的、鲜活的、在动态中充满着种种"隐秘"。① 他主张在一系列基于"事件性过程"的深度个案研究基础上,进一步将实践状态社会现象的研究概括为四个环节:过程、机制、技术和逻辑。过程是进入实践状态社会现象的入手点;机制是逻辑发挥作用的方式;技术是指实践状态中的行动者所使用的技术和策略,对这些技术和策略的强调目的是凸显行动者的主体性因素;逻辑则是研究的目标。②

"实践社会学"在推动我国社会学发展上贡献巨大,形成了社会学重建以来的一次"小高峰"。"实践社会学"及其"过程—事件分析"方法给出了认识实践状态社会现象的起点与终点,即社会现象是认识的起点或入手点,而研究的目标则是透过特殊的现象认识深层的一般规律或逻辑。但是"过程—事件分析"方法却没有讲述如何从起点达到终点的中间环节。其在论证"过程—事件分析"方法的有效性时矛盾之处在于,由于未界定所谓的"静态的结构分析"的局限性到底为何物,以至于将本来作为研究手段的"过程"与"技术"本体化,无限放大"偶然性"或"随机性"因素对事务发展的重要性,就会使得社会科学丧失研究目标。③ 如孙立平认为"过程—事件分析"强调事件之间那种复杂且有时纯粹是偶然的或随机的联系,追求的则是一种对事务过程的连贯与流畅的描述与解释。那么,当过程被"本体化"后,结构性因素就被消解了,"过程—事件分析"就容易过于技术化与策略化,陷入动态而琐碎的故事细节呈现,而忽视了深层的逻辑与机制的分析与揭示。

---

① 孙立平:《"过程—事件分析"与当代中国农村国家农民关系的实践形态》,载谢立中主编《结构—制度分析,还是过程—事件分析?》,社会科学文献出版社2010年版,第132—154页。
② 孙立平:《实践社会学与社会转型过程分析》,《中国社会科学》2002年第5期。
③ 桂华:《实践社会学:从1.0到2.0》,《云南行政学院学报》2016年第2期。

（三）实践社会学2.0版：经验研究与机制分析

2002年，华中村治研究群体提出"田野的灵感、野性的思维、直白的文风"作为经验研究的共识与策略。[①] 贺雪峰认为："三原则"提出之时正是以孙立平为代表的实践社会学研究达到高峰之时，华中村治学者受益于"实践社会学1.0"，并坚持与认可这一研究的一些基本面，但希望在借鉴与反思的基础上实现超越对它的超越，因此将华中乡土派"三原则"提出后十几年经验研究探索出的机制分析视为"实践社会学2.0"。[②] 华中乡土派对方法论的系统总结主要体现在两组文章上，分别是2014年在《社会学评论》第1期上发表的"经验研究笔谈"和2016年在《云南行政学院学报》第2期上发表的"机制研究笔谈"。

以华中乡土派为代表的实践社会学2.0版，明确提出了研究的立场、观点与方法。[③] 华中乡土派坚持以经验研究为本位的立场，基本研究方法是以个案调查为基础的机制分析方法。而机制研究有两大目标：一是理解中国，为政策服务，为实践服务；二是打通经典与经验、本土与外来的樊篱，建立起有主体性的中国社会科学。[④] 对于华中村治研究学人来讲，机制究主要有两层含义：第一层是通过大量个案基础上的机制研究，形成研究者的经验质感，这是学术基本功训练；第二层是对实践中各类特定机制进行专业化研究。机制研究的成果是中层理论研究，向下可以连接到丰富的经验，形成与经验之间的硬对话，向上则可抽象为一般化理论，从而形成有主体性的中国社会科学。[⑤]

华中乡土派机制研究目标的二重性决定了其与"行动社会学"、黄宗智以及"实践社会学"的差异。首先，其经验研究的起点是搞

[①] 徐勇、吴毅、贺雪峰等：《村治研究中的共识与策略》，《浙江学刊》2002年第1期。
[②] 贺雪峰：《实践社会学2.0：机制研究（笔谈）》，《云南行政学院学报》2016年第2期。
[③] 贺雪峰主编：《华中村治研究：立场、观点与方法（2016年卷）》，社会科学文献出版社2016年版。
[④] 贺雪峰：《华中村治研究中的机制研究》，《云南行政学院学报》2016年第2期。
[⑤] 同上。

清楚"经验与实践是什么",而不赞成像"社会学干预"方法那样直接从西方理论的预期与理念出发,用西方理论的想象去切割中国经验的逻辑。其次,机制分析要求透过现象看本质,在多个关键现象之间建立逻辑关联,抓住事物主要矛盾的主要方面。"过程—事件分析"若仅将"事件性过程"当作切入口,而将其背后的"逻辑"当作研究目的的话,就与机制分析相似,但是机制分析方法反对"过程—事件分析"将"过程"本体化,反对过分放大"偶发性"与"随机性"因素。[1] 最后,机制研究的终点是为了从经验中提炼出属于中国自己的概念体系与一般化理论,建立起有主体性的中国社会科学,而不是像黄宗智主张的那样与西方理论对话。具体的路径就是"经验→理论→经验"的大循环,即从我国经验与实践中提炼出属于自己的理论,然后再回到经验中去获得检验,这就与黄宗智主张的"理论→经验→理论"小循环不同。

华中乡土派的经验研究包括经验的理论提升、理论的经验还原与经验质感的培养三个密切相关的过程。[2] 经验的理论提升过程,需要运用机制分析方法,首先透过纷繁复杂的现象与材料,感知和把握现象之间的本质联系,本质联系可以是因果联系,也可以功能联系,或者是并列联系等,一般而言只有三个或三个以上现象之间的逻辑联系才称得上经验。[3] 因此,以个案为基础的机制研究与一般的"个案研究"不同,由于要将表面看似无关的现象之间建立逻辑关联,对于看似不可理解的现象给予深层解释的努力,便可以对个案发生机制进行完整而细致的把握,透过现象看本质。同时在多个地区做个案调研,便可以进一步对不同区域显现及其机制的差异做分析与比较,从而将表面现象向更加深刻与更加一般性本质过程推进。[4] 那么,由于机制分析探求的只是多个要素之间的必然联系,便可以融合与超越"结构"与"行动"之间的对立,以及原因分析与功能分析之间的冲突。

---

[1] 桂华:《实践社会学:从1.0到2.0》,《云南行政学院学报》2016年第2期。
[2] 吕德文:《谈谈经验质感》,《社会学评论》2014年第1期。
[3] 杨华:《华中乡土派的经验立场》,《社会学评论》2014年第1期。
[4] 贺雪峰:《华中村治研究中的机制研究》,《云南行政学院学报》2016年第2期。

最后，华中乡土派还探索出如何从研究起点达到研究终点的中间环节，特别是对于作为新手的年轻人，弥补了实践社会学1.0的遗憾。如何从认识实践状态的社会现象到达经验的理论化提升，关键就在于"经验质感"的培养。为此，华中乡土派在"田野的灵感、野性的思维、直白的文风"三原则基础上，又形成了"三经一专"的学术训练模式，这个模式强调"经典、经验、学术团队和专业研究"四位一体。在开展经验训练前，一般要先阅读社会学、政治学、经济学、传播学等西方社会科学经典著作150本左右。

而在完成经典训练基础上的经验训练，则主张在饱和经验法下进行饱和的经验调查。具体来说，华中村治学人要求博士生必须在8—10个省、每省1—2个村进行驻村调研，且每个村调查时间不得低于15天。所有驻村调研都需是综合且深入的，涉及政治、经济、社会、文化、宗教等层面，重在理解农民生活的逻辑和村庄治理的逻辑。经过以上调查，中心博士生才能选定博士论文主题，再开展为期半年的博士论文调查，进行博士论文研究和合作，那么每位博士生在读博期间可以有350天左右的调查经历，便能培养出"经验质感"。[①]

（四）街道：城市社区研究单位的选择

虽然华中村治研究团队多年来一直将乡村社会作为经验研究对象，将村庄作为研究单位，但是其提出的经验研究立场、机制分析方法与饱和经验法则适用于对一切实践与经验的研究。近年来，华中乡土派也逐渐开始将研究对象逐步拓展到城市街头研究、县域治理以及城市街道与社区研究。本文即是运用华中乡土派的经验研究立场与机制分析方法，对城市街道与社区展开研究的初步尝试。由于城市社区研究中主流范式还停留在从西方理论的预期与理念来认识我国经验与实践，并希冀用对西方理论的想象来改造社会与指导我国社区治理改革。因此，本文对我国社区治理的机制研究就存在两个阶段：一是将西方理论还原为西方的社会经验与现象，打破对西方理论概念的想象，以及词与物的分离；二是试图对我国社区治理经验进行理论提

[①] 贺雪峰：《饱和经验法——华中乡土派对经验研究方法的认识》，《社会学评论》2014年第1期。

升,透过表层的现象去把握要素之间的本质性联系,并通过提炼本土化的概念,提炼出中层理论。

不同于华中村治研究将村庄作为乡村社会经验的研究单位,笔者认为应该将街道作为城市社区研究的基础单位。在乡村社会地区,村庄属于一个熟人社会单元,具有较强的独立性与自主性,同一个文化地理区域内,村庄之间的社会文化结构具有同质性,因此村庄可以作为经验研究的基础单位。但是相较于乡村社会而言,城市社区深嵌在城市系统中,具有弱自主性与强依附性特征,不是一个完整的研究单位。因此,我们主张城市社区经验研究应以街道作为基础单位,街道和社区两级构成城市社会的街居治理共同体,而非将社区视为一个孤立或独立的城市自治单元。

二 田野工作

笔者自2010年7月第一次开始做田野调查,至今总共参加了27次调研,总调研时长累计612天,涉及13个省份、20个地级市、30个区(县),其中乡村社会调研累计时长352天,城市社区调研累计260天。在饱和经验训练法下,前期的乡村社会调研,以集体调研方式为主,训练了学术基本功和培养了经验质感,为后期开展城市社区调研打下了良好的学术基础。在正式开展城市社区田野调研后,大致也分为两个阶段:前期的开放式集体调研,一般3—5人组成一个调研小团队,展开对社区的全息式基础调研,力求从整体进路上理解社区治理经验;后期在选定博士论文主题后,开展围绕着核心主题的相对长期的个人调研,以武汉市和深圳市为主。下面就主要呈现整个城市社区田野调研的经历与基本情况。

2014年10月,参加完在北京大学举办的第六届"政治、法律与公共政策"会议后,笔者带队直接赴河北秦皇岛①做田野调查。原本打算的是做村庄调研的,没想到当地政府帮我们安排了中心城区的两个街道,希望通过我们的学术调研为他们推行城市社区治理改革提供决策帮助。这是笔者第一次做城市社区调研。起初是有畏难担忧情绪

---

① 根据学术惯例,对文中的区县以下的街道、社区等地名以及人名做了技术化处理。

的，因为虽然对村庄调研已经驾轻就熟，但是由于没有任何城市社区调研经验，心理很没底。然而，在尝试调研几天后发现，机制分析方法可以无障碍地将研究对象从村庄转移到社区。我们调研小组5名成员，在20天时间内，每天上午和下午各3个小时左右的深度访谈，晚上再集体讨论到凌晨一两点。访谈对象主要以街道办事处和社区两级的干群为主，城市经验的新鲜感给了我们很大冲击，这次算是与城市社区调研结了缘。

2015年7月，笔者有机会第二次参与城市社区治理调查，当时去了南京市秦淮区、玄武区和雨花台区等三个全国社区治理改革创新试验区。相比秦皇岛市而言，南京市城市开发较早，城市发展相对成熟，社区治理面临的问题及其改革都走在前头。关于社区减负和社区去行政化改革，如果说秦皇岛市刚刚"觉醒"，正在打算推行社区治理改革，南京市则已经在探索不同路径的改革试点。但是按照"先进"理念推行的改革，在实践运行中却未达到预期效果，实践与理论间的悖论，引起了笔者的兴趣，这次调研后便初步确定将城市社区治理作为博士论文选题方向。2015年12月，笔者在上海市徐汇区和黄浦区做了为期20天的社区治理调查。2014年上海市将"创新社会治理、加强基层建设"列为市委"一号课题"，并形成"1+6"系列文件。这次调研主要关注上海市街道与社区治理改革及其效果。

2016年3月在广东省佛山市禅城区进行为期20天的调查，街道一门式服务、一门式执法以及社区服务外包社会组织是其改革特色。接着，2016年4月下旬，到湖北省黄冈市黄州区进行为期10天的调查，这是中西部农业型地区中小城市的典型代表，给了笔者很大触动。与东部地区大城市政府"财大气粗"相比，中西部城市财政实力严重不足，以至于现在社区居委会的工资和福利，部分还要靠自收自支，社区还有创收压力。黄冈市作为小城市只有一个区政府，市、区和街道三级对中心城区的管辖空间高度重叠，三级政府之间的权力配置以及治理机制与东部大城市也有很大不同。2016年7月，笔者去了杭州市上城区做了为期20天的社区治理调查。杭州市的社区治理改革形成了自己的特色，采取"居站合一、交叉任职、融条于块、合署办公"的复合治理模式，重构了社区工作评价考核体系。杭州市社区治理模式，启发了笔者去思考我国独特的城市公共服务生产体系的效能。

在前面进行了多个城市的集体调研基础上，对我国城市社区治理有了整体上的理解和把握后，下面开始围绕着博士论文主题进行个人调研阶段。博士学位论文调研点的选择以街道为单位。2016年8月25日至2016年12月5日，笔者在武汉市洪山区G街道做了为期100天的田野调查。武汉市在"借鉴上海、立足武汉、问题导向、着眼基层"的原则下，2015年出台创新社会治理的"1+10"系列文件，重构超大城市基层社会治理体系。G街道辖区有20多个社区，30多万人口，辖区内商品房社区、单位型社区、单位改制的老旧社区、村改居社区等多种社区类型并存。前期在不同类型的代表性社区进行整体调研的基础上，又到街道的各个部门科室以及街道领导进行访谈，了解街道和社区两级之间的权责配置、工作机制以及互动关系，随后在两个代表性社区内长期驻点做参与式观察。

2017年3月15日至5月5日，在作为改革开放桥头堡和国家改革试验田的深圳市做了为期近50天的田野调查。"议行分设、居站分离"的盐田模式，2005年就在原深圳特区内得到推广。深圳市的社区治理改革创新花样繁多，几乎每个区都有自己的改革创新实验模式，自2014年民政部每年推出的中国十大社区治理创新成果评选，深圳市多个区入选过，罗湖区先后两次入选。罗湖区是深圳市最早的中心城区，算是深圳市的老城区了，这次田野调查主要以罗湖区为主，后期还去了宝安区和盐田区做短期调查和比较。深圳市不愧是改革创新之都，基本上所有流行的"先进"理论理念，都能在这里的社会治理改革创新实践中找到身影。深圳市居民自治与多元共治改革的历史变迁与我国社会实践的互动逻辑，提供了透视我国体制的窗口，后文还会详述。

2017年5月9日至5月26日，最后去了南京市溧水区做了17天的调研。溧水区是2012年由溧水县改为溧水区，近几年正处于城市化和工业化快速发展阶段。与前面的社区调研点都是成熟的城市建成区不同，溧水区还是一个在城市开发扩张阶段的城市，但由县改为区后，就要与南京市"同标"。南京市以12345市长热线为抓手的地方治理创新与治理现代化改革，将整个城市系统治理的各个器官联动起来，给了理解城市公共服务体系生产机制的新启发。在溧水区的调研采取的是打通城市和乡村的策略，在前期村庄和乡镇调研的基础上，再进入城市街道和社区，可以从城乡比较的视角去反观城市社区治理，最后到区12345政务办公室、区城管局和环保局等政府职能部门调研，试图从不同视角分析城市治理系统是如何运转的。

综上，本研究田野调研点的分布具有广泛性和代表性：从城市规模上包括了超大城市、特大城市、大城市、小城市等不同类型；从城市发达程度上则包括一线、新一线、二线、三线和四线城市；从城市政府结构上则包括从最少的1市1区到最多的1市16区，具体如表1-1。在深度个案为基础的机制研究之上，再通过对不同区域和不同类型城市治理机制差异的比较，以求更加深刻地把握我国城市社区治理的本质，理解和揭示城市治理的内在逻辑与机制。

表1-1　　　　　　　　　调研地点分布情况①

调研地点	调研时长	城市规模	发达程度	城市政府结构
上海市	15天	超大城市	一线城市	1市16区
深圳市	50天	超大城市	一线城市	1市8区
武汉市	100天	超大城市	新一线城市	1市13区
南京市	27天	特大城市	新一线城市	1市11区
杭州市	20天	Ⅰ型大城市	新一线城市	1市10区（1市2县）
佛山市	18天	Ⅰ型大城市	二线城市	1市5区
秦皇岛	20天	Ⅱ型大城市	三线城市	1市4区（3县）
黄冈市	10天	Ⅰ型小城市	四线城市	1市1区（2市7县）

本研究的材料主要来源于三方面。一是直接的访谈资料，主要以田野调研笔记与调研报告为载体，这是材料来源的主体。每在一个城市调研主要采取的都是"深度访谈+参与式观察"的具体方法，访谈对象包括区政府职能部门干部、街道干部、区部门驻街组织干部、

---

① 城市规模标准在后文"城市"界定中会交代，城市发达程度的划分采取的是社会上通行标准，并无严格的学术界定。城市政府结构则只计算市辖行政区数量，下辖的县或县级市则不包括在内，故用括号标注。

社区工作者、党员、楼栋长、居民积极分子、业委会成员、物业公司人员、社区民警以及普通居民等各类群体与人物。二是相关的政策文件汇编与官方资料,这个主要涉及不同城市推行社区治理改革的具体政策资料。三是间接的文献资料,文中关于美国大都市地区治理经验的材料主要来源于国内外学者的经验研究。

第五节 概念界定与章节安排

一 概念界定

城市。根据国务院于2014年11月发布的《关于调整城市规模划分标准的通知》(下文简称《通知》),城区是指"市辖区和不设区的市、区、市政府驻地的实际建设连接到的居民委员会所辖区域和其他区域"。而市辖区内的农村地带,并不计入城区范畴。因此,本文将城市界定为一市城区所在的区域范围。如黄冈市级政府辖区范围包括1区2市7县,但是对于黄冈这个城市而言,则就只计算下辖黄州区的城区范围。

《通知》将城市规模划分标准调整为:以城区常住人口为统计口径,将城市划分为五类七档。城区常住人口50万以下的城市为小城市,其中20万以上50万以下的城市为Ⅰ型小城市,20万以下的城市为Ⅱ型小城市;城区常住人口50万以上100万以下的城市为中等城市;城区常住人口100万以上500万以下的城市为大城市,其中300万以上500万以下的城市为Ⅰ型大城市,100万以上300万以下的城市为Ⅱ型大城市;城区常住人口500万以上1000万以下的城市为特大城市;城区常住人口1000万以上的城市为超大城市(以上包括本数,以下不包括本数)。而此前,城市规模的划分标准,是以市区(不包括市辖县)的非农业人口总数为统计口径,将城市划分四类:100万人口以上为特大城市;50万—100万为大城市;20万—50万为中等城市;20万以下为小城市。

那么,本文对所调研城市的城市规模等级的判定依据的是调整后的新标准。选择不同规模类型的城市调研,可以通过比较不同城市治理呈现的差异而向更为纵深思考。虽然本研究的调研点具有广泛代表性，但主要还是以超大城市、特大城市以及大城市为主，或者一线城市、新一线城市及二线城市为主。中小城市或者三、四、五线城市的城市治理经验，可以反观大城市的治理实践。本文初步将研究对象以及研究结论的适用性限定在大城市、特大城市与超大城市。为了叙述的方便，如果没有特别说明，下文中再提到的"城市"，其意指大城市及以上规模的城市，包括大城市、特大城市和超大城市。

此外，论文题目以及正文中"找回城市"的内涵是强调将城市拉回到社区治理的研究视野中去，或者说将社区放置到城市系统中去认识和理解。针对的是学界既有的研究，要么从本体论的角度将社区视为一个实体，要么从方法论的角度透过社区去验证宏观的国家与社会二元关系理论，共同的是都将社区视为一个个仿佛与城市系统无关的"孤岛"。然而，我国社区是嵌入在城市治理体系的末梢环节，是整个城市秩序系统的组成部分，社区治理体制的改革离不开对城市秩序原理及其性质的认识，因此笔者主张应将城市纳入社区治理研究的视野中来。而之所以用"找回"一词，主要是受以斯考切波和埃文斯为核心的国家理论学派的代表作《找回国家》一书题目的启发。

城市公共物品与服务（Public goods and services）。城市公共物品与服务是城市公共经济学与公共选择理论的重要概念，政府的职责被认为是提供城市公共物品与服务。公共物品与服务，是相较于私人物品与服务而言的，具有非排他性与非竞争性特征，即属于广义的公共产品。因此，本文提出的"城市公共物品与服务"概念也是在公共经济学意义上使用的，指的是政府职责范围内的公共品供给，从内容上则广泛包括城市管理、社会管理、市政设施与城市公共服务等方面，与狭义的公共服务概念相区分。为了叙述方便，下文中将直接用"城市公共品"或"城市公共服务"代指城市公共物品与服务，意涵相同。而若用狭义上的"公共服务"（与"管理"相对），则会单独做出说明，如后文提出的"行政、自治、服务"三分法中的"服务"，使用的便是狭义意思。

祛魅。祛魅是马克斯·韦伯提出的重要概念，与祛魅相对应的是"非凡魅力"（Charistmas）又直译为卡里斯玛，形成的是卡里斯玛型权威，喻指价值信仰的神圣性以及对领袖毋庸置疑与不加反思的笃信。而"祛魅化"在韦伯那里实质上是一种理性化进程，包括政治、宗教与法律等方面的理性化演进。本文借用韦伯的"非凡魅力"与"祛魅化"概念延伸到对居民自治改革的理解上。学界主流积极推动的以居民自治为旨归的社区治理改革，便有将居民自治"实体化"和"非凡魅力化"的色彩，将居民自治作为不加反思的价值信仰与社区改革的逻辑起点。而笔者主张"祛魅"的居民自治亦是强调对居民自治的理性化反思与再认识，居民自治不应成为社区治理的价值信仰，而应把居民自治作为一种治理工具，放置在城市治理体系中把握其功能定位。

半行政半自治。半行政半自治是对我国以社区两委为核心的城市基层组织性质的界定，回应的是学界要么把社区居委会视为纯粹的国家代理人和行政组织，要么把社区居委会视为纯粹的与国家分权的社会自治组织。受黄宗智对我国传统帝国时期乡村基层治理研究提出的"第三领域"，及其以半正式基层行政为核心集权的简约治理机制的启发。笔者通过分析认为，虽然我国城市社区两委组织与干部相较于传统乡村社会而言已经职业化与正式化，因为这是适应由农业社会向工业社会与城市社会形态转变的自然演化，但是其性质仍然是介于纯粹行政组织与社会自治组织之间的半行政半自治形态，起到勾连行政与自治组织的作用。

网式治理结构。针对古典公共行政理论反思而兴起的新公共管理理论与多中心治理理论，共同的是都强调公共治理的多主体化和分权化，形成不同治理主体共同参与的网络化治理关系。那么形成的治理结构我们称之为"网式治理结构"，主要是指一种多中心治理结构或去中心化的治理结构，强调的是不同治理主体之间基于地位平等与协商交易而形成的互惠式网络化治理关系。

链式治理结构。链式治理结构是与网式治理结构相对而提出的，是对我国国家治理体系的经验提炼。链式治理结构强调的是一种多层级核心治理结构，自中央到基层的每一个层级内部都有一个核心治理主体，以核心来辐射带动多主体参与到治理结构中来，不同层级之间形成一个紧密相连的治理链。我国社区治理组织也是嵌入链式治理结构中的一环，因此按照西方的网式治理结构来改革我国的社区治理，就会遭遇体制的不兼容。

二 章节安排

全文包括导论和结论在内总共七章，总体上可以分为三部分。第二章主要呈现社区建设运动以来，先后几轮以居民自治为目标的社区去行政化改革和社区多元化治理结构转型的经验悖论。接下来的第三章、第四章和第五章则分别从微观的"人"、"事"和"组织"三要素来深入分析社区去行政化改革和社区多元化治理结构转型"失败"的原因，以及我国实践形成的是与多元网式治理结构不同的链式治理结构特征。第六章进一步回答了我国社区多元化治理结构转型"失败"的体制与机制性根源，即网式治理结构与链式治理结构是镶嵌于两套完全不同的体制与机制中的。具体章节安排如下。

第一章：导论。基于社区去行政化改革实践与理论预期的悖论，提出本文的问题意识。接着梳理和评述了国家—社会二元关系范式下社区研究的成果及其不足。进而本文提出我国社区治理研究应找回城市，并从简单的国家—社会二分法转向中央—地方—民众三层互动关系框架。最后介绍了文章的研究方法、田野工作、核心概念以及章节安排。

第二章：政府职能社区化与居民自治改革内卷化。在国家与社会分权的指导思想下，我国自社区建设运动推行以来，历经四轮以居民自治为目标的社区去行政化改革，但实践中却陷入"社区去行政化—多元化改革"→"居委会边缘化—社区治理碎片化"→"居委会再度行政化—社区治理一元化"的怪圈，其中"深圳模式"为典型代表。在政府职能社区化具有强大的内生需求压力下，居民自治改革陷入内卷化的困境。

第三章：社区邻里性质：社区分类与共同体建设的可能性。本章在对城市公共服务生产机制进行分析基础上，将多样化的城市社区形态再分类为名义社区与实质社区，并将实质社区界定为本文的研究对象。在这个基础上进一步去探讨我国城市实质社区邻里关系的性质，及其有无发育成为作为居民自治社会基础的"共同体"的可能。最后提出社区建设的目标与社会基础的重置。

第四章：社区权威的生成与公共事务的再分类。遵循社区公共事务"功能分类—组织分离—权力结构变革"的社区多元化治理路径的"失败"，需要我们重新审视"行政、服务、自治"三分法的理论假设与改革谬误。在对社区公共事务的具体内容、属性特征以及社区权威的生成机制分析基础上，我们将结合公共品溢出范围与垄断性两个维度，对社区公共事务分类体系进行重构。

第五章：链式治理结构：城市社区治理的有机构成。在对社区邻里关系和社区公共事务的属性与特征分析基础上，本章进一步回答这需要什么样的社区基层组织与之匹配，即社区一元化治理结构下的通才型治理还是社区多元化治理结构下的专才型治理模式。然后进一步从"条条""块块""国家"三个维度去分析政府职能社区化的实践合理性，以及社区居委会的行政与自治职能之间的关系。最后指出我国实践形成的是行政—半行政半自治—自治机制相衔接的链式治理结构，而非多元网式治理结构。

第六章：多层级核心政治体制与"统分结合"双层治理。本章先对我国城市公共秩序的生产原理与机制进行揭示，指出随着大城市中心城区从城市开发向城市管理阶段转型，中央、地方与民众三者间利益关系发生变化，需要城市治理机制做出相应调整。研究进一步提出社区链式治理结构根源于我国城市多层级核心政治体制与"统分结合"的双层治理机制，与网式治理结构源于美国大都市地区多中心政治体制与准市场竞争交易和合作治理机制形成两套不同的城市秩序，并对两种模式效能进行简单比较。

第七章：结论。本章将对全文进行归纳总结，提出城市社区治理研究的视角应从简单的国家—社会二元关系范式转换为中央—地方—民众三层互动关系框架。同时，社区治理研究应找回城市，将社区放置在城市治理系统中去理解与定位。进而，在对居民自治祛魅化理解的基础上，我们将提出社区治理现代化改革的政策选择。

第二章 政府职能社区化与居民自治改革内卷化

自20世纪90年代单位制渐趋解体后,我国城市基层治理现代化的改革探索就一直在路上,集中体现在社区治理体制改革模式的实验。社区制被认为是中华人民共和国成立后继单位制和街居制之后新时期的制度建设。[①] 本章主要讲述我国社区建设实践的现状、经验以及面临的困境,即在政府与社会分权理论思想的指导下,社区治理体制先后经历了四轮改革,但是却面临着始终无法跳出社区去行政化—居委会边缘化—社区再度行政化的悖论,在政府职能社区化的内生需求下,居民自治改革陷入内卷化。

第一节 居民自治:政府与社会的分权改革

学界一直将居民自治视作新时期社区建设的目标。[②] 然而,自八九十年代开始,城市公共服务职能逐渐向居委会下沉。2000年以后,城市管理职能也进一步向社区居委会下沉。有学者认为政府职能的社区化导致社区居委会的过度行政化,带来社区居委会的角色迷失与功能冲突,即国家代理人角色挤压了社区保护人的角色,向上负责的行政职能挤压了向下负责的自治功能,背离了居民自治的

[①] 何海兵:《我国城市基层社会管理体制的变迁:从单位制、街居制到社区制》,《管理世界》2003年第6期。

[②] 费孝通:《居民自治:中国城市社区建设的新目标》,《江海学刊》2002年第3期;费孝通:《对上海社区建设的一点思考——在"组织与体制:上海社区发展理论研讨会"上的讲话》,《社会学研究》2002年第4期。

法律制度与社区建设目标。① 由此，全国各大城市政府便开启了以居民自治为目标的社区治理体制改革实验，笔者将之总结为城市社区建设的四轮改革模式，分别为首轮的社区建设模式初探、以社区工作站模式为代表的二轮改革、以行政契约规范模式为代表的三轮改革以及新一轮以三社联动为代表的契约外包模式。当然实践中以上四轮改革模式并没有泾渭分明的时间界线，而且由于不同城市发育与发展的早晚与快慢不同，社区治理改革探索也非按照线性发展的，而有可能同时采取其中不止一种模式。对四轮改革模式的概括主要是基于对全国社区治理改革整体思潮演进的把握而建构的理想类型。

一 街居制的重建与社区建设的首轮探索

街道和居委会是新中国国家政权在接管城市后对基层社会及其治理组织的社会主义改造与创设，属于基层政权建设的重要构成。居委会从其诞生之初就发挥着双重功能：一方面作为国家直接联系群众和接触社会的接点与纽带，宣传、动员和执行国家的法律与政策，协助政府履行相关行政职能；另一方面对内组织生产群众所需的公共品，实现居民自治功能，因此居委会兼具政治属性和社会属性。② 无单位的城市流动人口增加给社会稳定和城市管理带来了很大压力，在将人民组织起来的战略方针下，国家对城市流民和游民实施了收容遣送的"城市净化"政策，出现了街居制单位化管理。③ 相应于农村建立人民公社体制，城市社会建立起单位体制。

十一届三中全会后实行改革开放，为维护城市社会秩序，1980年全国人大常委会重新公布1954年制定的《城市街道办事处组织条例》《城市居民委员会组织条例》等有关街道和居民委员会制度的法规文件，城市街居制得以重建。1982年《宪法》的制定，首

---

① 田毅鹏、张帆：《转型期社区组织的科层化及其走向——以C市J社区为例》，《吉林大学社会科学学报》2014年第3期。
② 张济顺：《远去的都市：1950年代的上海》，社会科学文献出版社2015年版。
③ 杨丽萍：《从非单位到单位——上海非单位人群组织化研究（1949—1962）》，博士学位论文，华东师范大学，2006年。

次以根本法的形式明确了居民委员会的性质、功能与任务。而随着市场经济改革的推进，单位制的日益松动，街道和居委会开始承接单位剥离出来的大量社会事务，作为辅助角色的街居制逐渐从边缘走向前台。

在这种背景下，1991年5月民政部部长崔乃夫从加强基层政权建设角度提出"社区建设"概念，推动了城市社区体制改革。1996年3月，在八届全国人大四次会议上，江泽民在参加上海代表团讨论时强调，"建设有中国特色的社会主义，必然要求我们建立有中国特色的现代城市管理模式，努力造成一个秩序井然，市民安居乐业的社会环境。要大力加强城市社区建设，充分发挥街道办事处、居委会的作用"[1]。为响应江泽民讲话精神，1996年3月25日，上海市委、市政府召开城区工作会议，提出由过去的"两级政府、两级管理"过渡到"两级政府、三级管理"体制，改革城市管理体制，加强社区建设。随后，上海市又进一步提出"两级政府、三级管理、四级网络"（市、区、街道、居委会）城市管理体制。这种体制模式的典型特征是政府通过行政性分权，使街道行政权力渗透和行政功能扩展，吸纳所有社会组织，形成"纵向到底、横向到边"的行政网络，被称之为"行政主导模式"或"行政覆盖模式"[2] 1997年以来，上海市在街道层面完成行政权力整合的体制改革及其所创造的经验，几乎被全国大中城市效仿。

90年代强调市场化、民主化和分权化改革的新公共管理理论和治理理论开始风靡全球，"上海模式"实现了政府体系内部的行政性分权，但是没有走向政府与社区分权，实际上坚持的是一条社区建设行政化的道路，引起学界的争议。[3] 1998年民政部在全国选定26个国家级社区建设实验区，开展国家与社会适当分权的社区治理体制探索，并于1999年至2000年先后产生"沈阳模式"和"江汉模式"两种社区治理模式。1999年，沈阳市探索出了"社区自治

---

[1] 唐忠新：《中国城市社区建设概论》，天津人民出版社2000年版，第68—69页。
[2] 陈伟东：《社区行政化不经济的社会重组机制》，《中州学刊》2005年第2期。
[3] 卢爱国：《使社区和谐起来：社区公共事务分类治理》，博士学位论文，华中师范大学，2008年，第52页。

模式",其体制与制度设置的特征主要为:一是明确提出"社区自治"的原则,社区的性质与建设目标定位为滕尼斯意义上的以共同利益为纽带,以认同感与归属感为核心的自治共同体,重点培育居民自治功能;二是将社区设置在原街道和居委会之中间的层次上,即"小于街道办事处,大于居委会"的范围,因此社区建设开启后,就经历居委会合并与重组的过程,最终在社区一级建立社区委员会;三是实行"议行分设"原则,仿照国家四套班子的设置原理,重新构建社区组织与权力结构,即社区党组织、社区成员代表大会、社区协商议事委员会、社区委员会,俗称"小党委、小人大、小政协、小政府";四是建立居民志愿组织,取消社区居委会内部与政府对接的各类工作委员会,如社区治安委员会、环境卫生委员会等,建立各种居民协会。[①]

"沈阳模式"被学者认为对政府与社区分权进行了点题,但是却没有破题。"沈阳模式"下的社区自治体制探索仅仅停留于制度设置上,而制度在实践中运行却演变成全国性普遍问题,即居委会仅仅是政府深入基层社会的"一条腿"。2000年年初,国家民政部批准武汉市江汉区为最后一个"全国社区建设试验区",要求江汉区政府在理顺政府与社区关系问题上做出突破性探索。"江汉模式"探索出政府行政和社区自治相互合作的混合治理模式,主要特征为:一是捋顺三个关系,即街道办事处与居委会、区政府部门与居委会、区政府部门与街道办事处的关系,为居委会和街道办事处松绑;二是划分权力和职责,划分街道办事处、区政府部门与居委会之间的职责清单,社区拥有居委会成员选免权、内部事物决定权、财务自主权、民主管理监督权、不合理摊派拒绝权、协管权等;三是政府职能进社区,即区政府职能部门通过"五个到社区"(工作人员配置到社区、工作任务落实到社区、服务承诺到社区、考评监督到社区、工作经费划拨到社区),实现政府管理和服务工作重心下沉社区;四是设立"民评官"制度,赋予社区组织和居民代表评价街道办事处、社区民警和社区干

---

① 刘小康:《政府与社会互动:沈阳社区自治模式探微》,《国家行政学院学报》2000年第5期。

事职能转变、服务承诺履行状况的权利。①

"江汉模式"背后的理念和价值取向是主张"两个分离":即在社区治理中,实行行政管理与居民自治的分离;在社区公共服务中,实行"管干"分离,即政府"掌舵"与民间"划桨"的分离。但吊诡的是,作为担负着政府与社区分权改革破冰重任的"江汉模式",在实践运行中却演化为政府职能下沉到社区,全国形成了政府职能社区化的浪潮。武汉市在吸取江汉区政府职能社区化经验的基础上,于2002年到2005年在全市当时的七个中心城区推行社区建设"883"行动计划,实行"四到社区"②。为了弥补城市管理与公共服务力量的不足,政府部门出资建设了一支社区协管员队伍,俗称社区"八大员"③。但是,政府并没有舍弃社区居委会这一传统组织资源,而是通过目标责任制把居委会吸纳进政府部门行政系统。居委会被行政吸纳的方式主要有三种:一是专干捆绑的方式,即政府部门赋予居委会对社区专干的部分管理权,同时向居委会分解责任和目标;二是费随事转的方式,即在向居委会拨付一定工作经费的同时向居委会分解责任和目标;三是间接的方式,即区政府部门向街道办事处分解目标与责任,街道办事处再向下递解到社区居委会。④

因此,"江汉模式"下政府与社区的分权改革目标并没有实现,因为街道掌握了社区居委会的人事权(居委会成员由街道选聘并由政府财政发工资)、财务权(社区财务实行"居财街管",超过一定额度的支出都要经过街道领导签字同意)以及考核监督权(街道掌握了对社区的实质性考核监督,而民评官制度则流于形式)。由于社区

---

① 有关"江汉模式"的研究成果参见陈伟东《社区自治:自组织网络与制度设置》,中国社会科学出版社2004年版;陈伟东:《论城市社区民主的制度结构—以武汉市江汉区社区建设实验为例》,《社会主义研究》2001年第3期;尹维真:《中国城市基层管理体制创新》,中国社会科学出版社2003年版。

② "四到社区"是指社会保障到社区、城市管理到社区、社会治安综合治理到社区、社会服务到社区。

③ 社区"八大员"是指社区专干的统称,并非严格的八名协管员,具体有计生专干、社保专干、低保专干、信访专干、城管专干、流动人口协管员、残疾人协理员等。

④ 卢爱国:《使社区和谐起来:社区公共事务分类治理》,博士学位论文,华中师范大学,2008年,第52页。

两委实行交叉任职，书记主任一肩挑，因此社区内部就形成了社区专干→两委委员→两委副职（副书记和副主任）→两委正职（书记/主任一肩挑）的层级晋升体系。伴随政府职能社区化，城市社区建设很难走出社区空间的行政化以及居委会的行政化困境，甚至社区居委会行政化程度比过去更严重。面对此困局，2000 年以后全国各城市又开启了新一轮的以设置专门承接政府职能为核心的"社区工作站模式"。①

二 居委会去行政化与社区工作站模式的二轮改革

2000 年以来，随着打工经济的大规模兴起和住房商品化，我国也迈入了快速城市化时期，城市管理任务激增与重心下沉，同时随着国家财政实力增长与服务型政府的转变，对居民的公共服务与福利增加。政府职能社区化顺应了后单位时期城市管理与公共服务供给的现实需求，但是这被学界认为导致社区的过度行政化，挤压了社会发育与居民自治的空间。因此，学界主张社区去行政化，剥离居委会的行政职能，让居委会回归自治功能。而对于城市城府改革而言，则面临着双重目标的约束：一方面要实现居委会去行政化，回归制度文本规定的自治功能；另一方面又需要一个组织载体落实行政事务职能，提高行政执行力。为此，不同的城市政府采取了不同的社区治理结构改革尝试，但相同的都是在社区居委会外增设一个新组织专门承接行政事务，虽然该组织的名称各地叫法不一，如社区服务社、社区办公室、社区服务站、社区工作站等，以下将统称为"社区工作站"模式。

社区工作站模式的核心指导精神是"议行分设与选聘分离"，针对的是改革前社区"议行合一、选聘合一"体制。上文提到过社区自治式的"沈阳模式"就是最早的按照"议行分设"原则设计的社区治理制度。"议行分设"背后的价值理念与指导理论，实际上是西方资产阶级民主政体下政治与行政二分理论的套用，即民意表达与公共决策的政治过程与执行政治意志的行政过程是分开的，强调的是组

---

① 詹成付主编：《社区建设工作进展报告》，中国社会出版社 2005 年版，第 491 页。

织功能的清晰边界与分权制衡的多元权力结构。延伸到社区层面，"议"主要是指决策权主体，而"行"则是指执行权主体。"议行合一"指社区的决策与执行功能是一体化的，统一由居委会行使。而"议行分设"则是指社区的决策与执行功能分开，由不同的组织担纲。在社区工作站模式下，一般由居委会负责组织民意表达与公共决策功能，而社区工作站则负责执行居委会的决策以及来自政府交办的行政事务。"选聘合一"是对过去社区居委会成员"街聘民选、先聘后选"的浓缩表达，即居委会成员一般是由政府通过考试统一招聘，招录后分配到社区再通过民主选举程序获得合法性资格。"而选聘分离"则是将社区居委会委员的选举与社区工作站专干的聘任分开，社区居委会由居民直选或居民代表民主选举产生，而社区专干则是由政府部门、街道办事处或居委会聘任产生。

在"议行分设、选聘分离"的价值理念下，各城市政府在社区治理创新驱动下开展了花样繁多的改革试验，有学者将之总结为企业治理、社站内置、居站并行以及居站分离等四种模式。[1] 企业治理模式，是指借用现代企业治理结构来推进社区治理转型。上海卢湾区最早于1999年推行居委会治理改革，实行居委会直选和兼职化，居委会相当于企业的董事会，再由居委会选聘社区干事负责具体执行，社区干事相当于企业的经理层，被认为企业治理改革的雏形。[2] 宁波海曙区则采取的是社区成员代表大会（类似于企业股东大会、社区最高权力机构以及监督机构），社区居委会（类似于董事会、社区协商决策机构）以及社区办公室（类似于职业经理人、社区执行机构）的治理结构。[3] 由于社区办公室的职能过于宽泛，既要向居委会负责，又要向政府负责，且由于居委会主任兼社区办公室主任，导致社区在实践中依旧面临过度行政化问题。而且该种模式社区治理成本高昂，政府

---

[1] 卢爱国：《使社区和谐起来：社区公共事务分类治理》，博士学位论文，华中师范大学，2008年，第108—144页。
[2] 刘春荣：《中国城市社区选举的想象：从功能阐释到过程分析》，《社会》2005年第1期。
[3] 李凡：《规范化城市社区选举的成功尝试——对宁波市海曙区社区直接选举的调查和思考》，《中国经济时报》2003年4月21日第T00版。

投入的人头经费不仅没有减少，社区工作经费还增加了，被认为是"代价不菲"的改革。①

社站内置模式，是指将新增的社区工作站下设或内设于社区居委会，向居委会负责，专门承接政府交办事务。和企业治理模式不同的是，社站内置模式下的居委会是实体化的，非兼职化和志愿化。如盐田模式在2002年的"一会（合）两站"模式，即在居委会下设社区工作站和社区服务站，分别履行社区行政职能和社区公共服务职能，向居委会负责。居站并行模式，是指按照行政、自治与服务职能相对分开的原则，在履行自治功能的居委会之外，设立社区工作站，承接政府交办事务，但往往同时采取"居站分设、人员交叉"。因此，在社区组织结构上由原来的社区两委（党支委和居委会），变成了社区两委和社区工作站，由于人员交叉，实际上是"三块牌子，一套人马"。虽然从制度设置上，社站内置和居站并行模式有些微不同，但是实践运行上并没有根本差异。其实质逻辑都是在实现居委会在制度名义上的自治功能的同时，地方政府可以名正言顺地向社区转移公共事务，从而巧妙地规避了政府职能社区化的合法化危机。

居站分离模式，则是指社区居委会与社区工作站分离，居委会实行兼职化、志愿化和在地化，由社区居民通过民主选举产生，履行社区自治功能，而社区工作站则从居委会分离出来，作为街道办事处在社区的派出机构，专职履行政府交办的事务，以深圳盐田模式为典型代表，后该模式在深圳全市普及。②从居委会剥离出来的行政职能交由社区工作站执行，社区工作站成员采取雇员和综合协管员的专职社工模式，打破原来"条条"部门分散在社区设立社区协管员的专业模式，而是采取一人多岗和多人一岗的综合管理方式，提高了行政执行力。在居站分离模式下，确实实现了其他几种模式都无法实现的社区居委会去行政化难题，在由社区书记兼任社区工作站站长的情况下，居委会完全变成了社区志愿性组织，但是却面临着居委会在社区

---

① 傅剑峰：《从宁波直选看选聘分离》，《社区》2004年第6期。
② 王星：《"居站分离"实践与城市基层社会管理创新》，《学海》2012年第3期。

中边缘化和空心化的新困境。①

通过以上分析发现，社区工作站模式在实践中解决了两个问题。一是政府职能进社区的制度合法性问题。在传统社区两委组织时期，政府职能社区化后直接转移给社区居委会，但由于居委会在法律制度上的群众性自治组织性质，遭遇到社区工作者的抱怨和学界的批评。而社区工作站的成立，在制度设置上专门承接政府交办的事务，居委会专门履行居民自治功能，政府职能就可以名正言顺的通过社区工作站进入社区，规避了政府职能社区化的合法性危机。二是应对政府职能社区化带来的分散的部门垂直整合和条条分割问题，在社区层面开始从垂直专业化管理过渡到社区综合化管理。但是社区工作站模式却依旧无法解决政府与社区分权的问题，实现实质上的居民自治。

三 "行政契约"规范与社区减负模式的三轮改革

政府职能社区化，社区居委会被吸纳进入行政体系后，使得社区居委会成了"万金油"，居委会的印章也成了"万能章"。笔者在秦皇岛市海港区调研，与海港区委组织部合作统计了社区居委会承担的工作事项，其中社区居委会向上对接了50多个区职能局的300多项工作事务。② 也有学者调查的数据可以相互印证，居委会承担了286项行政任务，需提供证明（盖章）事项约为106项，形成的台账多达数十本甚至上百本。③ 社区居委会干部抱怨开具的各种奇葩社区证明多、挂牌多、迎检考核台账多，而且很多居委会不具备执法权力以及专业技术的管理类和执法类职能都转移进社区。居委会干部说："我们要经常在电脑前制作台账和录入信息，但是居民不理解，就以为我们天天坐在空调

---

① 张雪霖、王德福：《社区居委会去行政化改革的悖论及其原因探析》，《北京行政学院学报》2016年第1期。
② 同上。
③ 罗红霞、崔运武：《悖论、因果与对策：关于社区居委会职责的调查思考》，《理论月刊》2015年第7期。

房里，玩电脑，也不走访居民，不为居民服务。"[1] 社区负担过重的问题，也引起了中央的重视，如吸引到李克强总理的注意力并在媒体广为传播的"如何证明我妈是我妈"的类似社区盖章证明难题。

由于上一轮探索的社区工作站模式，对于解决社区过度行政化问题效果并不理想，很多城市政府又开启了以"行政契约"规范为导向的"社区减负"改革。相较于社区工作站模式下改变社区组织结构而言，"社区减负"模式则是寻求不改变组织结构的情形下，通过准契约的方式和权责利一致原则在政府部门、街道办事处和社区之间重新合理配置权力、责任和利益。通过梳理社区既有承担的工作事项，按照公共服务的属性进行分类，将其分为社区法定职能、协助政府履行职能以及负面清单，其中社区法定职能需要纳入评比考核监督，而社区法定职能以外的其他事项，则不能纳入评比考核体系，而且通过建立社区工作准入制度来规范政府和社区之间的关系。实际上这是希望在区政府部门、街道办事处与社区居委会组织之间厘清权责边界，组织边界以外的工作转移则需要通过委托授权和"花钱购买服务"的契约方式实现。由于这是政府借助自上而下的行政推动，以双向订立行政事务分配的"契约"为基础，降低行政机关向社区恣意下派行政事务，和平等民事主体之间的契约外包不同，所以笔者称之为"行政契约"规范导向下的社区减负模式。

由于"社区减负"模式是在不改变社区体制的前提下，在减少"冗余行政"[2]的基础上，通过"行政契约"来规范和约束政府权力，尽量降低行政机关恣意进入和干预社区事务，减轻社区工作负担，得到了中央高层的肯定和推广。2015年7月13日，民政部、中央组织部联合发布《关于进一步开展社区减负工作的通知》（民发〔2015〕136号），从依法确定社区工作事项，实施社区工作准入制度、规范

---

[1] 参见访谈记录，杭州市上城区ZY街道SYSJ社区2016年7月7日上午。

[2] "冗余行政"是指在行政绩效考核压力下，下级为了应付上级的各种烦琐与形式化的考核评比而出现的形式主义、文牍主义等行为，典型的表现如牌子、制度上墙、制作台账、材料等"做作业"等行为。与"冗余行政"相对应，"基础行政"则是指责任主体限定为政府性组织的公共事务。参见张雪霖、王德福《社区居委会去行政化改革的悖论及其原因探析》，《北京行政学院学报》2016年第1期。

社区考核评比活动、清理社区工作机构和牌子、精简社区会议和台账、严格社区印章管理使用、整合社区信息网络、增强社区服务能力等七个方面,提出了减轻城市"万能居委会"承担的行政事务压力的要求。这是中央层面针对社区高度"行政化"问题所出台的第一个专门政策文件,以"减负"形式启动了对城市社区居委会这一基层自治组织的"去行政化"政策议程。[①]

据笔者在全国多个城市社区调研经验来看,社区减负模式对于短期内减轻"冗余行政"有一定成效,如在南京市玄武区调研时,社区干部对于社区减负实施后的感受对比明显,特别是减少了很多考核评比项目、摘掉很多牌子和精简掉很多工作台账,让社区居委会干部感觉轻松很多,能够花更多时间为居民服务。但是这一模式因不同城市面临的发展阶段和中心工作不同而效果不一,有的城市社区居委会干部则认为"社区减负,反而越减越重"。而对于社区权责清单、社区事务准入以及责权利一致原则的执行效果则就更不尽如人意了,因为"行政契约"规范对于街道办事处以及政府职能部门是一种"软约束",由于社区居委会的人事、财务以及考核权都掌握在街道办事处,并没有地位对等的谈判权和否决权。而且实践运行中还会出现大量临时性任务以及政治任务,这些都是没有写在权责清单上的。反而,写在权责清单上的大都是一些比较清晰的常规性条线事务,权责清单、社区事务准入制、"权随责走、费随事转"等社区减负制度往往停留在制度文本和政策文件上面。因此,有学者认为在不改变我国宏观体制的前提下,希冀通过"行政契约"来规范不同层级政府以及政府与社区之间的权责关系只会停留在政策文件上,而社区减负模式也只可能治标而不治本。[②]

四 契约外包与"三社联动"模式的四轮改革

在社区治理现代化的转型压力下,虽然历经几轮社区去行政化改

---

① 孙柏瑛:《城市社区居委会"去行政化"何以可能?》,《南京社会科学》2016年第7期。

② 同上。

革均不甚理想,但依然阻挡不了城市政府不断改革创新的脚步。在"政府掌舵,而非划桨"的新公共管理理论以及多中心治理理论的价值理念指导下,地方政府又开启了以政府购买服务为核心的契约外包模式,以"三社联动"推动社区治理结构转型与社区治理现代化。新公共管理理论认为公共品的提供者与生产者是可以分离的,政府是公共品的提供者(即掌舵),而非公共品的具体生产者(即划桨)。通过将市场竞争机制引入公共品的生产过程,根据公共品的内在属性分类,引入企业和第三部门参与公共事务的治理,政府应该像企业家一样做个"精明的买家"①,构建政社合作治理的公私伙伴关系。多中心治理理论,与新公共管理理论的侧重点虽不同,但都强调公共事务的多元主体秩序、地方分权化和向社会赋权,以实现多元合作的网络治理结构。

我国城市当下正在进行的新一轮社区去行政化改革,将构建政社合作的社区多元治理结构作为社区治理现代化转型的目标。将社区承担的公共事务细分为"行政"、"服务"与"自治"三类,由居委会承担法定自治职能,而将"行政"和"服务"职能从居委会中剥离出来,通过政府花钱购买服务的方式,交由非营利的社会组织(一般注册为民办非企业性质)来负责生产,一般此类社会组织的员工是专业社会工作者(简称"社工")。② 因此,在政府服务外包社会组织的探索下,由社区、社工与社会组织构成的新型社区治理结构,被称为"三社联动"模式。

不同的地方政府选择外包的内容有所不同,实践中大致有以下三类。一类是政府选择将社会服务类职能外包给社会组织,由社会组织向居民提供服务,以满足差异化和多元化的居民诉求。相较于西方发

---

① 詹国彬:《需求方缺陷、供给方缺陷与精明买家——政府购买公共服务的困境与破解之道》,《经济社会体制比较》2013年第5期;曲延春、张帆:《"精明买家"的实现:政府购买公共服务的困境与路径选择——基于济南市市中区的调研》,《中国行政管理》2016年第5期。

② 社区两委成员以及专干一般被称为社区工作者,有时也简称"社工",这里提请注意的是要区分社区工作者和社会工作者的不同。为避免混淆,本文将"社工"特指社工机构的专业社会工作者。近年来在民政部的倡导下,地方政府也开始鼓励社区工作者考取社工师资格证,以满足社区专业社工率的考核指标。

达国家，国内的社会组织还不是很发达，所以政府通过公益创投项目来孵化培育社会组织，再通过项目化方式来购买社会组织的服务。此类是目前社区服务外包的主流。二类是政府选择将社区行政事务从居委会中剥离出来，通过政府购买服务的方式外包给社会组织，以实现社区居委会去行政化和回归居民自治功能。如南京市秦淮区的蓝旗模式，采取的是将社区行政事务一揽子外包给社会组织，但由于南京市尚不存在相关的生产者竞争市场，所以采取的是"减员增效、人员分流"的方式来新注册民办非企业性质的社会组织，即原社区工作者只保留3人为社区两委成员，其余人员全部分流到新注册的社会组织，由其与政府签订服务外包合同，承接社区行政事务。三类是采取将社区行政事务与服务分别外包给不同的社会组织，行政、服务与自治功能分别由不同的组织承担，各司其职。如深圳市南山区招商街道花果山社区，前文提到过深圳市采取居站分离的社区工作站模式，由社区工作站承担政府交办的行政事务，居委会虽然实现了去行政化，但却演变成社区工作站过度行政化，所以为了实现社区去行政化的目标，招商街道在花果山社区试点，取消社区工作站，将社区工作站承担的行政事务外包给一个社工机构，由居委会负责监督其履约；同时，深圳市早在2011年就开始在社区成立社区服务中心，并通过购买服务的方式引进社工机构来运营，为居民提供社会服务职能，至2015年已经在全市642个社区实现了全覆盖，深圳经验下节还会详述，这里先简单提及。

对于这轮改革探索，绝大多数地方政府主推的还是第一类社会服务类外包，因为属于增量服务和低政治风险性，受到大多数地方政府的青睐。由于我国社会组织的生存与发育主要依赖政府资金，所以发展力度受制于地方财政实力。对于第二类行政事务类外包，由于行政事务的政治属性，目前还只是少数城市政府选择个别试点封闭实验，但是从调研结果来看，效果并不理想，不仅增加治理成本，还可能导致居委会的边缘化，以及面临治理责任风险。但是在专业化和多元化社区治理转型目标的驱动下，契约外包的"三社联动"模式正在各地如火如荼的开展，地方财政实力雄厚的就全面铺开，而中西部城市受限于地方财政实力，则采取"造点"的策略。

社区、社会组织、社会工作"三社联动"模式在吸引了民政部的注意后,并于2017年写入新中国首个以中共中央、国务院名义出台的关于城乡社区治理的纲领性文件《中共中央 国务院关于加强和完善城乡社区治理的意见》:"推进社区、社会组织、社会工作'三社联动',完善社区组织发现居民需求、统筹设计服务项目、支持社会组织承接、引导专业社会工作团队参与的工作体系。"组织社会学理论,对于组织变革的动力与逻辑提出过两个不同的社会机制,即效率机制和合法化机制。[1] 对于新一轮以三社联动为导向的社区治理组织的变革,也需要我们深入实践仔细辨析其发展遵守的是效率机制还是合法化机制,以及治理效能如何,能否担纲起我国社区治理现代化的任务,这将在后文展开分析。

第二节 深圳悖论:一元化治理—多元化治理—一核多元治理

深圳市从居站分离的盐田模式开始,社区治理体制改革就一直在持续进行,在社区工作站模式之后,完整地经历了社区减负模式和契约外包模式。作为我国市场经济改革的发源地、毗邻香港以及雄厚的财政实力支撑的缘故,深圳市对于推动分权式多元化社区治理结构改革的力度之大,是内陆任何一个城市都无法比拟的。而且,作为改革开放桥头堡和国家治理改革试验田的深圳经验,对全国其他城市的示范效应较大,对国家政策的影响力也较大。民政部自2013年开始评选全国社区治理十大创新成果奖以来,深圳市罗湖区、南山区、福田区、宝安区、龙岗区等多个区都曾获奖,其中罗湖区先后两次获奖。研究将以深圳经验为深度个案来呈现社区治理组织的变革过程与机制,进而观察制度实践的运行效果。

一 深圳市的诞生与行政区划体制变迁

深圳经济特区只有30余年的历史,让世界见识到了"深圳速

---

[1] 周雪光:《组织社会学十讲》,社会科学文献出版社2009年版。

度"。1979年3月，国务院撤销宝安县设深圳市。1979年10月，成立罗湖区，辖福田、附城两个公社和深圳镇。1979年8月26日，经中华人民共和国第五次全国人大常委会第15次会议决定批准，在深圳市境内划出395.992平方公里地域设置经济特区。1980年8月全国人大常委会颁布了《广东省经济特区条例》，深圳经济特区正式成立，分为罗湖、沙头角和南头区，下辖深圳、沙头角、附城、福田、南头、蛇口、盐田公社。1981年3月，深圳市升格为副省级市。1981年8月29日，深圳市委发出《关于成立罗湖区一级党委和人民政府的通知》，将原罗湖区、南头区、沙头角区合并成立罗湖行政区，辖整个深圳经济特区。1982年恢复宝安县建制，受辖于深圳市。

1983年9月，国务院批准撤销罗湖区，深圳经济特区分设罗湖、上步、南头、沙头角4个管理区，4个区属县级建制，作为市委市政府的派出机构。1990年1月，经国务院批准，深圳经济特区内撤销罗湖、上步、南头、沙头角4个行政管理区，分别成立罗湖区、南山区和福田区等3个深圳市辖行政区，行使宪法赋予一级政府的行政管理权力。1992年，宝安县再度被撤销，成为深圳市的一个市辖区。1997年10月，经国务院批准，沙头角镇、盐田与梅沙街道办事处从罗湖区划分出去，新组建盐田区。1998年3月，盐田区正式挂牌成立。此时，深圳市辖宝安、龙岗、南山、福田、罗湖与盐田六区，罗湖、福田、南山和盐田4区为经济特区，属于"关内"，而龙岗、宝安为非经济特区，属于"关外"，出入特区当时都需要通行证，相较于海关一线关而言，被称为"二线关"。

2007年5月31日，光明新区成立，管辖公明、光明两个街道，地处深圳西部。2009年6月30日，深圳市委市政府将原深圳市大工业区和原龙岗区坪山街道、坑梓街道，整合为坪山新区。2010年7月1日起，深圳经济特区范围延伸到龙岗、宝安，从此深圳经济特区扩展到全市，打破了城市内的二元结构。[①] 2011年12月30日，深圳市委、市政府在宝安和龙岗新增两个功能新区，分别为"龙华新区"

---

① 从2010年开始，深圳市经济特区已经扩大至宝安和龙岗区等原非经济特区，覆盖至全市，不再有特区内外之分，但下文为了讲述的方便仍将使用特区内和特区外的概念。

和"大鹏新区"。2016年10月,国务院批复同意设立深圳市龙华区和坪山区。至此,深圳市形成下辖8个行政区和2个功能区的管辖格局。目前,深圳全市陆地总面积1996.85平方公里,下辖60多个街道办事处,642个社区工作站,800多个居委会。

二 一元化的城市街居治理体制的形成

(一)人民公社时期政社合一体制

深圳市(原宝安县)于1958年10月实现人民公社化,全县设6个人民公社,41个生产管理区。几经变化,至1961年7月,全县设5个区公所、22个公社、419个生产大队、2847个生产队、7个农(林)场。1963年1月,又撤销区公所,公社调整为17个,大队165个。深圳人民公社化时期一直延续到1983年。深圳最早引进的企业主要是"三来一补"企业,在起步阶段(1979—1982年),引进的行业主要是胶花、塑料、服装,生产规模很小,而且大都是利用各村的祠堂、仓库、食堂、原大队部作厂房。

(二)农村乡政村治体制和城市街居体制并存

深圳市于1983年撤销人民公社后,几经探索调整,最终在农村社会确立起乡政村治体制,即将原来的人民公社—生产大队—生产小队的体制,相应改为乡镇—行政村—村民组的乡政村治体制。而在特区内随着"深圳速度"的推进,城市化快速发展,在城市居民区内则建立起街道办事处—居委会体制。以罗湖区为例,1983年罗湖管理区成立,下辖6个街道办事处,也正是在这一年开始由管理区统一公开招聘居委会成员,然后再分配到各居委会,平均一个居委会3人到4人。由于深圳市是后发型城市,设立经济特区后才逐步腾飞起来,相对于北京和上海等老牌城市而言,国企单位相对较少,城市的单位制管理色彩较淡,没有经历"居委会大妈时代"。1983年,特区内公开招聘的第一批居委会干部,基本上是年轻的妇女,原因主要是家里孩子还比较小,工厂里上下班时间长且严格,无法兼顾家庭。居委会工资虽低,但是上下班时间相对灵活,工作也比较轻松,可以兼顾家庭。居委会干部队伍比较稳定,大多数都是干到退休。

案例2—1:深圳市罗湖区HB街道WH社区从1984年成立WH

居委会起，2014年才迎来第三任"一把手"，第一任居委会主任作为深圳市第一批招聘的居委会成员，从1984年一直到2007年才退休。访谈前，笔者心想应该会是一个七八十岁的婆婆了，结果是才60岁的阿姨。她当第一届居委会主任时才27岁，之前在一家工厂担任车间主任，每天要到晚上九点半才能下班，由于孩子比较小，没有人照看，才辞职应聘居委会来兼顾家庭。据她反映，与她同一批进来的差不多都是这个情况。（C××，女，60岁）[1]

深圳市开发首先得益于土地制度的改革。改革开放前，我国城镇国有土地实行的是单一行政划拨制度，国家将土地使用权无偿、无限期划拨给土地使用者，土地使用权不能在使用者之间自由流转。1980年前后，来自全国各地的干部到深圳支援建设，需要建设300套干部宿舍，大约2万平方米。由于缺乏建设资金，深圳市政府没有办法解决。借鉴香港经验，用土地和香港合作建房，然后允许卖给香港人，获得第一批财源。以这种方式建设的东湖丽苑商品房小区，于1981年在全国首创引入物业管理，开启了房地产管理的市场化、有偿化和专业化的帷幕。1982年，深圳经济特区内根据实际情况，开始把城市国有土地按照土地等级收取不同标准的使用费，开启了国有土地有偿使用的探索，但此时用地还是以行政划拨为主，排斥了市场机制，且地租往往偏低，且土地使用者之间不能自由交易。

1987年9月9日，市政府首次以协议方式出让给中国航空技术进出口总公司深圳工贸中心面积为5321.8平方米的土地（现中航北苑所在地），地价款为106.4366万元。1987年11月25日，市政府首次以招标方式出让给深圳市深华工程开发公司面积为46355平方米的土地（现文华花园所在地），地价款为305.8824万元。1987年12月1日下午，在深圳会堂举行了中国第一场国有土地拍卖会。经过17分钟的轮番叫价，深圳经济特区房地产（集团）股份有限公司以525万元的最高价竞得（土地面积8588平方米，现东晓花园所在地）。首次公开拍卖出让第一块土地，敲响了新中国历史上拍卖土地的"第一槌"。深圳进行的以国有土地拍卖为核心的土地有偿使用制度改革，

---

[1] 参见访谈记录，深圳市罗湖区HB街道WH社区2017年4月6日上午。

直接推动了1988年《中华人民共和国宪法》相关内容的修改。原宪法规定的"任何组织或者个人不得侵占、买卖、出租或者以其他形式非法转让土地"修改为"土地的使用权可以依照法律的规定转让"。

国有土地所有权与使用权的分离以及土地使用权的有偿转让制度改革，加快了城市住房的商品化进程。1991年，商品房小区"万科天景花园"成立全国首个业主委员会。1994年6月18日，深圳颁布全国首个地方性物业管理法规《深圳经济特区住宅区物业管理条例》。《条例》首创了业主大会、业主委员会制度，规定了业主公约的内容和效力，创设的许多制度和模式被国家《物业管理条例》所吸收和沿用。随着城市商品房小区物业管理的出现和业主委员会的成立，这也开启了城市居民区内由居委会、业委会和物业公司组成的"三驾马车"共同治理的新篇章。

深圳的城市发展在地理空间上呈现的是城市居民区与城中村混杂相处的格局。与此同时，深圳农村社会利用土地资源的优势，大力发展三来一补企业，并逐步向"三资"企业转型，农村经济收入发生了巨大变化。这使得原来村委会经营和管理农村集体经济的格局已经远远不能适应时代的发展。为发展农村经济，各村相应地成立了经济发展公司、经济合作联社或其他企业形式，作为村委会管理集体经济的职能机构，负责建设、经营和管理村集体经济。一些村为了解决发展集体经济资金短缺问题，也出现了合股筹资办企业形式，这就是后来农村股份合作公司的雏形。[①]

在乡政村治时期，行政村形成了党总支、村委会和集体经济发展公司并存的"三驾马车"治理结构，但实践运行中则采取的是"三块牌子、一套人马"的方式，但是这一管理体制也被批评政企、政社不分。随着村集体经济利益流量不断激增，集体产权的所有、管理与分配矛盾越来越突出，表现为谁是集体产权代表人、股权分配的成员权纠纷（空挂户、入赘女婿、外嫁女以及新出生人口等争议），经济发展公司经理在村党支部书记与村委会主任之间的位置，村两委之间的权力斗争，以及村干部侵夺集体资产等问题。为探索农村集体经济

---

① 张则武：《深圳城市化历程中的社区变迁》，《特区实践与理论》2011年第1期。

管理模式，1987年深圳市率先在特区内开展了村级集体经济组织股份合作制改革试点工作。

（三）1992年特区内一次性农村城市化和村改居转制

为推动城市化的进程，深圳经历了两次大规模的农村城市化，这对深圳市的社区治理体制改革带来很大影响。1992年6月18日深圳市发布《关于深圳经济特区农村城市化的规定》，深圳经济特区内实施一次性农村城市化政策。城市化政策的基本框架为：（1）村委会建制改为居委会，由于居委会在法律上没有发展经济的职能，所以将原村民委员会发展集体经济和村民自治两大职能分开，分别由新的集体经济组织、居民委员会和街道办事处承担，特区内68个行政村、173个自然村和沙河华侨农场改建为100个居委会；（2）对原集体经济企业进行股份制改造，改制为股份合作公司，确定股权，设置由董事会、企业经理、监事会和股东大会构成的现代企业内部治理制度，即特区内原68家集体经济企业组织改制为注册资本几千万乃至上亿元的66家股份合作公司和12家企业公司；（3）将原农民一次性转为城市居民，特区内4.6万多农民一次性转为城市居民；（4）将原集体所有土地一次性统一征转为国有土地，给予被征用土地补偿费；（5）农民转为城市居民后，享受城市居民相关待遇，并纳入城镇居民养老等社会保障体系。

但是该次土地城市化并不彻底，因为名义上深圳市宣布特区内农村集体土地全部一次性转为国有土地，但实质上只征转了未开发用地，红线范围内宅基地和集体开发工业用地仍然归个人和集体使用。而且为了解决农民以后的就业与生活保障问题，政府还按照一定比例给予留用地安置，村集体就拿土地补偿款建设工业厂房与商厦等用于物业出租。所以，至今"城中村"和"农民房"在原特区内依然与商住小区和商业楼宇插花分布，虽然名称已经改为社区居委会，但实质上还是城中村，如罗湖区下辖10个街道，每个街道平均有2—3个社区为村改居社区（原城中村）。

村改居后的治理结构就变为党支委、居委会、和股份合作公司组成的治理结构，实际运行还是"三块牌子，一套班子"模式，即居委会主任和书记分别由股份制企业的董事长兼任，居委会委员和党支部委员，也分别由股份制企业董事兼任。特区内农村城市化后，虽然实行村改居，采取了城市街居管理体制，但由于不彻底的土地国有化而只能实现名义上城市化管理。城中村改制后的居委会，实质上还和改制前的村委会治理的逻辑相同，主要还是为原城中村原住民服务。党支委、居委会和股份制企业是一体化的，从制度上虽对不同组织的职责进行了分类，但是实践中却是模糊化运作的。

村改居后虽然管理体制名义上与城市居委会同步了，但两者的实质逻辑不同。为避免混淆，居委会就特指原城市居委会，而另外一个则指称村改居下的居委会。在城市管理重心下沉至社区时，两类居委会面临的一个共同问题是居委会承接的政府行政管理和公共服务职能较多，带来居委会行政化问题。但两类居委会还有一些根本的差异。一是人员来源的不同。居委会成员是由政府统一公开招聘的，由政府财政发放工资，且不要求属地化来源；而村改居下的居委会成员就是集体股份制企业董事会人员兼任，工资标准并不与城市居委会同步，而是由股份制企业董事的标准来定，由集体企业支付。

二是工作经费、办公费用以及活动场地来源不同。居委会由于没有发展经济的职能，这些公共开支都是纳入政府财政；而村改居下的居委会的公共开支，政府财政仅给予一定的补贴，其余都是由股份制企业来负担。

三是行政执行力不同。居委会由政府公开招聘与统一考核，且多是非社区的居民，因此与政府没有直接的利益冲突，政策执行力较强；但是村改居下的居委会则不同，居委会成员和股份制企业董事重合，他们既是股民，又是原住民精英，有些政策和城市管理事务，和原住民的私人利益是冲突的，如违建整治。那么村改居下的居委会成员的国家代理人、村庄保护人以及私人利益角色之间产生冲突，且由于居委会的人员工资、工作经费等来源于股份制企业，导致政府难以对居委会实施有效地控制，行政执行力较差。

四是居委会的规模不同。城市居委会辖区基本上都是有物业管理的商品房小区、单位房以及工商业楼盘，环卫、治安、安全管理等职能都由产权所有者和使用者自主分担了，居委会所需工作人员就比较少。如前文提到的WH居委会80年代只有3人，直到90年代第二、三批招聘时才分别增加了1个人,总共有5个人。而相比之下,村改居下的居委会除了居委会成员外,还有大量的临聘协管人员,多达几十号人,甚至上百人。一方面村改居下的居委会下辖的范围都是农民房,要负责环卫和治安管理等职能;另一方面在居委会就业对原住民而言具有一定的福利性质,解决农民城市化后的就业保障,因此居委会人员数量并非完全根据效率原则来配备。

城市居委会干部抱怨居委会过度行政化的逻辑在于:居委会待遇低、人员少,作为居民自治组织却承担了大量政府交办的任务。但是居委会干部不是要求居委会去行政化,而是希望政府能提高待遇以及解决编制问题。90年代末期,深圳市政府下发一个文件,决定给予居委会人员"员额编",享受事业编科级待遇,第一批居委会干部退休时,政府并没有执行那个政策,而是按照企业人员享受退休待遇,遭到原居委会人员的集体反对并上访抵制,最后政府妥协了,还是执行原政策,但将资格限定在2007年以前招聘的居委会人员。所以员额编就成为特定历史阶段的一个现象。实际上,这一阶段深圳市居委会是往正式行政化方向迈进了一大步。但是对于村改居下的居委会而言,他们抱怨居委会过度行政化的逻辑则在于:反对政府权力对居民自治的干预,表现为两个方面。一是政府职能转移给居委会的合法性质疑,即政府的事情凭什么要由作为自治组织的居委会来做;而且政府职能转移至居委会,又没有解决工作待遇、工作经费和工作人员问题,加剧了股份制企业经营的负担,减少了股民的分红和福利。二是对行政机关对居民委员会免职和一票否决权的质疑,认为居民委员会是民选的居民自治组织,政府为何有权干预居委会。因此,两类社区中国家与社会的关系以及面临的治理问题是不同的,但由于1992年深圳经济特区内一次性城市化政策,打破了城乡二元结构,实现了特区内名义上城市管理体制的一体化,从此在深圳市的社区治理改革中就未再有区分,且在对外宣传和推广时也未做解释和区分。这便构成了接下来社区建设运动开启后,首先发生在经济特区内的居委会去行政化改革历程的背景。

(四)2004年特区外一次性农村城市化和村改居全面铺开

2004年深圳市启动第二次大规模农村城市化,即将特区外的宝安和龙岗区实行一次性农村城市化,对外宣称实现了全国第一个没有农村的城市。深圳市的第二次"城市化政策"于 2003 年 10 月 30 日正式启动,确定宝安区的龙华镇和龙岗区的龙岗镇作为试点,要求在 2004 年 3 月底之前完成各项工作,然后迅速在所有镇推行。2004 年 6 月 20 日—7 月 20 日为准备阶段,7 月 21 日—10 月 31 日为实施阶段,11 月 1 日—12 月 31 日为总结阶段。这项工作涉及"关外"宝安区和龙岗区 1500 多平方千米土地、18 个乡镇、218 个行政村和 27 万农民,深圳市用一年时间完成农村城市化各项工作。这次农村"城市化政策"基本框架基本上和 1992 年"关内"城市化政策相同,主要包括村改居、农民变市民、集体土地征转为国有土地、集体企业改制为股份合作公司、农民变市民后参与城镇居民社保、镇改街等。

深圳市对外宣称一年内一次性完成了关外农村城市化工作,但正如有人指出的那样只是实现了"名义上的城市化"。因为在最重要的土地所有权转移中,在一次性转地负担和维稳的压力下,宝安和龙岗两区 1500 多平方千米土地中,只有 260 平方公里的未开发利用地转为国有土地,而且还为原集体经济组织留有非农用地指标,其中工商业用地 100 平方米/人,居住用地 100 平方米/户,道路、市政等公共设施用地按照 200 平方米/户进行规划。① 深圳市出台了《宝安龙岗两区城市化土地管理办法》,市里规定的转地补偿标准是 2.4 万元/亩,青苗补偿标准是 700 元/亩到 4000 元/亩,荔枝补偿标准为 2000 元/亩到 5.5 万元/亩,宝安龙岗两区需转为国有的土地为 260 平方公里,粗略算下来也至少要 100 多亿元。② 而对于余下 1200 多平方公里已经开发建设集体工商业房产用于物业出租以及农民宅基地房屋的,深圳市出台《历史遗留违法建筑处理规定》,根据房屋建设的不同年代以及面积等分类处理,希望集体经济组织以及农民通过补缴地价、税费以及相关手续等办理房地产证③,以实现集体土地性质转为国有土地。

---

① 赵灵敏:《深圳城市化中的土地博弈》,《南风窗》2004 年第 20 期。
② 欧阳觅剑:《深圳模式:"名义"背后的政治智慧》,《南风窗》2004 年第 20 期。
③ 深圳市率先在全国最早实现国有土地使用权证和房屋所有权证两证合一。

尽管政策规定对于补缴的地价和相关税费都是象征性收取一点费用，但是原集体经济组织和农民个人对于集体工商业用地与宅基地都没有意愿转变为国有土地。最终办证的数量是微乎其微的，据笔者在宝安区调查的信息，此类办证的主要是在过去《土地管理法》未出台以及土地管理不严时，香港人和城市市民等非原村民在村庄购买土地并投资建房者，由于土地买卖不合法，担心地权不稳定，所以利用这次政策机会通过补缴地价和税费而使之合法化，能够获得稳定的地权预期。原住民不愿意办理房地产证内在的逻辑在于：对于原村集体和农民个人而言，他们没有支付任何土地成本，就已经通过违法使用土地获得了相当于国有土地的使用利益，而且不用支付市政服务成本，就可以免费分享城市公共服务外溢带来的土地增值利益。如果补办房地产证的话，不仅要补缴一笔费用，而且工商业用地产权只有30年，住宅用地只有70年。若不转地的话，他们占有的就还是集体所有土地，集体土地是没有使用年限的，在不被征用的情况下就一直属于原村集体，村民就能长久地免费分享土地增值利益。

对于政府而言，在这次大规模的农民城市化过程中，不仅没有获得多少国有土地，而且要开始承担起巨大的城市化成本。因为农村城市化，不仅仅是指名义上村委会改为居委会，还意味着责任的转变。首先，农民变居民后参与的社会保障资金，市区两级财政拿出6.4亿元，为已经退休的和15年将要退休而缴费不足15年的村民补缴社会养老保险，以后5年要从国土基金总收入中划拨3%—5%补充养老基金不足，这两项加在一起近15亿元。因此，从农民变为居民后，只要男的年满60周岁，女的年满50周岁，都可以按月领取800元养老金。其次，将两区"农转居"人员的就业问题，纳入全市统筹就业范围，使"农转居"人员与城镇居民一样平等地享受所有再就业优惠政策和公共就业服务。同时，宝安、龙岗两区已在21个街道建立了"劳动保障事务所"，并在300个社区建立了"劳动保障窗口"，各街道和社区共聘请了321名劳动保障协理员，这些协理员基本上是本地失业人员。[1]

---

[1] 参见深圳市民政局答复市政协四届二次会议提案第20060234号的答复《加强城市化社区居委会建设工作》[深民函〔2006〕258号（B）]。

最后，政府还要承担市政建设和维护的公共服务成本，表现为两个方面。一是城市基础设施建设成本，如市委、市政府于2004年启动了"固本强基"社区建设项目工程，由市财政每年拨出2亿元，各区财政配套2亿元的资金，集中建设社区基础服务设施，力争3—5年内全面改善全市社区的硬件设施。由于宝安、龙岗两区社区数目较多，而且部分"村改居"社区基础设施建设相对滞后，在资金的分配上对两区进行了倾斜。[①] 二是城市社区公共管理与服务成本。《深圳市社区建设发展规划纲要（2005—2010年）》明确规定："区政府把社区党组织、社区居民委员会和社区工作站工作经费、社区工作人员的工资福利待遇、社区服务设施建设及后续管理经费、社区信息网络建设和管理维护费等专项经费纳入年度财政预算，并随着经济发展相应增加。"当然，2004年农村城市化政策给了宝安区和龙岗区3年过渡期，在过渡期内股份制企业应当继续对改制后的新居委会进行资助。但是过渡期结束后，则就要转为区政府财政负担。

三 以分权为导向的社区多元化治理体制改革

90年代中后期，在民政部的推动下全国开启了社区建设的探索，深圳市的社区建设与社区居委会去行政化改革发端于著名的"盐田模式"，逐步推广到全市。在经过两次大规模的农村城市化后，深圳在全市范围内建立起"传统"的街居管理体制。在政府与社会分权的改革导向下，深圳市开展了轰轰烈烈的对传统一元化的街居管理体制改革，从"居站分设"开始，逐渐构建起一种新型的多元化社区治理体制。

（一）肇始：盐田模式

上文提到，1997年国务院批准深圳调整行政区划，从罗湖区中析出盐田区。1998年3月，盐田区正式挂牌成立，辖沙头角镇、盐田街道和梅沙街道，21个居委会。从1999年的"居企分离"改革开始，到2005年的"居站分离"，被誉为6年实现了3次制度创新。具

[①] 参见深圳市民政局答复市政协四届二次会议提案第20060234号的答复《加强城市化社区居委会建设工作》[深民函〔2006〕258号（B）]。

体过程如下。

1. "居企分离、政企分开"改革（1999年）

盐田区大多数居委会是1992年深圳经济特区内一次性农村城市化过程中由行政村改制而来的。居委会、党支部和股份合作企业往往是"三块牌子、一套人马"的治理结构，实践中被认为出现了如下问题：一是村改居下的居委会主要为改制前的本地原住民（股民）服务，而新增的大量非户籍流动人口没有纳入居委会的服务对象和职责范围；二是居企合一制度下集体股份制企业负担了大量社会管理职能，影响了股份制企业的经济效益和专心发展经济职能。居企分离改革的核心是将居委会的居民自治职能从集体股份制企业中分离出来，股份制企业董事长不再兼任居委会主任和书记，董事会董事也不再兼任居委会和党支部委员。盐田区利用1999年居委会换届选举之机，由街道办事处提名初步候选人名单，然后由选民选举产生居民委员会，并使居委会与股份制企业分离。同时，居委会的人员工资、工作经费以及活动经费等一应纳入政府财政承担，实现"政企分开"，减轻企业负担。

2. "议行分设、一会（合）两站"改革（2002年）

2000年，全国正式启动了城市社区建设工作，深圳市首先在福田区皇岗、梅林一村两个社区开展"居委会"改为"社区居委会"试点（简称为"居改社"）。此后，南山、罗湖、盐田区也相继实行"居改社"试点。2002年，深圳市"居改社"全面铺开。在居企分离改革的基础上，经过两年多的酝酿培育，2002年2月28日，盐田区委、区人民政府出台《关于在全区推进城市社区建设的意见》（深盐发〔2002〕2号），要求把居委会改为社区居委会，并以此为中心建立起新型的社区组织体系，承担起城市基层管理体制改革的重任。

具体而言，根据"议行分设"的原则，在社区居委会下面增设社区工作站和社区服务站作为居委会的工作机构。社区居委会是由民主选举产生的，主要履行民主决策和监督权的自治职能，而具体事务的执行则交由日常工作机构来执行。社区服务站登记注册为民办非企业单位，属于一种新型社会组织，主要职责是完成社区服务工作，包括公益服务和便民利民的低偿微利服务。社区工作站的身份没有定性，主要职责是完成区、街道交办的各项行政工作，这两个机构都隶属于社区居委会作为其完成日常工作的执行机构。居委会和社区工作站的人员工资、福利待遇、工作经费等均纳入政府财政。

3. "会站分离、政社分开"改革（2005年）

新型的"一会两站"基层管理模式的探索，虽然对于创新旧的街居体制具有一定作用，但是社区居委会过度行政化的问题依然没有解决，仍然无法回归居民自治的法律定位。盐田模式的主刀者，时任盐田区民政局局长侯伊莎认为："一会两站"模式运作得越好，就会导致社区居委会行政化倾向越严重，它回到自治组织的法律地位的距离就越远。同时，也就难以实现在社区工作的职业化和社区服务的专业化，更难以实现"政府强、社会强"的社区建设目标。因为社区工作站仍在居委会体制内，政府工作不仅不断地下沉到社区居委会，而且很随意，不规范，没有建立约束机制，三个社区组织之间还存在大量交叉任职的现象。[1]

在社区居委会严重行政化的情况下出现两个相关联的后果。一是居委会干部，特别是兼社区工作站站长的成员，常常提出诉求："既然我们90%的精力投入政府交办的工作，我们为什么不能像公务员那样有较高的社会地位、固定工资和升迁机会？"二是部分居委会干部以居民自治组织性质自居，常常对政府交办的行政事务敷衍塞责，导致政策执行软化和行政执行力不足。为了解决以上问题，盐田区进一步探索出在"议行分设"的框架下实行"会站分离、政社分开"的改革，将社区工作站从居委会中剥离出来，作为政府在社区服务的平台，在街道党工委（办事处）的领导下，协助完成政府各职能部门交办的各项需要社区协助的行政事务。如此一来，制度设计的目标是让社区工作站回归到政府体系，接作为行政体系在社区的末梢，既能增强行政工作的执行效率，同时又为社区居委会的自治释放空间，最终实现"政府的归政府，社区的归社区"政府与社区分权的改革理想。

---

[1] 侯伊莎：《激活和谐社会的细胞——"盐田模式"的制度研究》，中央编译出版社2007年版，第131页。

"会站分离"改革的主要特征如下。(1)居委会成员由直接选举产生,且实行在地化、兼职化和志愿化,不再由区财政发放人员工资。但考虑到居委会成员需要从事公益事业及协助政府开展相关工作,区财政给予居委会成员适当的岗位补贴。(2)社区工作站成员则实行专职化管理,由社区雇员和社区综合协管员组成。社区工作站一般配备5—10名社区雇员,设站长、副站长各1名,社区综合协管员按每个社区至少3名和管辖人口每1000人配备1名的原则确定配置人数。区政府直属各单位和街道办事处原派往社区的计生、综治、安监、社保等各类临聘人员,整合成社区综合协管员队伍,统一划归社区工作站管理。社区工作站实行"一岗多人""一人多职"的综合管理模式,实行日常工作与专项工作分工协作,重点工作与突发事件整体联动的工作机制。(3)社区服务站注册登记为民办非企业社会组织,在社区居委会的指导下开展无偿的社区公益性服务和低偿的便民利民服务。

侯伊莎认为"会站分离"改革取得了重大成效,特别值得注意的是以下两个方面。一是提高了政府行政执行力。社区工作站人员由于实行雇员化管理,只需要向政府负责,就不再像过去作为居委会成员时那样,常常以自治组织作为借口敷衍政府交办的工作,或因担心得罪居民在选举中丢失选票而软化政策执行。如盐田街道办事处的负责人刘扬在接受访谈时反映:"盐田街道原住民多,亲戚朋友关系错综复杂,以前的社区居委会主任为了保选票,在拆除违建、计划生育、殡葬管理、出租屋管理等工作的开展上难免畏手畏脚。居站分离后,政社分开,社区工作站敢抓敢管各项工作了,近期的清除无牌门店、拆除违章建筑等行动中,我们街道的5个社区工作站发挥的作用就非常大。"二是政府行政成本有所降低。"会站分离"改革以前,社区居委会人员结构复杂,有委员、有各职能部门派到社区的工作专员,还有大批临聘人员,平均每个社区有近90人(包括治安和保洁员),他们的收入基本上是区财政拨款,且多头和重复拨款并存,明的和暗的同时拨款,每年需要市区财政下拨经费大约1836万元。而"会站分离"改革后,每个社区工作站平均配备6个雇员和若干个综合协管员(临聘),由区财政一条管道统一拨款,而且居委会成员兼职化,仅仅领取相当于原居委会成员工资标准的五分之一补贴，仅这一项一年就降低政府成本大约344万元。改革后政府财政成本在1200万元左右，相比过去减少了600多万元。①

(二)"社区工作站"模式在全市的推广

"盐田模式"顺应了深圳市政府提高政府行政执行力和城市管理重心下沉的需要，被深圳市政府采纳并逐步在全市范围内推广。首先是在特区内全面推进居企分离，其次按照居站分设原则全面推进社区工作站模式，最后则推进居站分离和居委会直选。深圳市从过去行政、服务和自治功能融合的一元化街居管理体制，通过改革逐渐走向行政、服务和自治功能分开的多元化社区治理体制。

2002年深圳市委组织部、民政部制定颁发《关于全面推进农村城市化、社区居委会与集体股份公司脱钩及党组织分设工作的通知》（深组通〔2002〕92号），深圳市特区内村改居社区全部实现居委会与集体股份公司脱钩，实现机构脱钩、人员脱钩和功能脱钩。② 2005年，深圳市进行了社区管理体制改革，特区内所有社区均设立社区工作站，并全面推行居站分离。2005年2月22日出台《深圳市社区建设工作试行办法》（深办发〔2005〕3号），规定："社区工作站是在街道党工委和街道办事处的领导下开展工作，主要职责是承办政府职能部门在社区开展的各项管理工作；居民委员会是社区居民自我管理、自我教育、自我服务的基层群众性自治组织，实行民主选举、民主决策、民主管理、民主监督，逐步提高直接选举比例。"至此，深圳市特区内四个区实现了社区工作站全覆盖，其中罗湖区、福田区和南山区三个区在过渡期基本上采取社区工作站和居委会"两块牌子，一套人马"的治理结构，只有盐田区采取了机构、人员和功能的彻底分离。

2006年4月7日，深圳市召开了全市"基层基础年"和"城市管理年"动员大会，印发了《中共深圳市委关于开展"基层基础年"活动，全面加强基层基础建设的实施意见》和《深圳市"基层基础

---

① 侯伊莎：《激活和谐社会的细胞——"盐田模式"的制度研究》，中央编译出版社2007年版，第213—219页。

② 傅小随等著：《社会治理组织体系深圳样本分析——党政体制、社区架构与社会组织》，中国社会科学出版社2015年版。

年"工作方案》。2006年9月13日出台《深圳市社区工作站管理试行办法》（深办发〔2006〕45号），进一步规范社区工作站的运行。在2005年全面设立社区工作站的基础上，利用全市推进"基层基础年"的契机，罗湖区率先整合社区工作站，推行"一站多居"基层管理模式。罗湖区出台《整合社区工作站推行"一站多居"体制的实施方案》，采取以"精简、集中、高效"的整合原则，以较小规模的社区居委会方便居民自治，以较大规模的社区工作站整合社区资源，更合理地配置社区办公、服务和活动场地等资源，进一步加强基层基础建设。此次改革以"大工作站、小居委会"为发展方向，目的是进一步调整社区工作站的服务范围，解决社区工作站与社区居委会的规模不相适应的问题。从8月23日起一周之内，罗湖的社区工作站由原来的115个变为83个。罗湖区探索的以"大工作站、小居委会"为发展方向的"一站多居"社区管理体制，迅即被市委、市政府采纳和推广。

2007年1月12日，发布《中共深圳市委办公厅、深圳市人民政府办公厅关于转发〈市民政局关于进一步完善我市社区管理体制的意见〉的通知》（深办〔2007〕1号）。《意见》认为市社区管理体制还存在社区工作站与居委会规模不相适应的问题，以及"村改居"居委会与集体股份不分问题。改革的方向为大力推进"一站多居"体制和推动"村改居"居委会与集体股份公司脱钩，即按照常住人口6000—1000户的规模调整社区工作站，非封闭式管理的小区，可按照常住人口约3000户（约1万人）的规模适当调整划分居委会，独立完整的住宅小区尽量单独设立居委会。并要求在2017年5月至12月，全面完成"一站多居"体制建设以及居委会与集体股份公司脱钩工作，为推进2008年居委会换届直接选举做好体制准备。

截至2007年年底，深圳市关内四区已全面建设起"一站多居"的社区管理体制，根据辖区人口规模、面积以及群体特征等因素，实践中存在"一站一居"、"一站两居"和"一站三居"体制。如罗湖区下辖10个街道办事处、83个社区工作站、115个社区居委会；福田区下辖10个街道、94个社区工作站，114个居委会。对于特区外宝安和龙岗两区，从2004年启动一次性农村城市化，政策给予了三年过渡期,即 2007 年到期,保安和龙岗两区到年底要实现社区工作站全覆盖。但由于实行"村改居"居委会和集体股份公司脱钩的阻力过大,不仅区财政难以负担一次性脱钩后的社区建设成本支出,而且涉及社区内部组织间和居民间复杂的利益关系调整,所以实践中只是把原村委会的牌子变为居委会的牌子,另外加挂了社区工作站的牌子。社区党支委、股份公司董事会、居委会和社区工作站,往往是"四块牌子、一班人马",另外聘请的社区临聘人员可达几十人到 100 多人,也都是原村民。

在 2005—2007 年的一系列社区建设举措实施后,2008 年迎来了"居站分设"后的第二届居委会换届选举工作。社区工作站刚设立的首届作为过渡准备期,除了盐田区外,特区内罗湖、福田和南山区都是社区工作站和居委会"两块牌子,一套人马"的机制。从 2008 年开始,居委会换届选举实行直选,居委会成员属地化、兼职化和志愿化,不需要坐班,只有几百元的补贴。社区工作站则职业化和专业化,政策规定社区党总支书记兼任社区工作站站长。2011 年,"居站分设"后的第三届居委会换届选举,同样延续了 2008 年的"居站分离"体制。

自从 2008 年社区居委会实现兼职化,剥离了行政职能后,确实实现了居委会去行政化的困境,但却没有实现增强居民自治能力的目标,反而在社区治理中出现"边缘化"和"空心化"的后果。如笔者在罗湖区多个街道和社区调研,社区工作站和居委会成员均反映,当时居委会一年到头没有啥事可做,居民办事直接去找社区工作站。有的社区居委会没有固定的办公场地和工作经费,居委会成员只有几百元补贴,一年也露不了几次面。即使偶尔有居民给居委会反映社区问题,居委会也是反馈给社区工作站,居民觉得还不如直接找社区工作站方便。2011 年"居站分设"后的第三届居委会换届选举,为了解决居委会"空心化"和"边缘化"问题,政府这次开始为社区居委会配备办公场地,并向居委会提供 1 万元/年的办公经费。[①]

(三)以契约外包为基础的"三社联动"推进

深圳市"居站分设"后,虽然解决了社区居委会去行政化难题,

---

① 参见访谈记录,深圳市罗湖区 HB 街道 WH 社区 2017 年 3 月 30 日下午。

但是却产生了两个意外后果：一是居委会在社区治理中陷入边缘化和空心化困境；二是社区工作站不堪重负。社区工作站作为行政体系的末梢，对来自街道和政府部门的命令无法拒绝，以致社区工作站职责膨胀。社区工作站相当于回到改革前的居委会角色，依然无法解决社区过度行政化的难题。为此，深圳市又开启了政府购买服务，引入社会组织积极参与社区治理，构建多元协商合作治理的"三社联动"模式探索，大致有两种类型，下面分述之。

一类是公共服务职能外包。即将公共服务职能从社区工作站剥离出来，转移到新设立的社区服务中心，通过政府购买服务，交由专业的社工机构来运营，以满足社区居民多元化、差异化和小众化的社会服务。深圳市从2011年开始试点设立社区服务中心，并通过政府购买服务，将社区服务中心交由社工机构来运营，主要提供社区服务。从制度设置目标上，由社工机构下沉到社区，基于对社区居民前期的需求调研提供有针对性的服务。每个社区服务中心的项目是统一每年50万，采取的是4+2模式，即4个专业社工+2个行政辅助社工。社会服务中心项目是由区民政局统一招标，招标后再由其分配到各社区，由民政局和其签订服务合同，也由民政局组织第三方对其考核监督，项目合同周期为3年，一年一签，需要每年考核。

对于作为购买方的政府而言，由于不清楚购买服务的具体内容以及服务质量标准，也就无法实行结果导向的合同控制与管理，只能采取过程导向的合同管理，一般签订的合同上都是按照社工专业的个案、小组和社区三大手法来制定合同指标，即一年完成多少个案、小组活动以及大型社区活动，并且都有相应的参与人数要求。深圳市从2011年第一批购买社工机构服务项目落地社区服务中心，至2015年深圳市642个社区已经实现全覆盖，每个社区每年都有50万的社工机构服务项目。政府的目标是行政、服务和自治功能分开，社区工作站专门负责行政事务，社区服务中心负责社区服务工作，而居委会则专门负责社区自治事务。虽然社区服务中心名义上是在社区居委会的指导下开展居民服务工作，但由于居委会在社区治理实践中的边缘化，加上对社工机构并无考核权，绝大多数社工机构提供服务是围绕着合同指标而转。

另一类是社区行政职能的外包。即社区管理去行政化,撤销社区工作站,通过政府购买服务,将社区工作站承担的辅助行政管理和公共服务事务,一揽子外包给社会组织,变街道办事处—社区工作站上下级行政隶属关系为政社互动、合作共治关系,做强做大居委会,激发居民自治的活力,典型的案例就是南山区招商街道花果山社区。花果山社区取消社区工作站,2011年8月1日挂牌成立阳光家庭花果山社区服务中心。社区工作站原来26人,只剩下5人留在居委会,将除了行政执法以外的,包括计生、安全、消防、民政等在内的15项行政服务职能全部外包给阳光家庭花果山社区服务中心。由社区党委书记兼居委会主任和社区服务中心主任,居委会对社区综合服务中心运营监督,在对服务中心年度多元化绩效评估中,居委会所占权重不低于50%。这一模式被深圳民间称为"招商街道撤销社区工作站",并评为2013年"深圳十大改革"之一。但实际运行效果和制度目标差距较大,并未获得高层政府的认可和推广。[1]

(四) 行政契约规范的社区减负改革

将服务职能从社区工作站中剥离出来,通过购买服务交由社工机构来运营的"三社联动"探索,只不过是提供了一些社区增量服务,并未能有效升居委会的居民自治能力、减轻社区工作站的负担和社区工作人员的激励问题。为解决上述问题,罗湖区在以行政契约规范为基础的社区减负模式下,开展了社区治理体制法治化改革。依据深圳市罗湖区委办公室、罗湖区人民政府办公室《关于印发〈深圳市罗湖区深化社区体制改革推进社区治理体系法治化实施方案〉的通知》(罗办〔2014〕8号,下称《方案》),罗湖区这次社区治理改革的主要目标为:在摸清社区工作现状的基础上,通过取消、转移社区工作站部分工作事项,撤并检查考核评比和临时机构,规范社区盖章证明事项,切实减轻社区工作负担,实现社区工作站"瘦身减负"和社区居委会增强自治功能的有机结合。分别制定社区各类工作清单,建立社区行政事务准入制度,推进社区工作规范化、制度化。

---

[1] 傅小随等著:《社会治理组织体系深圳样本分析——党政体制、社区架构与社会组织》,中国社会科学出版社2015年版,第56—63页。

具体而言：（1）取消社区工作站承担的工作任务79项，目标责任状11项，考核评比检查任务9项，取消社区临时性组织机构24种，取消电子台账22种，纸质台账24种；（2）转移社区工作站23项工作事项，其中20项回归到街道办事处，3项回归到区有关部门或社康中心等其他单位，所有相关的台账（纸质、电子）录入整理、检查考核等工作随之转移或撤销；（3）撤并社区检查考核评比事项和临时机构；撤销除人口与计划生育目标管理责任状外社区工作站与街道办事处签订的所有责任书；全面整合针对社区的考核检查评比事项，建立综合考评（双向考核）机制；撤并社区各类台账（纸质、电子）、临时组织机构；（4）规范社区开具证明（盖章）事项，对各职能部门要求社区开具的各类证明和加盖办公事项进行全面分类、整理和规范；（5）依法制定社区各类工作清单，其中社区党总支6项工作职责，社区居委会13项工作职责，社区工作站11项工作职责、并协助开展15项工作，社区服务中心16项工作职责，推进社区机构、职能、权限、程序、责任的法定化；（6）严格社区行政事务准入。凡方案中未列入社区的工作事项，区各职能部门、街道办事处不得转嫁给社区，申报单位申请进入社区的，需要报区编委会同意，并实行权随责走和费随事转。

然而，社区工作站"瘦身减负"的功能却不明显。虽然政策制定了详细的各类主体的详细工作清单，但运行了一段时间后，社区工作站发现很多工作在"回潮"。这里面存在三种情况：一是职责模糊的类型，如社区工作站11项工作职责，但还有15项协助工作职责，虽然工作清单上清晰地进行了分类，但是落实到具体的工作事务上则不容易分得清；二是"非法转移"的类型，工作清单上明确不属于社区工作站，而属于区职能部门或街道办事处，但仍转移到社区；三是临时性和突发性工作类型，按照《方案》规定此类不需经过区编委同意，经过街道党工委会议通过即可，为行政事务转移进社区提供了便利。

四 一核多元式社区治理再变革

社区多元化治理改革，在实践中并没有实现"让行政的归行政，让服务的归服务，让自治的归自治"各司其职的理想，以达到既提高政府行政执行力又提高居民自治能力和激发社会活力的"国家强、社会强"的理论预期。从深圳社区多元化治理实践经验来看：一方面，去行政化后的社区居委会，陷入"空心化"和"边缘化"困境；另一方面，社区居委会、社区工作站与社区服务中心等多元组织之间的摩擦较多，分散的组织间交易成本过高，社区多元治理结构并未带来治理效能的提升，反而可能加剧治理矛盾。

因此，深圳市自2014年开始对社区治理改革的方向作出新的调整，推行区域化党建和社区综合党委模式，不断加强基层党组织的领导以及多元组织之间的交叉任职，重新强调"统"的面向，以解决多元而分散治理的问题。即，将社区党总支升级为社区综合党委，将重大事务纳入综合党委的议事决策范畴，辖区内各类组织都要在社区综合党委的领导下开展工作，且政策规定社区综合党委书记，兼任社区工作站站长和居委会主任，新的治理模式强调了"一元化领导"。

2017年社区两委换届选举开始，社区党委会和居委会要实现双交叉比例达80%以上。社区两委双交叉达到80%以上比例，基本上社区两委就合一了。和传统的社区一元化治理体系不同的是，此次改革虽然强调了社区党委的一元化领导，以及多元组织成员间的交叉任职，但仍然保留了社区工作站、居委会、社区服务中心等多元机构和职能。因此，可以将2014年以来的改革模式总结为"一核多元式治理"，其中"一核"指的是以社区党组织的领导为核心。至此，深圳市从最初的社区两委合一的一元化管理体制，经轰轰烈烈的以"居站分设"为核心的政府与社区分权改革，再进一步到"行政、服务、自治"功能分离的社区多元化治理改革，再转向社区一核多元式治理改革，以解决多元组织分散治理面临的"治理失败"。

第三节 一元化治理：体制性障碍还是体制性优势？

在政府与社会分权改革的社区建设中，相较于深圳社区多元化治理改革的彻底性和全面性，其他城市的居民自治和多元化治理改革可以说都是"小打小闹"，是在没有实质改动"传统"街居体制的前提下而做的"修补"。而深圳市作为改革开放和市场经济体制的发源地，在市场化和分权化的导向下，从2000年以来就在不断实行分权改革，从居企分离（政企分离）→居站分离（政社分离）→行政、自治和服务分离。最后通过对行政、服务和自治职责的功能分类，进一步对应到社区组织结构的变革，再造了一个社区多元权力结构。

但是新型的社区多元化治理结构，并没有实现"让行政的归行政，让服务的归服务，让自治的归自治"各司其职的理想，以达到既提高政府行政执行力，又提高居民自治能力和激发社会活力的"国家强、社会强"的美好预期。反而从2014年以来，不断加强基层党组织的领导以及多元组织间的交叉任职，而有向社区"一元化"治理复归的趋势。在政府职能不断社区化的城市化背景下，以政府与社会分权为导向的居民自治改革陷入了"内卷化"的困境。面对社区去行政化改革的困局，学界都是将之直接归罪于我国的"体制性障碍"。而深圳市长期而曲折的改革实践，则不禁让人去反思这到底是我们的"体制性障碍"还是"体制性优势"？所谓的"体制"具体是什么样的？这是本论文致力于回答和解释的核心问题。

相较于我国其他大多数城市以社区两委为核心的"一元化"治理的简约机制，深圳市通过几轮改革形成了一个"多元化"治理的复杂机制。大多数城市社区两委成员和社区专干都是没有明确身份和编制的，由于法律上规定居委会的群众性自治组织的性质，所以不好将居委会成员纳入带有行政性的编制，所以实践中都是采取模糊化处理的方法。即所有社区工作人员性质上都属于合同工（临时工），但由于工作的特殊性质，实际上相当于签订的"长期合同"，只要不犯大错，一般不会辞退。社区工作人员的工资则主要是根据岗位来定，正职、副职、委员和专干之间有一定差距，但不大，而且可以靠能力和工作绩效层层晋升，具有向上流动性。对于行政、自治和服务工作也没有分得很清楚，都是融合在一起由社区两委统筹负责。对于社区工作，社区工作人员之间分工不分家。

深圳市在"居站分设"改革之前的街居体制和全国绝大多数城市

是相似的。但是深圳市在经历了几轮改革后，社区治理形态已经非常复杂。单就小小的社区工作站而言，目前内部就已经有事业编、员额编、雇员编、临聘人员和劳务派遣工等五种等级身份，同工不同酬的现象严重，而且不同等级身份之间是不流动的，这就会对组织内人员的激励带来很大消极影响，社区组织内部矛盾突出，治理效能不高。而且社区内部形成的多元组织并存，还会带来治理成本和行政成本的增加，每一个社区组织（社区党委、社区工作站、社区居委会、网格中心、社区服务中心）都需要人员工资和财政支撑。这种多元社区治理结构，是一种"代价不菲"治理机制，需要雄厚的财政实力作为后盾。

这里还需要注意的是，前面在讲述"盐田模式"的经验时，侯伊莎通过翔实的数据表明，"居站分离"改革，不仅提高了政府行政执行力，而且降低了行政成本。正是基于这样的试验效果，深圳市才将盐田模式在全市推广。那么，为什么又说"居站分离"后的社区多元治理是一种"代价不菲"的治理机制呢？其实，这里面存在一个重大的错位，即纯粹的城市社区和村改居社区的错位。由于深圳市先后两次大规模农村城市化，使得过去城乡二元的基层治理结构转为城乡一体化的社区治理结构，也就意味着街居管理体制的一体化。大规模的农村城市化，不仅仅意味着村委会的牌子改为居委会的牌子，而且意味着公共服务支出责任的转移。前面提到过，"居站分设"改革前，纯粹的城市居委会也只有3—5人，治理是比较简约的，行政成本低的同时，行政执行力却不低。

而"盐田模式"下大多数社区是村改居型社区，改革存在三步：第一步是居企分离改革，第二步是一会合两站改革，第三步是居站分离改革。在第一步居企分离改革前，居委会、党支部和集体股份公司是一体化的，居委会成员及临聘人员等公共服务成本支出主要是由集体股份制企业负担的。而在居企分离改革后，由于政企分开，将社会职能从集体股份制企业的经济职能中剥离出来，所以这笔公共服务成本就转移为由政府的公共财政支出，而且村改居下的社区工作人员多达几十甚至上百人，和城市居委会只有三五人不可同日而语，对于政府财政而言这是一笔庞大的行政成本。第三步居站分离改革后，由于核定了社区工作站专职人员数量，居委会则实行兼职化，所以相较于居站合一时期确实是降低了人员工资成本，从而降低了行政成本，提高了行政执行力（社区工作站雇员化）。

综上，"盐田模式"居站分离改革对于村改居型社区而言，降低了行政成本，也是建立在前一阶段居企分离（政企分离）改革后，村改居社区的公共支出由原村集体经济负责转为政府财政负担的基础上的。但是居站分离改革对于纯粹的城市社区而言，则是提高了行政成本。因此，城市社区和村改居社区在治理机制上存在严重的错位，这是政学两届都忽视的重大问题。那么问题来了，什么是城市化？什么是城市社区？为什么村改居后社区公共支出的责任就要转移给政府？只有把这些问题弄清楚，才能进一步理解我国城市公共品供应秩序的体制与机制是什么，进而才能分析这是"体制性障碍"还是"体制性优势"。

第三章　社区邻里性质：社区分类与共同体建设的可能性

既有的城市社区研究采取的都是城市内部纵向变迁的视角，即从单位制解体后向社区制的转变，而缺乏从城市化背景下横向变迁的视角去认识我国城市社区的独特意涵。单位制解体后，城市社会被认为可能面临社会解组和失序的风险，以共同体理论为基础的社区制正是回应城市社会再组织化而提出的战略性举措。但是由于没有理解我国城市公共服务的生产机制以及社区邻里关系的性质，而常常陷入社区治理改革的悖论。深圳市由于先后两次大规模农村城市化，名义上实现城市化率100%，成为全国第一个没有农村的城市，消除了城乡二元结构，实现了城乡治理的一体化。也正是在名义城市化以及城乡治理体制同构的影响下，导致社区治理改革的错位。"深圳悖论"给我们提供了从横向视角去重新认识我国城市社区的实质内涵与治理基础。本章的主要内容是在对城市公共服务生产机制进行分析基础上，对多样化的城市社区进行再分类，进而回答城市社区邻里关系的性质问题。

第一节　城市公共服务的生产机制与社区的分类治理

"社区"这一由社会学者创造的中文概念，由民政部引入政府文件后，最初主要指城市社区，现在我们已经有了"城乡社区"这个概念，但是多指城市行政区划里乡村的那一部分，即从村委会向居委会改变的部分。① 社区建设于 2000 年在全国城市地区推广后，也逐渐出现一个泛化使用的现象，如城乡社区、农村社区等，将社区的概念延伸和嫁接到农村。此外，随着城市化的快速推进，城市社会中还诞生了一类独特的居住形态——城中村，又称为"村改居社区"，学界也将之称为"转型社区"或"过渡社区"。② 社区概念的泛化使用，在横向空间上形成农村社区—转型社区—城市社区的演进谱系，但是也不得不在社区前面加上定语以示区分，这也有助于从横向空间轴上去重新理解城市社区的实质内涵，从而突破城市内部单一时间轴变迁的视野限制。

一 快速城市化与社区建设时期的耦合

伴随着社会主义市场经济体制的建立和单位制的渐趋解体，单位办社会的城市治理格局发生改变，原单位负担的诸多福利职能和非经济职能被剥离出来，分别推向市场、社会和国家。1994 年 7 月国务院发布《国务院关于深化城镇住房制度改革的决定》（国发〔1994〕43 号），开启了城镇住房制度正式改革之路。其目标是要建立与社会主义市场经济体制相适应的新型城镇住房制度，实现住房商品化和社会化；建立以中低收入家庭为对象、具有社会保障性质的经济适用住房供应体系和以高收入家庭为对象的商品房供应体系；同时建立住房公积金制度，建立政策性和商业性并存的住房信贷体系；开启公有住房出售制度，又称为单位房改房。1998 年 7 月国务院发布的《关于进一步深化住房制度改革加快住房建设的通知》（国发〔1998〕23 号），标志着全国城镇从 1998 下半年开始停止住房实物分配，全面实行住房分配货币化，建立以经济适用住房为主的多层次城镇住房供应体系。再往后，为了促进房地产市场更好、更快地发展，国务院发布了《关于促进房地产市场持续健康发展的通知》（国发〔2003〕18

---

① 李培林：《当前社区研究的三个面向》，载《清华社会学评论》（第七辑），社会科学文献出版社 2017 年版，第 182 页。

② 刘宣：《快速城市化下"转型社区"空间改造的障碍——广州、深圳案例》，《地理研究》2010 年第 4 期；黄锐、文军：《从传统村落到新型都市共同体：转型社区的形成及其基本特质》，《学习与实践》2012 年第 4 期。

号），提出各地要根据城镇住房制度改革进程、居民住房状况和收入水平的变化，完善住房供应政策，调整住房供应结构，逐步实现多数家庭购买或承租普通商品住房。

在城市住房市场化和商品化改革导向下，1998年停止福利分房以来，城市居住形态就主要为：存量房屋以单位房改房和传统邻里街区私房为主，增量房屋则以新建商品房为主，辅之以少量经济适用房、廉租房和两限房等保障性住房。由于传统邻里街区私房都是中华人民共和国成立前建设的，都是比较低矮的老旧建筑，除了少数具有历史文物价值的建筑外，大部分已经由于城市"三旧改造"①政策而被拆除。单位房改房，基本上也都是1998年之前建设的住房，从五六十年代到八九十年代的都有，房屋也都有一定的房龄了，相较于新建商品房小区而言，往往被称为"老旧小区"。老旧小区住房一般为开放式的多层建筑群，在城市低效用地再利用的政策导向下，越来越多的老旧小区住房被纳入城市"三旧改造"的范围。2000年在全国城市推行社区建设时，刚刚是住房商品化改革的开端，城市居住形态还是以单位小区或"房改房"老旧小区为主，商品房小区方初露端倪。而随着在住房商品化改革的深入，以单位小区、"房改房"老旧小区和传统邻里街区为代表的城市存量房屋是不断减少的，而以新建商品房小区为代表的城市增量房屋是不断增加的。

2000年社区建设以来，与城市住房商品化改革相伴随的是我国城市化的快速发展，具体表现在我国工业化发展、人口迁徙政策的变革和城镇户籍制度改革。1995年至2005年，"九五"和"十五"期间被认为是我国工业化发展迅速的阶段，这为城市容纳力提供了基础。2000年前后，我国城市从人口迁徙限制和人口严格管控开始转向城乡人口融合和自由流动政策，大规模的打工经济兴起。同时，我国城镇户籍制度也开始松动和改革，先从中小城镇改革再到大中城市，全国各城市先后纷纷推行购房落户政策。由此，我国城市化步入了快速发展的时期，城市开发建设迅猛扩张，大量商品房社区开始兴起。既有的社区研究都将关注的焦点放置在城市单位制及其解体的背

---

① "三旧改造"指旧城镇、旧厂房、旧村居改造。

景上，而忽视了社区建设开启后与我国快速城市化进程的耦合，这将对我国城市社区治理带来深远影响。

二 城市公共服务的生产机制与城市住房类型

城镇住房市场化改革和社区建设以来，我国城市目前已经形成多元化的住房体系和多样化的社区类型。郭于华、沈原等通过对北京市的考察认为我国城市目前的居住形态存在传统街区、商品房、房改房、单位宿舍房、经济适用房、两限房、廉租房、拆迁安置房和城中村等九种住房类型，不同的居住形态构成了不同的城市社区类型。他们认为住宅产权的界定构成居住形态差异的根本因素，并将城中村农民因征地拆迁引发的上访以及商品房小区业主维权行动，视为权利抗争范式。[1] 简单地将住宅产权作为财产权，无法把握城市住房性质的根本差异与社区运转的深层机理。笔者将进一步对住房产权差异背后体现的城市公共服务生产机制和现代财政平衡原理进行揭示，以商品房、经济适用房、单位房改房以及城中村小产权房等四种主要的住房类型为例。

（一）土地财政与城市公共服务供给原理

一个城市的发达水平和该城市提供的公共服务质量是成正比的。城市公共服务的提供是需要成本的，这就涉及城市公共品如何供应和公共财政来源问题。根据人的有限理性假设和公共品的非排他性特征，一旦可以不付出成本也可以享受公共服务，公共品供给便会面临"搭便车"难题，这也是市场失灵的根源，因此就需要依靠政府通过强制性手段来收取公共服务费用，即税收。城市发展与公共服务的提供，可以分为两个阶段：第一阶段为城市开发建设期，涉及的是城市基础设施与公共服务配套的一次性资金投入，相当于城市固定资产投入，面临的是一次性资金投入与长期性收益之间的矛盾；第二阶段为城市维护管理期，涉及的是城市公共服务维系的长期性开支，面临的是长期性财政资金来源问题。[2]

---

[1] 郭于华、沈原、陈鹏主编：《居住的政治：当代都市的业主维权和社区建设》，广西师范大学出版社2014年版，第1—21页。

[2] 赵燕菁、刘昭吟、庄淑亭：《税收制度与城市分工》，《城市规划学刊》2009年第6期。

第三章 社区邻里性质：社区分类与共同体建设的可能性

对于美国等西方民主政体国家，则是将之视为两个分开的阶段：第一阶段是通过地方政府发行债券来融资，以解决城市基础设施与公共服务配套的一次性资金投入与长期性收益之间的矛盾；第二阶段则是通过地方政府每年征收财产税以获取用于城市维护管理的长期性支出。由于完善的城市公共服务的供给带来的正外部性外溢，带动所在地房地产的增值，然后再通过每年征收财产税，获得用于公共服务成本的税收财政，因此能够有效防止城市公共服务生产的租值漏失，实现公共服务的成本与受益相一致的财政平衡原则。

而我国由于地方政府不允许发行债券，也没有财产税，所以城市开发就面临两个问题：一是城市开发建设的一次性投入的资金来源，二是提供的城市公共服务如何收回成本以及防止租值漏失。[①] 我国前后形成了两种不同于欧美税收财政的独特模式，前期为计划经济时代的国企利润上缴模式，实质是通过生产剩余积累形成的财政收入来提供城市基础设施及公共服务配套。由于仅靠生产剩余积累而形成的财政资金短缺，决定了城市开发建设规模的有限性以及公共服务配套的低水平，这也是2000年前实行人口流动严格管控的原因。后期则为实行社会主义市场经济体制改革后形成的土地财政模式，即国家垄断土地一级市场，放开土地二级市场后形成的土地差价。从表象上来看，政府从农民那里低价征地，然后转手在市场上高价卖地形成土地财政，被认为是侵犯了农民的权益、房价高企的推手和腐败的渊薮，实则并没有真正理解土地财政在我国城市化中的重大功能和背后的机制。

正是通过国家垄断土地一级市场，放开土地二级市场形成的土地财政，既有效地解决了城市开发建设的一次性投入的资金问题，又有效地解决了城市公共服务的成本回收和租值漏失问题。因为在土地财政模式下，城市开发建设和城市维护管理两个阶段的财政资金的获取过程是合一的，不像在美国是前后分离的两个过程。所谓的土地财政是由征地拆迁成本、城市开发建设成本（小区基础设施及城市公共服

---

① 赵燕菁：《城市化的几个基本问题》（上），《北京规划建设》2016年第1期；赵燕菁：《城市化的几个基本问题》（下），《北京规划建设》2016年第3期。

务配套)、未来70年城市公共服务成本的贴现以及市场供求竞争下的剩余索取等四部分构成。进入土地二级市场上拍卖的国有土地，政府一般会订立基准地价，即拍卖的地价款至少要能一次性收回该宗地的征地拆迁成本、城市开发建设成本以及未来70年城市公共服务成本的贴现。也就是说地方政府通过土地财政，不仅向购房业主收取了城市开发建设费用，同时一次性将未来70年政府提供公共服务的费用提前收取。这也就意味着政府向购房业主承诺在住房产权期内的未来70年提供免费公共服务。[①]对于购房业主而言，则相当于对城市的入股投资，在支付房地价款后，在未来70年就可以享受城市公共服务完善带来的土地增值收益。此点也经常被诟病为地方官员在流动的任期制下竭泽而渔的短视行为，实则也不尽然，因为这部分财政资金并不是无谓浪费掉了。

土地财政除了用于城市开发建设，提供城市基础设施及公共服务配套，以创造良好有竞争力的营商环境吸引资本投资外，地方政府还会将土地财政用于补贴工业地价以及对重点工业项目各种税收减免等政策优惠，进行招商引资和发展经济。不同于欧美等发达国家以所得税和财产税等直接税为主，我国实行的则是以流转税和间接税为主，而来自居民缴纳的税收收入占比不足10%。[②]所以，地方政府将一次性收取的土地财政，通过用于补贴工业以招商引资发展经济，就可以接转化为未来可以持续获取的税收财政，从而形成将来城市维护管理阶段公共服务供应的财政基础，兑现对购房者的承诺。以直接税为主的税收财政模式对于国家的税收征管能力要求较高，而且税收征收成本也比较高。而我国以流转税为主形成的间接税收财政模式，虽然税负重，但对于个人税负痛感并不明显，国家的征税成本相对较低。

(二)城市公共服务的支出责任：商品房、经济适用房、房改房、城中村

美国式的"债券融资+税收财政"和我国式的"土地财政+工

---

① 赵燕菁、庄淑亭：《基于税收制度的政府行为解释》，《城市规划》2008年第4期。
② 赵燕菁：《土地财政与政治制度》，《北京规划建设》2013年第4期。

商税收"模式是两套不同的城市公共服务供给机制，但本质上都是现代财政平衡原理，即城市公共服务的成本和收益相平衡，以及城市公共服务的支出责任由主要受益者承担。在透视城市公共服务供给原理的基础上，可以根据住房的价格构成，进一步分析城市不同居住形态之间的差异，下面主要选择商品房、经济适用房、单位房改房和城中村小产权房等四种主要的住宅类型进行分析。

1. 商品房的价格构成

根据《商品住宅价格管理暂行办法》第五条规定，商品住宅价格由下列项目构成：（1）开发成本：a. 征地费及拆迁安置补偿费，b. 勘察设计及前期工程费，c. 住宅建筑、安装工程费，d. 住宅小区基础设施建设费和住宅小区及非营业性配套公共建筑的建设费，e. 管理费：以本款 a 到 d 项之和为基数的 1%—3% 计算，f. 贷款利息；（2）利润；（3）税金；（4）地段差价，其征收办法暂且由省、自治区、直辖市人民政府根据国家有关规定制定。商品房的价格构成中有很大一部分属于开发商支付的土地使用权取得费用，商品房用地属于国有转让用地，拥有 70 年的土地使用产权。由上文对土地财政的分析可知，土地使用权取得费用主要包括三部分：征地拆迁安置成本、城市开发建设成本（小区基础设施及公共服务配套）以及未来 70 年为住宅小区提供的城市公共服务。此类土地使用权取得费用，可以称之为广义的土地出让金。

2. 经济适用房的价格构成

根据《经济适用住房管理办法》第二十条规定："确定经济适用住房的价格应当以保本微利为原则……房地产开发企业实施的经济适用住房项目利润率按不高于3%核定；市、县人民政府直接组织建设的经济适用住房只能按成本价销售，不得有利润。"具体而言，经济适用房的价格构成为：（1）开发成本：a. 征地费及拆迁安置补偿费，b. 勘察设计及前期工程费，c. 住宅建筑、安装工程费，d. 住宅小区基础设施建设费和住宅小区及非营业性配套公共建筑的建设费，e. 管理费：以本款 a 到 d 项之和为基数的 1%—3% 计算，f. 贷款利息；（2）利润，3%以下的利润；（3）税金。商品房与经济适用房的价格与成本相比主要是有两个差异：一是有无土地出让金，商品房土地性质属于国有转让用地，需要缴纳土地出让金，而经济适用房土地性质属于国有划拨用地，不需要缴纳土地出让金，两者的用地成本不同；二是利润是否受限制，商品房住宅不受限制，由市场自行决定。这里的土地出让金可以称为狭义的"土地出让金"即广义土地出让金中扣除征地拆迁安置成本和城市开发建设成本之后的剩余部分。经济适用房开发建设也需要缴纳一定的土地使用权取得费，只不过和商品房相比，土地使用权取得费只包括征地拆迁安置成本和城市开发建设成本。经济适用房也可入市交易，但一般需要满五年后方可入市，且需要补交土地出让金（狭义的土地出让金）。

3. 单位房改房的价格构成

"房改房"，又称已购公有住房，是国家对职工工资中没有包含住房消费资金的一种补偿，是住房制度向住房商品化过渡的形式，以住房简单再生产和建立具有社会保障性的住房供给体系的原则决定的。房改房有三种出售方式，分别是市场价、成本价和标准价。按市场价购房的，产权归个人所有，属于商品房性质，可以随时上市交易；按成本价购房的，产权归个人，但一般满5年后才能进入市场交易，交易前补缴土地出让金，就可以变为商品房了；按标准价购房的，职工和单位共有产权，分享比例具体按照当年标准价占成本价的比重来确定，满5年后入市交易时，需先补足标准价和成本价的差价，变为成本价购房，然后再补缴土地出让金，或者出售时不补足标准价和成本价的差价，而与单位按产权比例分享房产增值数额。按照市场价购买的为商品房性质，土地性质为国有转让土地。按成本价或标准价购买的，类似于经济适用房，具有保障性住房性质，土地产权为国有划拨用地。以成本价购房的价格构成，和经济适用房的价格构成相比，就是少了微利润一项。

4. 城中村小产权房

我国实行城乡二元的土地产权结构，即国有土地所有制和集体土地所有制。小产权房是相较于在国有土地上建设，并由国家发放国有土地使用证和房屋所有权（俗称"两证"）的"大产权房"而言的，具体是指在农村集体土地上建设的房屋，可以分为合法的小产权房和非法的小产权房。根据《土地管理法》的规定，农村宅基地性质属

第三章 社区邻里性质：社区分类与共同体建设的可能性

于集体建设用地，根据一户一宅原则，农民在宅基地上建设的房屋具有自住和社会保障性质，只能在本集体经济组织内部转让或出售，且转让方此后就无法再无偿分配新的宅基地，此类经过审批、按照法定面积建设的农村住宅，拥有的是集体土地使用证和房屋所有权证，为大多数普通农村合法的居住形态，可谓合法的小产权房。另外一类则是未经审批违法超越使用法定宅基地和房屋面积，以及违法占用耕地建设住宅，属于违法的小产权房。城中村由于被城市包围的地理位置优势，可以免费分享城市公共服务溢出的正外部性，带来土地非农利用的大量增值利益，因而具有较强的违法使用和开发集体土地的获利动机，第二类的非法小产权房为普遍。此类非法小产权房，属于违建，无法获得国家国土和房管部门颁发的土地使用证和房屋所有权证，因而就无法入市自由交易。

大产权房和小产权房之间的根本差异，不在于房屋所有权，而在于土地使用权性质。按照我国《土地管理法》规定，国家垄断土地一级市场，放开土地二级市场。集体土地所有权是不允许自由交易的，集体土地使用权只允许在集体经济组织成员内部之间自由转让，只有国有土地使用权可以入市交易。集体土地要想转为国有土地性质，只有通过国家先征收后再转为国有土地性质一条路径，即国家垄断土地一级市场的内涵，已经征转为国有的国有土地使用权便可以在市场上自由交易，即放开土地二级市场的内涵。对此，这常被学界和媒体批评为政府低价从农民那里拿地，高价在市场上卖地，赚取巨额差价，与民夺利，侵犯农民的权益，并呼吁集体土地与国有土地"同地同权同价"，或者主张集体土地直接入市等。① 实则是对我国土地财政的严重误解，以及不了解我国城市公共服务的生产原理。

小产权房相较于房地产企业开发的商品房而言，根本的差异就在于没有缴纳国有土地使用权取得费，具体包括征地拆迁安置成本、城市开发建设成本（小区基础设施及公共服务接配套费）以及未来70

---

① 周其仁：《城乡中国（上）》，中信出版社2013年版；周其仁：《城乡中国（下）》，中信出版社2014年版。

91

年城市公共服务费用。因此，城中村小产权房和国有土地商品房，根本就不同地，谈何同权同价。相反，如果城中村集体土地与国有土地真实现了"同地同权同价"，在我国没有财产税的情况下，则实质上是城中村在没有支付任何城市公共服务成本的同时，却无偿获得了同样的城市公共服务，成为"搭便车"者，将城市公共服务的责任转嫁给购买商品房的市民，造成了实质性不公平和城市公共服务租值的严重漏失。

三 城市社区的再分类：名义社区和实质社区

结合土地产权性质与城市公共服务生产机制两个维度，可以将纷繁多样的城市住房主要划分为三类：商品房、保障房和城中村小产权房，其中经济适用房、房改房、拆迁安置房和两限房均可归为保障性住房范畴。其土地性质依次为国有转让土地、国有划拨土地和集体土地，相应地承担的城市公共服务责任的完全度分别为完全、不完全和未承担。因此，国有转让土地性质的商品房，可以自由入市交易，由于购房款中土地使用权取得费既包括了城市开发建设成本，也包括了未来70年城市公共服务成本，便能完全分享由不断完善的城市公共服务带来的房产增值利益。而国有划拨用地性质的保障房，入市交易有一定限制，由于购房款中土地使用权取得费中只包含城市开发建设成本，没有支付未来70年城市公共服务成本（表现为狭义土地出让金），因此便无法直接分享城市公共服务完善带来的房产增值利益，而是在购房满五年且补缴土地出让金的前提下，转变为商品房后，方可获得房产增值利益。商品房和保障房都是建设在国有土地上，没有实质性差异，都可入市交易，且保障房在满足一定条件下可以自由转为商品房性质，两者都符合城市公共服务提供的现代财政平衡原理。

对于城中村小产权房而言，虽然很多城市已经实施村改居政策，成为城市村改居社区，但是城中村小产权房是建设在农村集体土地性质上，没有支付土地使用权取得费，也就没有承担城市开发建设成本和未来的城市公共服务成本，因此也就无法自由入市交易，获取城市公共服务完善带来的房产增值利益。由于城中村的地理位置优势，虽

第三章 社区邻里性质：社区分类与共同体建设的可能性

然无法通过合法交易土地以及住宅来获取土地增值利益，但是由于历史原因以及监管的困难，城中村往往具有很强的冲动非法利用土地以分享城市公共服务外溢带来的土地增值利益，主要表现为小产权房的出租收入。

不同的居住形态构成了不同的社区类型。我国社区的范围是基于管辖便利原则而划定的行政边界，既可能为单一住房性质的社区，如一个大型商品房小区构成的社区，或若干个商品房小区构成的社区；也可能为若干不同性质住房构成的混合社区，如一个社区辖区内同时包括有商品房小区、各类保障房小区或城中村等其中至少两类住房。为了分析和理解的便利，本文采取理想类型的建构方法，即均采用单一住房性质构成的社区类型为基础。因此，根据城中村小产权房、商品房和保障房的居住形态可以相应建构为村改居社区、商品房社区和保障房社区。

保障房和商品房用地都是国有土地性质，土地使用权取得费都包含了城市开发建设成本，其中就内含了居委会等公共服务配套设施。因此，城市商品房和保障房社区居委会的人员工资、办公经费以及公共服务开支等一开始就是纳入地方政府财政的，属于政府公共财政的支出责任，以及向城市居民履行提供公共服务的承诺，因为购房居民支付了城市公共服务费用，这实质上也是市民化的成本或门槛。然而，对于村改居社区而言，虽然村改居政策中包含有集体土地转变为国有土地的内容，但只是实现名义上的转变。如深圳市先后两次大规模农村城市化政策，政府只实现了将少量未利用土地通过征地补偿转变为国有土地，大量已经开发为非农利用的土地还是在原村集体和村民手中，包括原村集体在集体土地上开发的工业厂房以及商厦酒店等出租物业，以及村民在宅基上抢建加建以用于出租的楼房，实质上都属于小产权房。由于集体土地是村集体和村民无偿取得的，由于历史和地理位置优势的原因获得了土地非农利用的机会，免费分享了城市公共服务完善带来的正外部性，但并没有支付城市开发建设的公共服务成本。

在城市化导向下实施村改居政策，城中村由村委会转为居委会建制，并不仅仅是牌子的变化，还意味着牌子背后城市公共服务责任的转移。在"村改居"以及"居企分离"改革前，原村集体和村民在享受土地非农利用产生的土地增值收益的同时，负担本村集体内部公共服务事业的开支，如村两委人员经费、村办小学、环境卫生、治安、公园、道路等，具有内在的合理性。因为村级公共服务环境的完善，吸引资本和外来务工人员的流入，带来的土地增值收益还是属于原村集体和村民的，成本和收益具有关联性和主体一致性。然而，在实施"村改居"以及"居企分离"改革后，原本由村集体经济承担的集体支出责任就转变为政府负担的公共支出责任。但是在我国没有实施财产税制度，也没有将集体土地实质转变为国有土地，间接缴纳城市公共服务费用的条件下，这实质上相当于政府公共财政向村改居社区的二次转移。因此，村改居社区享受的城市公共服务收益和成本是不对称的，享受到的权利和义务也是不平衡的。

此外，由于村改居社区仍然是集体土地性质，而集体土地的使用权仅允许在集体组织成员内部转让或出售，不允许向城市居民等非集体经济组织成员买卖，而且集体土地的分配具有成员权和身份属性，所以村改居社区的小产权房就不能自由入市交易。相较于商品房和保障房社区而言，村改居社区在"人—地关系"上形成的是一种封闭性和排斥性的社区经济关系结构，及其衍生出来的"人—人关系"上形成的也是一种基于血缘和地缘交织的封闭性社会关系结构。因此，从社区经济关系结构、社会关系结构以及公共服务关系等方面去看，村改居社区和商品房社区及保障房社区都有质的不同。商品房社区和保障房社区用地都属于国有土地，虽然保障房一般需要在满5年后补缴土地出让金后方可自由入市交易，但是这本身就是符合现代财政平衡原理的，享受房产增值收益是以支付城市公共服务对价为基础的，在满足条件后保障房便可转化为商品房，自由入市交易。因此，商品房和保障房社区形成的都是开放性的现代经济结构和社会关系结构。

对照之下，在土地性质没有转变的情况下实施农村城市化和村改居政策，只是一种名义上的城市化，村改居社区也就只是一种"名义社区"。与之相对，笔者将以商品房社区和保障房社区为代表的城市社区称为"实质社区"。在社区经济关系、社会关系以及公共服务关系结构不同的情形下，社区治理体制和机制也应该不同。深圳市社区治理体制改革的错位就在于未深入理解名义社区和实质社区运行逻辑的差异，将村改居社区混同于城市实质社区。本文通过呈现深圳市社区治理改革的错位，澄清我国城市社区的实质内涵，并在下文中聚焦于实质社区的治理体制和机制。由于保障房社区中以单位房改房为主要形态，经济适用房和两限房等在各城市的数量相对较少，所以保障房社区将主要以单位房改房为分析对象。单位房改房主要分布于老城区，由于房龄时间比较长，实践中往往也被称为"老旧社区"。因此，本文论述的城市实质社区①，主要侧重于商品房社区和房改房老旧社区，此两类社区也构成了当下城市主要的居住形态。

第二节　城市社区邻里关系：共同体是否可能？

由于老旧社区房改房和新型商品房都可以自由入市交易，人们在城市具有居住选择权和自由迁徙流动权，流动性主要受限于市场购买力，城市社区居住空间的分化是市场自由竞争的自然结果。因此，以国有土地产权性质为基础的实质社区，形成的是一个兼具开放性和流动性的社区经济结构。与村改居社区不同，建立在这样一个可流动性的土地产权结构上，城市社区居民之间形成的是一种可选择性进入或退出的地缘关系。城市单位制解体后，我国社区建设的目标是希望通过社区共同体建设来实现城市社会的再组织，防止社会解组和社会失序。那么，对于城市实质社区而言，能够建设成共同体吗？核心问题为在社区的地域边界之上，居民与居民之间能否发育成亲密性互惠式社区社会关系，并在此基础上能够内生出社区社会性规范与舆论以约束居民行为，且形成对社区的认同感和心理归属感。

一　生命历程、社会交往半径与社区参与

社区参与被认为是形成密切社会交往与互惠式社会关系的基础，

---

① 如果无特别说明，下文中的社区即代指实质社区。

也是发育社会资本的前提,但是却始终面临着社区参与度不足的困境。① 因此,学界对当下社区参与的现状并不满意:一方面归因于社区空间与居委会的过度行政化,导致社区举办的活动都是向上对政府负责,主要用于满足上级政府的考核需要,而不是居民自己想要的。② 另一方面又倡议政府动员居民参与,加强居民之间的社会交往互动,培育社区社会资本。③ 但是不管社区如何动员,都无法达致完全参与的理想状态。既有对社区参与的主流观点,基本上是从外部和客位的视角去分析,基于帕特南关于社会资本和民主精神的相关性理论,来强调社区参与、社会交往和培育社会资本的重要性,但是缺乏对我国社区居民从内部和主位的视野去理解。

基于主位分析法,笔者提出从生命历程的视角来具体分析我国社区居民的社区参与动力。④ 在人的生命历程中,不同的人生阶段与家庭的生命周期是相关联的,对于城市社区居民而言,结婚和退休是生命历程中的重要节点。下面以平均25岁作为初婚年龄以及代际间隔,由此便可以将人生划分为四个阶段,将社区居民划分为大致四个年龄群体,即未成婚的青少年(0—25岁),已成婚的中青年(25—50岁),已退休的低龄老人(50—75岁),高龄老人(75岁以上)。城市社会结婚年龄在推迟,以平均25岁作为结婚的年龄是比较合适的。在我国退休时间未改革前,一般是女性50岁退休,男性60岁退休。通过调查发现,从生命历程的视角去观察,城市社区各个年龄群的社区参与度基本上呈现"U形曲线"(如图3-1)。⑤

---

① 杨敏:《作为国家治理单元的社区——对城市社区建设运动过程中居民社区参与和社区认知的个案研究》,《社会学研究》2007年第4期。
② 张宝锋:《城市社区参与动力缺失原因探源》,《河南社会科学》2005年第4期。
③ 燕继荣:《社区治理与社会资本投资——中国社区治理创新的理论解释》,《天津社会科学》2010年第3期。
④ 生命历程理论为社会学提供了重要视角,参见周雪光著《国家与生活机遇——中国城市中的再分配与分层(1949—1994)》,郝大海等译,中国人民大学出版社2015年版。
⑤ 该社区参与"U型曲线"是笔者根据大量的社区调查经验而绘制的,将来可进一步通过问卷调查和数量统计分析进行验证。

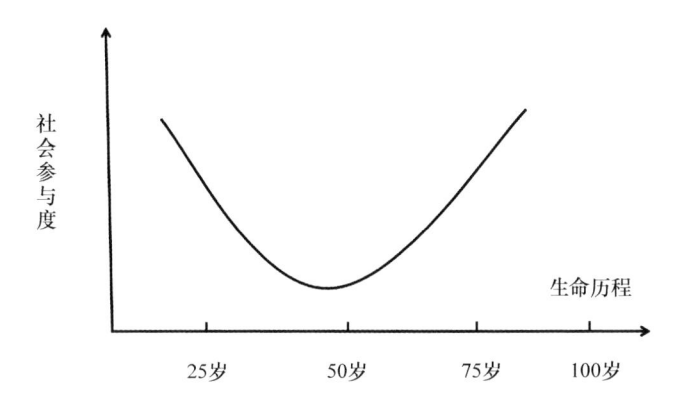

第三章　社区邻里性质：社区分类与共同体建设的可能性

图 3-1　生命历程视角下社区参与 U 形曲线

从图 3-1 可知，随着年龄的增长，居民对社区的参与度出现先降后升的趋势。结婚成家后到退休前的中青年对社区参与度是最低的，处于两端的青少年和老年人则对社区参与度相对较高。这也得到了很多学者通过问卷调查得到的数据支撑，即社区居民参与呈现一种非正态分布特征，越是受教育程度高、经济收入高、社会地位高以及年富力强的中青年群体，社区参与度越低；是受教育程度低、经济收入低、社会地位低以及年龄大者，社区参与度反而越高。[1] 这与美国的社区参与呈现精英化的正态分布特征是不尽相同的。一线社区工作者在社区建设的过程中，也面临如何吸引中青年居民参与社区活动和社会交往的难题。面对社区参与呈 U 形曲线的社会事实，理论界和实践者相同的都是迫切地想改变此一现状，寄希望于将社区建设的主力从目前的老年人转向为中青年群体，但却无法实现对中青年的有效动员。这就需要以主位分析法去透视和理解居民社区参与的内生动力。

可以进一步从居民的社会交往半径来理解社区参与的 U 形曲线。既有社区建设的研究，强调的是地域性社区关系的重要性，而缺乏对居民社会交往关系的分类。通过居民的社会交往半径去观察，居民的

---

[1]　桂勇、黄荣贵：《社区社会资本测量：一项基于经验数据的研究》，《社会学研究》2008 年第 3 期。

社会交往关系可以细分为家庭关系、社区关系与社会关系①。这些共同构成了一个人的社会资本总量。② 对于不同的居民个体而言，不仅社会资本总量不同，而且社会资本的构成与分布也不同。由于个体的时间和精力的有限性，家庭关系、社区关系和社会关系的建构与维系具有潜在的竞争性，这就需要个体对不同关系的注意力分配进行权衡与取舍。一个人的家庭关系和社会关系构成的社会资本存量越充沛，那么其对社区关系构成的社会资本的依存度就会越低。反之，当一个人的家庭关系和社会关系构成的社会资本存量越匮乏，那么其对社区关系构成的社会资本的依存度就越高。

由此，这便可以解释为什么我国社区参与呈现非正态分布了。因为受教育程度越高、经济收入水平越高、社会地位越高的居民群体，其由家庭关系和社会关系构成的社会资本存量就越充沛，通过家庭、市场和社会支持进行自我满足的能力就越强，对社区关系的依存度就比较低，因此通过积极参与社区活动构建社区邻里关系的动力就不足。反之，受教育程度偏低者、经济收入偏低者、社会地位偏低者的居民群体，由于通过家庭、市场和社会支持进行自我满足的能力偏弱，对地缘关系构成的邻里、社区及政府的依存度就会上升，因此就更加有动力积极参与社区活动构建社区邻里关系。

从生命历程与家庭生命周期的视角去看的话，家庭关系、社会关系与社区关系构成的社会资本的意义对居民而言并不是一成不变，这也就直接影响到不同生命阶段的居民对社区参与的内在动力。社区参与的 U 形曲线表明，随着年龄的增长，居民对社区参与大体上呈现的是先降后升的趋势，未成婚前的青少年阶段是不断降低的，然后经历了中青年阶段保持低位，最后到老年阶段的回升和社区参与的复归。对处于结婚前的青少年阶段而言，从出生时起随着年龄的增长，社会交往的半径是不断扩大的，社会关系也就不断溢出社区的边界，社会

---

① 这里的社会关系，泛指超出社区地理边界的各类社会交往关系，包括亲戚、同学、朋友、同事、兴趣团体等，既可能在同一城市内，也可能超出同一城市之外。

② 社会资本理论，有两个分支，其中一支是以布迪厄和格兰诺威特为代表的个体式社会资本理论，强调的是以个体为中心的社会关系构建；另外一支是以帕特南等为代表的社会式社会资本理论，强调的是整体性的以社会为中心的横向社会信任关系的构建。

关系相较于社区关系构成的社会资本就越发重要。青少年对于社会关系的扩展主要是通过不同阶段的教育及其衍生出来的趣缘、业缘关系等。而对于已婚的中青年而言，不仅正处于劳动力生产阶段，而且上有老、下有小，具有繁重的家庭再生产压力，从闲暇时间和注意力分配上，倾向于以家庭关系和社会关系的投入为主，对社区关系的需求度不高，社区参与度也就不足。正如他们常挂在嘴边的理由为："主要是没有时间参与。"

而到了退休的老年阶段，呈现的是老年人社区参与的回归趋势，主要是因为家庭关系和社会关系的逐渐后退，近距离的社区关系的重要性上升。这里还可以进一步区分低龄老人和高龄老人。对于低龄老人而言，超出社区以外的各类社会关系尚能维持频繁的互动，及加上可能还要帮助子女带孩子，因此家庭关系和社会关系形成的社会资本存量能够满足情感、价值与功能支持等需要，还能维持超出社区的社会交往半径。但是随着子女单独买房立户和成为空巢老人，以及年龄的增长和身体行动的不便，老人日常能够独立出行的距离也在缩短，所以日益"遥远"的家庭关系和社会关系越发不能满足需求，那么近距离的社区关系构建的重要性就凸显出来了。

案例3—1：深圳市罗湖区 HB 街道 WH 社区的霍阿姨，今年65岁，之前都是坐车到市文化宫参加一个老协歌唱组织，从未参与过社区活动，也和小区居民都不认识。这两年由于身体不太好，岁数也大了，她女儿不太放心让她一个人天天跑那么远去唱歌。后来女儿了解到社区工作站也经常组织居民活动，而且就在自家小区，便推荐母亲参加社区活动。社区工作者了解到她有音乐特长，社区刚好还没有歌唱队，就动员她牵头成立一个歌唱队。2016年10月"夕阳红歌唱队"成立，经过不到一年的发展，歌唱队已经有二三十个成员。她自己还加入了社区的一支舞蹈队，有五六十个居民，几乎都是退休的老人。自从参与社区活动后，她逐渐认识了很多邻里朋友。她说："原来生病最多是家人关心，现在有一个群体关心你，感觉和气氛是不一样的。现在忙，也变成了快乐。"（HLH，女，65岁）[1]

---

[1] 参见访谈记录，深圳市罗湖区 HB 街道 WH 社区2017年3月31日上午。

家庭关系、社会关系与社区关系构成的居民的社会资本结构，不管对于横向社会性维度下不同居民群体的社区参与动力，还是对于纵向历时性维度下同一居民不同生命阶段的社区参与动力，都具有很强的解释力。同时，不同城市的人口结构的差异，也会通过作用于三类关系而对社区参与形态产生影响。以深圳市为例，深圳市是80年代改革开放后从一个小渔村腾飞起来的大都市，属于一个移民城市，其户籍人口只是常住人口比例的30%左右，人口严重倒挂。相对于其他大城市，深圳市社区居民的社会关系相对而言就没有那么发达，因为对于深圳"拓荒牛"而言，其亲戚和朋友主要在内陆，因此他们对地缘式社区关系的构建就会有更强的动力，社区参与的意愿也会强些。商品房社区居民，尤其是自由职业者、全职家庭主妇和空巢老人等对社区的参与意愿就较高。

二 陌生人社区与中国社会的求助关系

上一小节分析了社区参与的群体性分化，实则是分析社区关系的广度，涉及卷入居民的覆盖面。由于居民参与的非完全性和可选择性，因此，社区居民之间的关系网络有很多"结构洞"[①]。本小节则进一步去探讨社区关系的深度，即地域性社区邻里关系的性质及其能否形成亲密性社会关系网络。

新兴商品房是通过市场化方式取得的，入住居民可能来自不同地方，彼此不认识，高度陌生化。房改房老旧社区在房改之初，能分到房的都还是原来的单位职工，基于业缘关系彼此都认识和熟悉。但是由于老旧社区房龄比较长，各种设施设备老化，绿化、停车位等功能配套不足，经济条件较好的家庭或中青年人就会搬离，所以老旧社区房屋出租率和转让率都比较高，社区的陌生化程度在提高。而商品房社区随着房龄的逐渐增加，也会面临老旧化的问题，一般住房交付使用七八年后，住宅小区的出租率和转让率都会增加。而且由于建立在国有土地产权基础上形成的兼具开放性和流动性的社区经济结构，形

[①] [美]罗纳德·博特:《结构洞:竞争的社会结构》，任敏、李璐、林虹译，上海人民出版社2008年版。

塑的也是一个具有开放性和流动性的社区关系结构，在经济能力的基础上，居民具有可选择进入和退出的自由。不同于农村村庄或城市村改居社区还是一个熟人社会，城市实质社区其实还是一个陌生人社区。

那么，对于陌生人社区有无可能建设成为"疾病相扶、守望相助"的亲密性互惠共同体呢？其面临的根本挑战是中国传统文化所形塑的深层次社会结构及其求助关系。在基督教文化的巨大影响下，西方社会形成了"个人—社会"的两级模式，且处于西方观念系统的核心，直接造成了"家"文化的缺失。[1] 为了保证个人对上帝的忠诚，基督教一方面贬斥亲缘性家庭的重要性，防止因个人对家庭的认同与归属而影响了对上帝的信仰，另一方面又树立起一种广义大家庭的信念，即所有教徒都平等相待、亲如兄弟姊妹，形成一种团体意识，以约束各种人际关系。[2] 由此，形成了西方人重视团体生活，而轻视家庭生活的特征，个人及其自愿结成的社团在西方社会中至关重要，而家庭则隐没于"个人—社会"对立的两极之中，作用很小。这也是费孝通比较中西社会结构差异时，认为西方社会是"团体格局"，而中国则是"差序格局"的原因。[3]

与西方"个人—社会"两级模式下对"家文化"的轻视相反，"家文化"是我国传统文化与社会中根基。如金耀基认为："中国的'家'是社会的核心，它是一个'紧紧结合的团体'，并且是建构化了的，整个社会价值系统都经由家的'育化'与'社会化'作用以

---

[1] 杨笑思：《西方思想中的"个人—社会"模式及其宗教背景》，《华南师范大学学报》2001年第5期。

[2] 西方基督教淡化了家庭观念。耶稣说："你们不要想我来是叫地上太平，我来并不是叫地上太平，乃是叫地上动刀兵。因为我来是叫人要引起分裂：男子与父亲生疏，女儿与母亲生疏，媳妇与婆婆生疏。人的仇敌就是自己家里的人。爱父母过于爱我的，不配做我的门徒；爱人过于爱我的，不配做我的门徒。"（《马太福音》，10：34—37）据说耶稣在讲道时，有一个人告诉他，你的母亲和弟兄来看你了。耶稣的回答令人诧异："谁是我的母亲？谁是我的弟兄？"看来这是一个根本的问题。他又用手指着门徒说："看哪，我的母亲，我的弟兄！凡遵行我天父旨意的人，就是我的弟兄、姊妹和母亲了。"（《马太福音》，12：46—50）参见安希孟《家、国、同胞，与天下万民——中西哲人及基督教的家庭观》，《宗教学研究》2005年第1期。

[3] 费孝通：《乡土中国》（修订版），上海人民出版社2013年版。

传递给个人。"① 梁漱溟认为："举整个社会各种关系而一概家庭化之，务使其情益亲，其义益重。人们之间互有义务，全社会之人，不期而辗转互相连锁起来，无形中成为一种组织。"② 不同于西方"个人—社会"两级模式下形成"团体格局"的社会结构，我国则形成的是"个人—家庭—社会"三极模式下的基础社会结构。在"个人—家庭—社会"三维思维模式的影响下，形成了费孝通所说的"差序格局"式的中国特色的信任结构。这种信任结构是以家庭为中心，以亲密程度为标准，将身边的人群自然而然地分成"自己人"和"外人"，并做出相应区分。随着亲密程度的降低，信任也随之递减。③ 王德福基于南北中国区域差异的视角，进一步将"自己人"区分为"结构性自己人"和"建构性自己人"两种自己人单位，前者指以先赋性血缘关系为基础的认同与行动单位，后者则是指后天建构性的自己人关系，主要指比较亲密的同学或朋友。从自己人关系内含的亲密、责任和情感的三要素去看，"结构性自己人"着重的是亲密和责任感，而"建构性自己人"则凸显的是亲密和情感。④

亲密性互惠关系的建立和维系，核心在于求—助关系。而中国社会的求—助关系是嵌入在"差序格局"式的信任结构中的。在泛家庭主义影响下，中国传统社会的求助关系不会发生在陌生人之间，讲究"礼尚往来"回报的中国人因为回报的不确定性，一般也不愿意接受陌生人的帮助。纵然中国经历了快速的工业化和城市化，但是以"个人—家庭—社会"三极模式为基础形塑的"差序格局"式信任结构和求助关系并未根本改变。陈福平和黎熙元对广州市城中村（村改居社区）、老城区和商品房社区三种类型社区，分别用随机抽样方式各抽取300位居民（除18岁以下、80岁以上者）作为问卷调查对象，回收有效问卷数分别为267份、233份和240份，回收率为89%、78%和80%，问卷内容主要为个人的社会网分布，得到的社区数据

---

① 金耀基：《从传统到现代》，中国人民大学出版社1999年版，第24页。
② 梁漱溟：《中国文化要义》，上海人民出版社2005年版，第72—73页。
③ 田毅鹏、刘杰：《中西社会结构之"异"与社会工作的本土化》，《社会科学》2008年第5期。
④ 王德福：《做人之道——熟人社会里的自我实现》，商务印书馆2013年版。

调查结果验证了笔者的观点（表3-1）。

表3-1　　　　不同类型社区社会支持网络关系构成①　　　（单位：%）

支持类型	关系类型	家人	亲戚	同事	邻居	同学朋友	同乡	社团
城中村	情绪低落	57.0	5.0	3.7	3.3	30.6	0.4	0.0
	金钱需求	54.2	37.5	0.8	0.4	7.2	0.0	0.0
	婚姻与情感	39.1	21.3	2.7	1.8	33.8	1.3	0.0
	家庭重大事件	48.1	27.5	2.6	0.0	18.9	1.7	1.3
	工作问题	61.8	5.4	10.8	0.5	20.6	0.0	1.0
老城区	情绪低落	56.5	5.1	4.2	2.3	31.5	0.5	0.0
	金钱需求	61.2	22.8	2.7	0.0	12.5	0.0	0.9
	婚姻与情感	38.6	23.8	2.5	0.0	32.7	0.0	2.5
	家庭重大事件	42.1	26.2	3.3	0.9	20.1	0.0	7.5
	工作问题	52.4	8.3	14.3	0.0	24.4	0.0	0.6
商品房社区	情绪低落	52.7	4.0	5.4	0.4	37.1	0.4	0.0
	金钱需求	78.6	11.4	0.9	0.5	8.6	0.0	0.0
	婚姻与情感	37.9	14.7	3.2	0.0	44.2	0.0	0.0
	家庭重大事件	53.6	14.7	2.6	0.0	26.5	0.0	3.1
	工作问题	60.2	4.1	9.4	0.0	26.3	0.0	0.0

由表3-1可知，不管是在哪种类型的社区，家人都在个人的社会支持网络关系中处于绝对核心角色，其次是亲戚和同学朋友关系。在城中村和老城区社区，相同的是在金钱需求和家庭重大事件两方面，个人向亲戚求助及给予支持的比例要高于同学朋友，而在情绪低落、婚姻与情感以及工作问题方面，个人向同学朋友求助及给予支持的比例要高于亲戚，因为同学朋友间建构的自己人关系，以亲密性的情感表达与心灵沟通为主，正所谓"知心人"。而对于商品房社区，同学朋友的关系在个人的社会支持网络中开始全面超越了亲戚的位

---

① 陈福平、黎熙元：《当代社区的两种空间：地域与社会网络》，《社会》2008年第5期，第49页。

置，仅次于家人的角色。对于城中村、老城区和商品房社区而言，一致的是家人、亲戚和同学朋友为个人最为重要的社会支持网络，而邻居的角色都无足轻重，几乎不发挥作用。那么，对于不同发展阶段的社区，数据为什么会呈现出趋同的结果？其中的奥秘就在于个人的社会支持网络与社区关系网络的重叠度，即处于同一社区的社会支持网络成员的比例（如图3-2）。

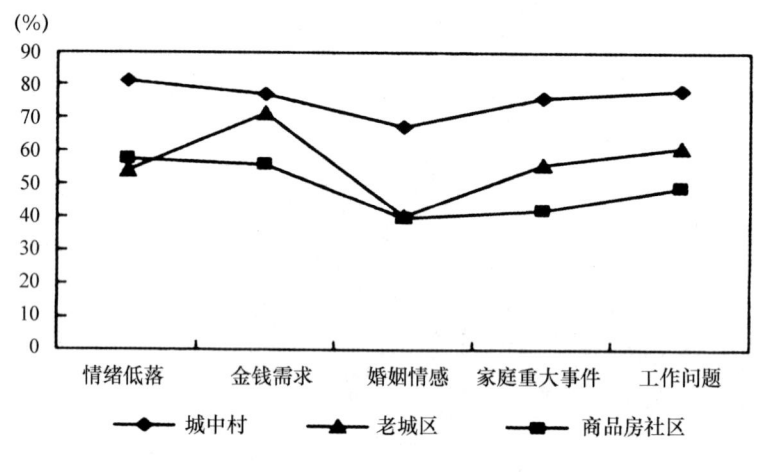

图3-2 处于同一社区的社会支持网络成员比例[①]

对于城中村而言，个人的社会支持关系网络与社区关系网络的重叠度高达70%以上，即一个人的家人、亲戚和同学朋友往往也和他在同一个社区，也可以说是他的社区邻里，但是由于在填写问卷的时候，在身份重合时人们一般会选择填写其中最亲近的一个称谓。其次是老城区和商品房社区，社会支持关系网络和社区关系网络的重叠度依次降低。由此可知，传统乡土社会下"疾病相扶、守望相助"的地缘邻里关系，不仅仅是地域性因素，更为本质的则是血缘关系在地缘关系上的投射，以血缘关系为基础底色。而到了工业化和城市化时代下的城市社区，则出现了血缘关系和地缘关系的分离，社区邻里关

---

① 陈福平、黎熙元：《当代社区的两种空间：地域与社会网络》，《社会》2008年第5期，第50页。

系变成了一种纯粹地域性因素。

当代地域性社区只是一个居民产生松散、疏离的社会互动的场所，而由于人们的利益空间、情感空间本身并不在地域性社区之中，因此当人们真正需要社会支持和帮助时，则要到地域性社区之外去寻找。[1] 根据社会资本理论，信任和互惠式社会关系是社会资本的核心要素。[2] 但是，我国"个人—家庭—社会"三级模式下形塑的"差序格局"式信任结构和求助关系，决定了在地域性的现代城市陌生人社区，居民并没有内生动力去构建亲密性互惠式社区关系网络。

三 城市生活的隐私保卫与共同体规范的内在紧张

以共同体为目标的社区建设研究，聚焦于地域、关系与认同等三要素。以社区地域为边界，通过密切的社会关系交往与互动，以内生出互惠性社会规范和价值，形成居民对社区的心理认同与归属感。前面从社区关系的广度和深度两个角度，分析了城市陌生人社区内邻里关系互动的低度性，可将之称为"浅交往"。帕特南的社会资本理论，核心的要素为横向社会关系的互惠和信任，但是该理论面对的最大挑战为社会资本是如何生产的。通过密切的社会交往与互动，就能自动生产出互惠性规范和信任吗？在我国特殊的基础社会结构形塑的以"自己人"和"外人"为区分的社会交往信任结构下，社区陌生人关系自然属于不可信任的"外人"，"自己人"则是亲密性和支持性的社会关系。密切的社会交往与互动尚不一定能生产出共同体的社会性规范，更何况是在"浅交往"的社区关系中呢。

此外，培育具有内生性社会规范的紧密型共同体，还将面临居民对现代城市生活的隐私与自由追求的内在紧张关系，遭遇社区居民的内生动力不足。个体的隐私自由与集体规范天然具有内在的冲突性，

---

[1] 陈福平、黎熙元：《当代社区的两种空间：地域与社会网络》，《社会》2008年第5期。

[2] 参见[美]罗伯特·帕特南《使民主运转起来：现代意大利的公民传统》，王列、赖海榕译，中国人民大学出版社2015年版；曹荣湘选编：《走出囚徒困境：社会资本与制度分析》，上海三联书店2003年版；[美]弗朗西斯·福山：《信任：社会美德与创造经济繁荣》，郭华译，广西师范大学出版社2016年版。

"找回"城市与"祛魅"的居民自治

而集体性规范对于共同体秩序运行和再生产又是基础。集体性规范往往是以公共舆论或闲话的方式为载体,对共同体内部的越轨行为或机会主义行为实施社会性惩罚和制裁,从而使得共同体内部的社会秩序得以可能。但是对在城市生活的现代人而言,隐私是非常珍贵、不可缺少的。简·雅各布斯对此有精彩的观察:"窗户里的隐私是世上能够得到的最简单商品。你只要把窗帘放下来或调整百叶窗就行了。但是,将你的个人隐私限制在你自己选择的了解你的人之间,并对谁能占用你的时间以及在什么时候占用做出合理控制,这样的隐私在这个世界的大部分地区是很稀有的商品,与窗户的朝向毫无关系。"[①]

"如果仅仅是与你的邻居接触了一下就有被卷入他们的私生活中去的危险,或者,产生将他们纠缠到你的私生活中来的危险,如果你不能确定你邻居是什么样的人,那么合理的结果绝对是尽量避免对你的邻居表现出友好态度,或随便提供帮助。最好的方法是退避三舍。"[②] "由于一些非常复杂的原因,很多成年人要么根本不愿意与他们的邻居建立任何朋友的关系,要么如果他们因为某些社交的原因而必须这么做的话,他们只是把关系限制在一两个朋友间。各种各样确保自己受到保护的'篱笆'在很多家庭里建立起来。害怕麻烦或心存怀疑使邻居间不再需要什么建议或帮助。为了保护剩下的最后一点隐私,他们不得不选择避免与他人建立密切的关系。"[③] 城市生活中对隐私的珍视,实际上是一种不被外人恣意干涉的自由,是个人自主选择权的体现。而期望社区内部能够建立起密切互动、互惠式社会关系,是以居民之间彼此负有一定的义务为基础,社区关系网络及其社会性规范犹如无形的"街道眼",在时刻"监视"着网内居民的行为,个人的隐私与自由需求得不到保护。这也是政学两届希望通过动员居民参与而建立社区亲密互惠性社会关系,却得不到作为被动员主体的居民的积极回应的内在原因。

案例3—2:上海市徐汇区GX小区的阮阿姨,今年62岁,属于

[①] [美] 简·雅各布斯:《美国大城市的生与死》,金衡山译,译林出版社2015年版,第51—52页。

[②] 同上书,第57页。

[③] 同上书,第58—59页。

第三章 社区邻里性质：社区分类与共同体建设的可能性

社区积极分子，担任楼长。曾经在小区里交了一个朋友，关系比较好，自己外出都会把家里钥匙交给她，帮忙照看。但是后来发现朋友因为嫉妒她，在背后说了她很多闲言碎语，就跟她绝交了。她不想再在社区内和居民交朋友，除了与之前交朋友的不愉快经历外，她说还因为和居民认识了之后，就会受到她们的关注，如果你穿着比较时髦的话，就容易遭到她们在背后评头论足和说闲话。所以，她现在也就主要参与和支持下居委会组织的活动，但不和居民有密切的往来。由于她和她老伴都会乐器，加入了社区外部的专业社团组织，平日里就主要和他们一起玩。[1]

在城市生活中，人们决意要护卫基本的隐私，而同时又希望能与周围的人有不同程度的接触和相互帮助，而这两者之间存在一条无意识确定的令人惊奇的平衡线，划出了城市公共领域与个人隐私领域的区别。"而在这种平衡线内，人们就可以在公共领域内认识各种各样的人，而不会遭到不受欢迎的纠缠，不会产生厌烦，不会去找没有必要的借口、解释，不用害怕会冒犯别人，不会因要尊重别人强加的事务或承担诺言而尴尬。一个人可以和另一个与自己完全不同的人，处于一种良好的人行道上交往的关系，而且随着时间的推移，甚至可以发展为一种熟悉的、公共交往的关系。"[2] 这样的关系之所以能够形成，就是因为不知不觉中，它们给予了人们的公共交往一个正常的渠道。因为这种公共交往关系是发生在城市社区的公共空间，社区公共空间具有开放性和流动性特征，每个居民都可以自由平等的使用，也可以自由的进入和退出，就不会发生居民担心的被强加的交往关系，以及被迫卷入彼此的私人生活的风险。目前社区内存在大量的"点头之交"，也正是此类公共交往关系的体现。在社区公共活动空间，如街心花园、小广场、活动室等，老人、大人和小孩在社区内玩耍，常常有三三两两在一起自由的攀谈，像是比较亲近的朋友。事后问及，一般他们也都是出来在社区玩耍时，碰到了就聊几

---

[1] 参见访谈记录，上海市徐汇区 KJ 街道 GX 社区 2015 年 11 月 25 日下午。
[2] [美] 简·雅各布斯：《美国大城市的生与死》，金衡山译，译林出版社 2015 年版，第 54—55 页。

句，几乎不会私下里相互串门，进一步发展为私人关系。

案例3—3：佛山市禅城区SWZ街道HJ小区的陈姐，37岁，老家是东北的，性格开朗外向，喜欢聊天交朋友，在小区里算是善于交际的居民类型。居住的小区是一个房龄比较久的商品房小区，已经居住上十年了。一座楼有十几层，一梯六户，共100来户。由于已经在小区居住超过10年，本座楼100来户，见面能点头打招呼的约占一半。目前她在小区内的邻里交往集中在本楼层的6户：（1）在这6户中，有3个可以算是一般朋友（包括她自家），但仅限于彼此能叫得上女主人的名字及其老公姓氏，问人家老公的名字是很不礼貌的；（2）有2户属于熟悉的，只知道彼此的姓氏，见面会聊天打招呼；（3）有1户属于点头之交，连对方的姓氏都不知道，知道是本楼层的，见面会相互点头。

以她在小区住十多年的经历来看，她说邻居之间相处要居住七八年才能慢慢熟悉起来。在本楼层6户中，慢慢熟悉了后，爱聊天的几个人之间会相互留个电话，以后邻居之间可以相互照应。她说邻里之间相互照应的都是一些小事：如帮忙收个快递，帮忙照看小孩等。她之所以和邻里之间交往，除了性格开朗外，她还说："我们求人。不喜欢交朋友的，可能是不需要求人吧。"其他楼栋的居民，只有一个算是一般朋友，也是因为两家的孩子是同学，才相互认识的。

陈姐说："邻里之间都有戒心，不想让邻居知道太多，都有一种自我保护的心态。人都太复杂了，彼此之间无法知根知底。居住在一起十几年，仍然像个路人一样。"她觉得社区内理想的交往关系为："邻里之间关系融洽，但也要有隐私空间。互相之间能聊下盐有多咸、醋有多酸的生活，日常生活能有所照应就很好了。即使本楼层3户间称得上朋友的，但也只知道彼此大概的行业，具体的职位也不会详问。"同时她也表示，对小区有没有真正的朋友也无所谓，她老公的同学和朋友圈都在本地，经常一起聚会。[①]

即使像陈姐这样爱聊天交朋友的人，她对邻里之间的关系需求也是一种功能性的"浅交往"。实际上，在无意识中遵守了希望保卫隐

[①] 参见访谈记录，佛山市禅城区SWZ街道LH社区2016年3月19日上午。

私和与周围邻里的接触与帮助之间的微妙的平衡线，这是通过无数个不经意的细小而敏感的细节来确立的。在陈姐的个案中，即使在与她认为称得上一般朋友的2个邻居相处时，也不会去追问对方老公的名字，也仅仅知道彼此从事工作的行业，而不会追问对方的职位等更加私密性信息。在邻里关系融洽和家庭隐私空间之间保持微妙的平衡。当然，对于不同的居民而言，这条平衡线的位置可能是不同的，由居民根据自己的家庭关系、社会关系和社区关系等多种因素进行权衡和相机选择。但是要想建设社区整体性的亲密互惠式社会关系，且具有内生公共规范、情感和价值认同与归属的共同体，是与现代城市生活需求相悖的，则必然会面临作为社区建设主体的居民参与的内生动力不足困境。

第三节　城市社区建设目标与社会基础的重置

通过对我国城市公共服务生产原理的分析，研究区分了村改居社区、商品房社区和保障房社区，其中前者为城市"名义社区"，而后两者共同构成了当下城市"实质社区"，两类社区在公共服务的生产机制、经济关系结构、社会关系结构、治理结构等方面都存在根本性的差异。在社区居民之间的社会关系方面，我国城市社区和农村社区以及村改居社区不同的是，在开放性的经济结构下，形成了血缘与地缘关系的分离，城市社区成为一个纯地域性社区，社区居民个人的社会支持网络与社区邻里关系网络是分离的。

城市社区邻里关系的性质是社区研究的核心主题之一，同时也是社区建设与社区治理改革的社会基础。通过采取主位的视角，深入社区居民对于社区交往互动与参与的内在动力分析，研究发现城市社区既不是完全的"互不相关的邻里"，也无法培育为理论预期的"社区共同体"。由家庭关系、社会关系和社区关系共同构成了居民个人的社会资本总量，不同居民的社会资本总量和社会资本构成结构是不相同的，其中家庭关系和社会关系构成了个人的社会支持网络，而社区邻里关系属于个人的社会生活网络。一般而言，由于外部社会支持网络构成的个人社会资本充沛的居民，对于社区邻里关系的内在需求就比较弱，因此社区参与的内生动力就不足。反之，外部社会支持网络构成的个人社会资本匮乏的居民，对于社区邻里关系的内在需求就比较强，因此社会参与的内生动力也比较强。

那么，从横向社会分化的视角来看，城市社区参与呈现为"去精英化"，和农村社区和村改居社区等名义社区的"精英化参与"是相对的；具体表现为社区参与的非正态分布，受教育程度越高、经济收入水平越高和社会地位越高者，社区参与意愿与社区参与度越低。从纵向生命历程变迁的视角来看，城市社区参与呈现为"老年化"。而从我国社会"差序格局"式的信任结构、城市居民对基本隐私的保卫与社区邻里关系和谐之间的平衡动力上看，社区居民之间的交往和互动属于一种非亲密性关系的"浅交往"，理想状态是基于可自由进退的公共空间内的社区公共交往关系，经过持续的发育，也可能发展为一种相对比较熟悉的公共交往关系。

在对城市社区居民社会交往与互动的内在动力把握的基础上，便可以进一步从实践经验出发重新理解社区建设的目标与社会基础。20世纪90年代中后期，社会主义市场经济体制的建立，国企改革和单位制渐趋解体后，单位职能社会化，"单位人"变为"社会人"，城市社会面临解组与失序的风险。对此，城市社会的再组织和社会化建设迫在眉睫，社区制便作为应对城市社会再组织化而提出的战略性举措。但是，由于混淆了城市社会再组织的社会化机制和社区化机制，导致城市社区建设的定位不精准，没有瞄准社区建设的社会基础。

单位制渐趋解体与社会主义市场经济体制建立后，部分精英群体通过市场化和社会化机制实现再组织，如职业团体、趣缘团体或学缘团体等，因此他们对社区机制的需求和依赖性动力不足。从社区居民交往与互动的内生动力去看，社区参与呈现出"去精英化"、"老年化"以及"浅交往"式的公共关系建构。相对于社会化机制下参与者主要为生产者精英群体，社区机制下的主要参与者则可称为"剩余群体"。因此，政府负责的社区化机制应是居民自主的社会化机制的兜底和补充关系，社区建设的目标与依靠主体则应该是对有内生需求的"剩余群体"的再组织和吸纳治理，而不应是试图以共同体建设为目标的社区全员式参与。

第四章　社区权威的生成与公共事务的再分类

第三章分析了社区中"人"的要素，城市社区人与人之间的社会关系，即邻里关系的性质，能否发育成为作为居民自治社会基础的共同体。单位制趋于解体后，随着社会问题社区化与政府职能社区化，转型期的社区居委会肩负着国家代理人和居民代言人的双重角色，甚或国家代理人、居民代言人和社区公益物品提供者的三重角色。[①] 这也被认为是社区居委会大包大揽的表现，社区各类组织间的责任边界模糊，从而可能导致治理失败。为此，学界倡导通过对社区公共事务的功能分类，明晰社区组织间的边界，以期达到深层的社区权力结构的变革，形塑社区多元化治理结构转型和治理现代化。然而，遵循"功能分类—组织分离—权力结构变革"的社区多元化治理路径的"深圳模式"的"失败"，说明我国城市社区公共事务分类与西方理论之间存在巨大张力。因此，本章将重新审视和分析社区中"事"的要素，即在对社区公共事务的内容与属性再认识的基础上，进而对社区公共事务的分类体系进行重构。

第一节　行政、服务与自治三分法的理论假设与辨析

由于社区公共事务本质上也是公共品，学界对社区公共事务的职

[①] 张鸣宇、汪智汉：《转型时期居委会的三重角色——以武汉市C社区为例》，《社会主义研究》2005年第4期。

能分类，主要是援引新公共管理理论与多中心治理理论资源为分析起点，将社区公共事务按照职能细分为行政、服务与自治等三类，进一步实施分类治理。公共选择理论是新公共管理理论的重要分支，公共选择理论与治理理论虽然侧重点不同，但相同的是通过对公共品属性的再认识，打破公共品供给的政府垄断者角色，以形成政府、市场与社会等公共品供应的多主体秩序，进而可以分类采用行政、市场与自治等不同治理机制。

一 改革指南：新公共管理理论与治理理论概览

以美国为首的公共行政理论，先后经历了传统公共行政、新公共行政、新公共管理、治理理论等理论变革，每次理论的革新都是回应当时社会出现的新问题或危机。以政治与行政二分为基础的传统公共行政，是以韦伯笔下的法理型权威科层制为理想类型，这也是发端于19世纪末20世纪初的美国进步主义运动的成果，到20世纪二三十年代美国建立起独立于政党政治的科层官僚制。传统公共行政的兴起，主要回应的是19世纪美国民主社会下出现的老板政治和政党分肥政治问题，而且法理型科层制组织也契合了标准化和规模化生产的工业化社会和城市化社会。由于传统公共行政强调的是效率，但随着社会分化的加剧，强调公平价值的新公共行政理论在20世纪五六十年代兴起。而到了20世纪70年代末，欧美发达国家普遍陷入经济滞涨阶段和福利国家危机，同时西方社会也从工业社会向后工业社会、信息化社会以及全球化社会转变，社会不断复杂化、异质化与多元化，统一化、规模化和程序化的法理型科层行政组织的低效率与低回应性，难以满足社会的变迁，以再造政府为目标的新公共管理理论在80年代兴起。针对新公共管理理论强调以顾客为导向、在政府中引入市场化竞争机制、建设企业化政府目标的管理主义精神，90年代兴起的治理理论虽然也主张公共品供给的多元主体秩序，但更侧重公民责任和民主化参与价值。

具体而言，根据排他性与竞争性两个维度，可以将任何物品划分为四个象限理想类型，即个人物品、可收费的俱乐部产品、共用池塘

第四章 社区权威的生成与公共事务的再分类

资源以及纯集体物品。[①] 由此，公共产品被进一步区分为公共品（纯集体物品）和准公共品（可收费的俱乐部产品和共用池塘资源两类），只有纯集体物品应由政府提供。由于假设人的有限理性和机会主义行为，在不支付成本就可以享受到收益时人们就倾向于搭便车，市场机制就会失灵，因此公共品供给应该由政府通过强制性征税的方式来提供。而在公共选择理论提出公共品的提供者与生产者角色可分离性后，即使纯公共品的供给，也可以一方面由政府来安排公共品的提供（即形成关于公共品提供的数量以及质量标准的决策安排），另一方面公共品的生产则可以通过合同制等准市场的方式外包给其他地方政府、私人部门或第三部门负责。换而言之，公共品的生产是一种物理过程，公共品的安排则是一个政治过程，形成的是公共品的提供者、生产者和消费者之间的三角关系。因此，公共品提供者与生产者角色可分离性概念提出后，即使在纯公共品领域，也可以实现政府、市场与社会的多中心合作治理秩序。

然而，这里需要注意的是要对公共品供给的责任机制和生产机制做出区分，这是国内学界在借鉴西方公共管理理论和治理理论时所忽视的。所谓的责任机制是指在公共品供给中国家与公民之间的责任划分，即属于国家的公共责任还是公民的责任。而所谓的生产机制是指在属于国家公共责任的前提下，公共品的生产是采取行政机制、市场机制还是自治机制。民营化大师萨瓦斯指出了物品性质的可转化性特征，并提出了"福利物品"的重要概念。[②] 随着社会和国家能力的变化，原本具有排他性的私人物品和可收费物品，也可以经由社会选择转化为集体物品或共用资源，即由政府利用集体资源提供某些个人物品或可收费物品——"福利物品"。因此，从公共品供给的责任机制上看，国家与社会之间的责任边界是会发生位移的。萨瓦斯进一步指出："越来越多的个人和可收费物品被确定为'福利物品'，并被用作集体物品或共用资源。实际上美国政府的增长主要表现在福利物品

[①] [美] 萨瓦斯：《民营化与公私部门的伙伴关系》，周志忍等译，中国人民大学出版社 2002 年版，第 45—56 页。
[②] 同上书，第 59—62 页。

的大幅度增长，这些物品现在至少占了联邦政府总开支的57%，与1962年的27%形成鲜明对比。"①

面对福利国家的危机，美国社会陷入新自由主义和保守主义的意识形态争论。自由主义主张降低税收、削减福利和国家的后退，而保守主义则提出应该继续提高税收，加强国家干预，改善社会不平等和贫富差距，两方针锋相对而陷入僵局。此时，新公共管理理论提出第三条道路，希望在不大幅度削减福利的同时降低税收，通过改革政府提供公共品的生产机制，以提高行政效率和降低行政成本，从而减少公共开支。因此，新公共管理理论中内含了一强一弱两个机制，强机制是指改革公共品供给的生产机制，即在不改变国家公共责任的前提下，在公共品的具体生产过程中引入私人部门或第三部门等多元主体；弱机制则是指改革公共品供给的责任机制，主要表现为福利物品的削减，将部分由国家承担的福利物品的责任重新归位给公民。然而，我国学界在引入该理论时强调的只是改革公共品的生产机制，"有意"忽视责任机制。典型的表现就是强调公共服务生产的民营化，即政府通过公共服务外包等方式建立政社合作治理关系。②

新公共管理理论以效率为中心，强调改革公共品供给的生产机制，主张在政府中引入市场竞争机制，用企业管理方式与企业家精神改革政府，重塑企业化政府。③但是这也被登哈特夫妇、彼得斯等代表的新公共服务理论批判为管理中心主义，即仍然强调的是政府试图"控制"和"掌握"社会，而非鼓励公民参与治理。④治理理论则试图融合以上分歧，除了治理的效率追求外，更多体现了治理价值的追求，希望通过更多的公民参与，进而实现公共利益。地方治理的发展

---

① [美]萨瓦斯：《民营化与公私部门的伙伴关系》，周志忍等译，中国人民大学出版社2002年版，第63—64页。
② 敬乂嘉著：《合作治理——再造公共服务的逻辑》，天津人民出版社2009年版，第18页。
③ [美]戴维·奥斯本、特德·盖布勒：《改革政府：企业家精神如何改革着公共部门》，周敦仁等译，上海译文出版社2006年版。
④ [美]珍妮特·V.登哈特、罗伯特·登哈特：《新公共服务——服务，而不是掌舵》，丁煌译，中国人民大学出版社2010年版；[美]盖伊·彼得斯：《政府未来的治理模式》，吴爱明、夏宏图译，中国人民大学出版社2013年版。

需要分权结构的支撑,除了中央和地方之间实行纵向分权格局外,更加注重政府与社会的分权关系,强调地方公共事务的治理主体不仅仅是传统的地方政府,还包括其他横向政府部门、私人部门、第三部门和市民,从而寻求国家、市场与社会之间的多中心合作。[①] 那么,治理理论其实更加强调改革公共品供给的责任机制,试图打破政府在公共品供给上的单中心垄断地位,主张向市民社会赋权和公民参与的责任,偏爱自组织的社会治理机制,因此治理理论也被批评为"社会中心论"。

二 行政、服务与自治三分法的改革逻辑与谬误

我国自社区建设运动后,以居民自治为目标先后推动几轮社区治理体结构改革,实质上便是以新公共管理和多中心治理理论为行动指南的,以推进社区治理体制改革转型。具体而言,首先是通过对社区公共事务的职能分类,将之细分为行政、服务与自治事务等三类不同的职能。如卢爱国将社区行政管理、行政执法以及公共信息采集事务视为需要采取行政机制的社区行政事务,将特殊群体服务(计生、低保、残疾人、优抚、老年人服务等)、市政服务(社区水、电、气、通信等)和物业服务视为可以采取准市场机制的社区公共服务事务,而将社区法定组织事务和邻里互助事务视为采取自治机制的社区自治事务。[②] 我国社区居委会实际上行政、服务和自治三类事务都负责,常被学界批判社区居委会的大包大揽和过度行政化。繁重的行政与服务事务,严重挤压了社区居委会的自治角色,更有学者认为社区居委会成为新中国在城市基层政权建设中纯粹的国家代理人角色。[③] 社区居委会糅合了行政、自治和服务功能的混合治理形态,也被认为是社区一元化治理结构。

[①] 王诗宗:《治理理论及其中国适用性——基于公共行政学的视角》,博士学位论文,浙江大学,2009年,第99—100页。
[②] 卢爱国:《使社区和谐起来:社区公共事务分类治理》,博士学位论文,华中师范大学,2008年,第144—187页。
[③] 郭圣莉、刘晓亮:《转型社会的制度变革:上海城市管理与社区治理体制构建》,华东理工大学出版社2013年版。

"找回"城市与"祛魅"的居民自治

在国家与社会分权的多中心治理理论的指导下，学界根据公共品的属性特征，将我国社区公共事务细分为行政、服务与自治三类。在对社区公共事务的职能进行分类基础上，进而主张针对不同事务分别采取行政、市场与自治机制，明晰不同组织间的功能权力边界，以实现"让行政的归行政、让服务的归服务、让自治的归自治"的社区多元治理结构。具体而言，就是打破社区居委会集行政、服务与自治功能于一身的混合性治理格局，将行政和服务职能从居委会中剥离，让社区居委会回归居民自治的功能，同时将行政性事务收归政府采取行政机制生产，而社区服务性事务则通过契约外包的方式采取准市场机制。由此，便可打破社区公共事务中居委会的"垄断者"角色，实现政府、居委会、社会组织等多中心治理，以期实现社区一元化权力结构向多元化权力结构的转变。深圳市在"行政、自治与服务"的三分法分类治理理念的指导下，社区治理体制改革是比较彻底的，即将行政和服务职能从居委会中剥离，通过在社区增设社区工作站专门承接行政事务，成立社区服务中心并将社区公共服务通过契约外包的方式交由专业社工机构来运营，社区居委会回归居民自治功能，塑造了社区多元化治理结构。

然而，多元化的社区治理结构转型并没有取得理论预期的效果，反而造成社区居委会的边缘化和空心化，社区工作站同样面临过度行政化难题，社区治理组织的膨胀与复杂化，带来交易成本与行政成本的大幅上升。因此，近年来深圳市的社区治理体制改革有向一元化治理复归的趋势。其原因为基于美国的政治行政体制、经济发展阶段以及社会危机应对经验而提出的理论方案，以直接"拿来主义"的方式指导我国的社区治理改革将出现诸多错位。首先表现为宏观与微观之间的错位。新公共管理理论和治理理论关于公共品供给的多元主体秩序论述是基于宏观上的提炼，而国内学界则直接援套用到社区微观事务上，不免出现对社区公共事务属性的认识错位和对社区公共事务分类的不精准，需要重构社区公共事务的分类体系。

其次，公共品供给的责任机制和生产机制的错位。一方面，社区服务生产机制的改革，只有增量服务，没有减量服务，如社区公共服务外包的，一般是政府向居民提供的新增服务，即萨瓦斯描述的"福利物品"的大量增加；另一方面，社区自治改革中公民责任机制的缺失。多中心治理理论主张的是国家向社会分权下的公民参与和社会自组织治理的责任，而我国社区建设是政府主导推动的改革，在面临大多数居民社区参与动力不足，以及居委会在社区治理中边缘化的后果后，城市政府又不断向居委会输送资源，做大做强居委会。因此，社区治理的责任在政府与社会之间，并没有向社会一端位移，在居民缺乏参与社区治理责任机制的同时，政府却还需要不断向其输送资源，进一步模糊了政府与公民之间的责任边界。

第二节 社区实践的逻辑：社区公共事务的具体内容与属性特征

按照行政、服务与自治的三分法对社区公共事务的职能分类，明晰组织间的治理边界，将行政和服务职能从居委会中剥离出去，为什么无法实现预期的居民自治，反而出现居委会在社区治理中的边缘化？本小节在对实践中社区公共事务的内容以及特征进行分析的基础上，提出社区行政、服务和自治事务间的边界模糊交叉模式进行解释，以与主流三分法下的社区行政、服务与自治事务间的边界清晰分离模式相对。其强调的是社区公共事务中行政、服务与自治职能的交叉重叠性，即无法"分得清"的一面，将社区行政、服务事务从居委会自治职能中剥离，反倒使得居委会陷入"无事可做"的尴尬境地。

一 社区公共事务具体内容的耙梳

学界对于公共事务并没有统一的概念界定，公共行政学一般将政府负责的工作领域视为公共事务。[1] 以行政主体身份来界定公共事务，这属于狭义的定义法，无法指导认识社区事务。因此，本文将采用广义的定义法，将外部性超越于私人领域的社区事务均视为社区公共事务。社区公共事务实质上也是人民及其公共性问题，即前文提出的城

---

[1] 陈振明：《理解公共事务》，北京大学出版社2007年版。

市公共物品与服务供应的范畴。对社区公共事务内在属性的认识与分类探讨，目标是寻求采取何种治理结构和供给机制，以更加低成本、高效率和高质量地满足城市居民的公共品需求。下面先来看看实践中我国社区主要有哪些公共事务。

《居民委员会组织法》第二条规定："居民委员会是居民自我管理、自我教育、自我服务的基层群众性自治组织"的性质。同时第三条中规定了居民委员会的任务：（一）宣传宪法、法律、法规和国家的政策，维护居民的合法权益，教育居民履行依法应尽的义务，爱护公共财产，开展多种形式的社会主义精神文明建设活动；（二）办理本居住地区居民的公共事务和公益事业；（三）调解民间纠纷；（四）协助维护社会治安；（五）协助人民政府或者它的派出机关做好与居民利益有关的公共卫生、计划生育、优抚救济、青少年教育等项工作；（六）向人民政府或者它的派出机关反映居民的意见、要求和提出建议。社区居委会作为法定群众性自治组织，和其他一般民间组织相比较，具有法定性、权威性和唯一性的官方身份。《居民委员会组织法》是居委会履职的主要依据，以上六项职责发挥的功能可以分为三类：政治功能、协助行政和自治功能。

正是由于居委会具有法定协助行政执行的职责，才构成了政府职能社区化的重要法律依据。由于法定的协助行政执行条款是一个弹性化条款，在实践中具有边界模糊的特征，许多城市社区治理改革中以"社区准入制"为核心的"行政契约规范式的社区减负"模式面临的困难也在于此。因为需要居委会协助的行政任务是否与居民利益有关，弹性较大，也比较模糊，实践中难以标准化，没有直接关系，或许有间接关系。[1] 这也是实践中居委会协助执行行政事务的范围难以清晰界定和严格履行的制度性成因。比如，笔者在上海调查时，由于举办世博会城市景观美化的需要，主要街道两侧的住宅实施统一粉刷外墙、安装窗户和空调移机等任务，在一定时限内居委会要完成动员居民签字同意的任务。再如，杭州为了举办G20峰会，社区居委会承担了诸如排查流动人口、瓶装煤气、空置房等许多行政任务。那么，

---

[1] 王德福：《"社区自治"辨析与反思》，《云南行政学院学报》2017年第2期。

这些工作是否与居民利益有关呢？是否属于社区居委会承担的法定协助行政执行职能呢？类似的情况很多。

经过梳理统计，社区承担的工作事务中有51大项340小项具体行政任务，向上对接52个行政职能局。[①] 由于我国城市社区两委基本上都是交叉任职的，社区党总支书记和居委会主任一肩挑，所以社区行政事务中也就包含了党建工作。社区承担的300多项行政事务中，大体上可以分为四类。其一，政治任务类事务，主要包括社区党组织建设，如发展新党员、党员民主生活会、收缴党费、失联党员排查、两新组织的党组织建设、各类特色主题党日活动、两学一做、党风廉政建设等，以及以中心工作为表现形式的政治任务，如八九十年代的计划生育工作、创建全国卫生城市、创建全国文明城、为迎接北京奥运会、上海世博会、广州亚运会、杭州G20峰会涉及的社区工作等。

其二，行政管理类事务，包括社会管理类、执法类以及公共信息采集统计等，主要对应的是区政府职能部门，具体有综治维稳信访、城管、消防安全、流动人口管理等，以及各类基础信息采集和统计，如计划生育与育龄妇女信息、人口普查、经济普查等。此类进社区的行政职能往往是被一线社区工作者抱怨最多，也是被学界诟病较多的。因为此类行政管理职能，基本上都涉及专业行政执法部门或专业统计部门，社区一线工作者认为自己没有执法权力，也缺乏执法专业技术、资源与能力，却要承担管理责任，还要被相应的职能部门考核和签订目标责任书，出了事还要被问责。

其三，公共服务类事务，包括基础行政性服务、市政服务、社会化服务和物业管理服务等。行政性服务，主要包括计划生育、社保、低保、劳动保障、失业人员再就业、残疾人、办理老年证等民生类服务。市政服务，主要指社区内居民用水、电、气、电信、网络等服务，一般情况下这些服务是采取特许经营的方式由国企市政公司提供经营服务，但是遇到矛盾或基础设施改造时，需要社区两委组织参与协调，如很多老旧小区的二次供水改造。社会化服务，主要指一些比

---

① 张雪霖、王德福：《社区居委会去行政化改革的悖论及其原因探析》，《北京行政学院学报》2016年第1期。

较专业和技术密集型服务，如残疾人康复、问题儿童矫正、四点半课堂等。物业管理服务，对于有专业物业公司或业主自治类物业管理的商品房小区，社区居委会的职责主要是指导和监督业委会的成立和运行，协调业主、业委会与物业公司之间的关系，以提供良好的小区生活环境；而对于物业公司弃管或自治失灵的老旧社区而言，居委会还要承担行政兜底的物业管理服务，如环境卫生、各种跑冒滴漏的维修等。

其四，社区自治事务，包括社区各类法定组织事务、组织民意表达、纠纷调解、培育社区社会组织、开展居民文体活动、邻里互助事务以及规模小于社区的微自治事务等。其中社区各类法定组织事务主要是指社区两委换届选举、组织居民代表会议民主协商、指导业委会的成立等。培育社区社会组织，主要包括：（1）各种居民文体组织，如舞蹈队、合唱队、读报组、太极爱好者协会、乒乓球协会、书画组等；（2）志愿公益组织，如治安巡逻队、垃圾分类宣传队、长者生日会等；（3）老年人协会和妇女协会等群团组织。规模小于社区的微自治事务主要包括小区业主自治、楼栋自治、单元自治等。

由于西方的公共行政理论独立于政治科学，所以新公共管理理论和治理理论都是没有党派政治的位置，而且美国地方政府的行政制度设计也是有意淡化党派政治的影响。因此，用西方理论来指导解释我国社区治理经验，就容易忽视我国一党执政体制下社区居委会的政治功能和政治属性。居委会是中华人民共和国成立后在城市社会发育起来的基层组织，属于国家在城市的基层政权建设构成部分，诞生之初就具有政治属性。[1] 在我国，政治任务的传导，在一定程度上是可以超越法定职能的，突破程序主义法治的限制。[2] 这也是社区治理改革中第三轮"行政契约规范"模式下，虽然在区政府职能部门、街道办事处和社区之间分别制定了权责清单和负面清单，并设立社区准入制，但是运行一段时间后仍然不断有行政任务通过政治行政体制最终

---

[1] 张济顺：《上海里弄：基层政治动员与国家社会一体化走向（1950—1955）》，《中国社会科学》2004年第2期。

[2] 王德福：《"社区自治"辨析与反思》，《云南行政学院学报》2017年第2期。

向下渗漏到社区的原因。

二 社区公共事务的属性特征

在对社区公共事务内容进行具体耙梳后，不难看出行政管理、公共服务和社区自治事务之间有交叉和重叠，并没有泾渭分明的清晰边界，自然就不能简单地按照所谓的行政、服务和自治三分法，进行社区治理主体的分类和组织的变革，进而相应地采取行政、市场和自治机制。通过以上对社区公共事务内容的具体列举，下面进一步对我国社区公共事务的属性及其特征进行概括总结。

（一）人和事的分离与并存

我国城市社区一般是由至少一个或若干个住宅小区构成的。第三章分析了城市实质社区形成的是开放而流动的经济结构与社会关系结构，血缘关系脱嵌于地缘关系。英国历史法学家梅因认为一切进步的运动都是从身份走向契约。[①] 相较于传统农村以及村改居等形式社区下血缘关系在地缘上的投射，形成的是传统的身份社会。那么，可自由选择进入和退出的城市社区内居民间结合而成的关系实质上是现代契约社会，小区业主自治制度也是以契约社会为根基而设计的。对于小区居民而言，宜居的小区生活环境是最为主要的需求，也是与每一个居民息息相关的，其中良好的物业管理服务就非常关键。

物业管理是小区业主基于建筑物区分所有权对小区物业的共同管理，物业管理制度的调整对象主要在于区分所有人内部，其本质是业主之间的关系而不是业主与物业服务企业之间的关系。[②] 物业管理对于小区全体业主而言，属于住宅小区范围内的集体物品。《物业管理条例》第二条将物业管理界定为业主通过选聘物业服务企业，由业主和物业服务企业按照物业服务合同约定，对房屋及配套的设施设备和相关场地进行维修、养护、管理，维护物业管理区域内的环境卫生和相关秩序的活动，是不太准确的。因为其混淆具有集体物品性质的物业管理的责任机制与生产机制。小区物业管理的责任是由全体业主共

---

① ［英］亨利·梅因：《古代法》，郭亮译，法律出版社2016年版。
② 傅鼎生：《物权原理与物业管理》，《政治与法律》2004年第6期。

同负担的，物业管理的成本也是由全体业主按照房屋面积分摊的。而小区全体业主选聘物业服务企业提供物业管理服务，只是选择了契约外包第三方的生产机制。

为了达成良好宜居的公共生活秩序，小区全体业主通过自由协商以缔结《业主公约》《业主委员会议事章程》来确立业主的权利与义务关系，以及议事规则，以实现对小区的共同管理。《业主公约》是现代契约社会下小区业主之间基于同意权签订的社会性契约。[①] 具体到物业管理的生产机制，则有业主自管和契约外包给专业物业公司两类。由于物业管理服务具有一定的专业性，绝大多数小区都是采取契约外包模式，即《物业管理条例》所界定的通过业主选聘物业服务企业，由业主和物业服务企业签订物业服务合同，提供小区物业管理服务。其中全体业主是物业管理的提供者和消费者，物业企业则是物业管理的生产者，物业企业经过全体业主的委托授权按照《物业服务合同》和《业主公约》对小区提供物业管理服务。

城市住宅小区的物业管理，既包括对事或物的管理，也包括对人的管理。物业公司在提供物业服务中最困难的就是对人的管理，这也是物业矛盾的焦点，具体以物业公司收费难与物业服务质量下降之间的恶性循环为表征。由于对物的管理，涉及的只是人与物之间的关系，相对比较简单。而对人的管理，表面上是物业公司对小区业主（居民）行为的管理，实际上是获得委托授权的物业公司执行全体业主的集体意志，对小区越轨行为的发现和处理，其背后的本质是小区人与人之间利益关系的调整与分配。这主要体现为两个方面。一是关于人的行为的外部性管理。我国城市小区绝大多数是集合式住宅小区，居住密度比较高，人与人之间的交互性强，人的行为容易产生外部性，如在室内弹钢琴影响到周边邻居的休息、宠物狗狂吠而产生的噪声、小区内跳广场舞扰民等。

二是关于小区内公共空间利益的分配。由于我国商品房住宅小区的建筑物区分所有权是由专有权、共有权和成员权三部分构成的，除

[①] 仇叶：《住宅小区物业管理纠纷的根源——基于合同治理结构变形与约束软化视角的解读》，《城市问题》2016年第1期。

了个人房门以内的专有部分外的其余部分属于全体业主共同所有，包括走廊、楼道、屋顶、小区内道路、绿化等。①但是现在小区管理中比较棘手的治理难题就是私人业主违规侵占公共空间，如各类私搭乱建、屋顶种菜、毁绿种菜、楼道堆积物等。因此，在城市陌生人社区产生的纠纷，主要是涉及人与人之间具体利益关系的调整与分配，而不像乡村社会那样涉及更深层次的社会关系的修复与协调。换而言之，城市社区居民之间的矛盾往往是对事不对人，人和事是分离的，只要把事的问题解决即可；而乡村社会农民之间的矛盾往往对事是表象，对事背后是对人，人和事是合一的，只有通过调整和修复更为深层的人与人之间的关系，才能更好地解决事的问题。

（二）行政、服务与自治事务的边界模糊与职能交叉

在社区公共事务中，行政管理事务、公共服务事务并不必然与社区自治相冲突，良好有序的社区自治是以有效的行政介入为基础。由于社区业主自治是以同意权力为基础而签订的社会性契约规范，但是遇到不遵守自治性规范的机会主义行为，在社会性制裁无效的情形下，只有求助于司法救济或行政救济。

具体而言，少数业主违反自治性规范的行为，大致存在两种情形：一种类型为违背自治公约的同时也违背了强制性法律规范，如违建、违规室内装修、改变房屋结构、违规养宠等行为，在业主自治劝阻无效的情况下，这时可以上报相关行政执法部门或起诉至人民法院，援引公力救济。业主委员会和物业公司只有劝阻和制止的义务，没有强制权，在合法的私力救济无效的情况下，只能援引公力救济。

然而，我国的司法救济并不彻底，在《物权法》出台前，业主委员会尚具有诉讼主体资格，在《物权法》出台后，对于违反业主公约侵害公共利益的行为，业主委员会只有《民法通则》规定的救济权利，即停止侵害、消除危险、排除妨害、赔偿损失，但没有明确的诉讼权利，因为业主委员会不是独立法人，不具有诉讼主体资格。针

---

① 陈华彬：《论建筑物区分所有权的构成——兼议〈物权法〉第70条的规定》，《清华法学》2008年第2期；陈华彬：《论建筑物区分所有权的概念》，《法治研究》2010年第7期。

对上述行为，业主个人可以提起侵权之诉。[①] 不过在司法实践中，不同地方采取的做法不同，如江苏省就确认了业委会的诉讼权利，江苏省高级人民法院出台了《关于审理物业服务合同纠纷案件若干问题的意见》（2009年9月29日苏高法审委〔2009〕36号），其中第十四条："为维护全体业主的利益，业主委员会具有诉讼主体资格。"也有的地方法院则采取折中做法，认为业委会具有作为原告的诉讼主体资格，但是没有作为被告的诉讼主体资格。

针对上述行为，物业公司具有基于合同义务进行告知和制止业主违约和违法行为。在劝阻无效的情况下，物业公司可以选择上报相关行政执法部门，或起诉到人民法院申请强制执行，援引公力救济。这里还涉及另外一个责任主体——社区居委会，由于上述行为不仅仅属于业主自治性约定行为，还同时涉及违反强制性法律规范，而居委会具有宣传我国法律、政策，以及协助相关政府部门履职的法定责任，那么居委会对上述违反强制性法律规范的行为具有告知、宣传教育、制止以及上报的义务。那么，在业主自治性事务上，业委会、物业公司、居委会、行政职能部门以及法院等各类主体具有不同的治理责任，需要各司其职，行政和自治并不必然是对立式关系。虽然社区各类相关利益主体的权利义务关系较容易界定，但是能否实现有效治理，还仰赖于各类主体的治理动力与治理责任，以及各类主体之间的相互支持与衔接。对于发生在住宅小区内部违反强制性法律规范的行为，相较于发生在街头空间内的违法行为而言，具有行政职能部门不易进入和发现的隐蔽性特征，因此也就更需要社区内居委会、物业公司和业委会等治理主体及时发现、劝阻和上报。

另外一种情形为无强制性法律规范而可由业主自治约定的行为，比如居民是否可以封闭阳台、安装防盗网、太阳能热水器、空调挂机、外立面式样等涉及整体美观的行为。此类容易产生外部性的行为管理，国家赋权给业主自治，可以通过民主协商程序进行表决是否同

[①]《物权法》第八十三条规定："业主大会和业委员会，对任意弃置垃圾、排放污染物或者噪声、违反规定饲养动物、违章搭建、侵占通道、拒付物业费等损害他人合法权益的行为，有权依照法律、法规以及管理规约，要求行为人停止侵害、消除危险、排除妨害、赔偿损失。业主对侵害自己合法权益的行为，可以依法向人民法院提起诉讼。"

第四章 社区权威的生成与公共事务的再分类

意,写进《业主公约》。如果《业主公约》对上述行为做了规范,且通过民主程序由全体业主表决通过,《业主公约》就具有法律效力。那么,遇到违反上述规范的行为,业委会和物业公司根据《业主公约》进行管理。由于业主自治属于私法自治领域,物业公司和业委会在进行管理的过程中遇到不配合的,法律上只规定了司法救济途径。

但是,司法救济的成本比较高,而且对抗性比较强,容易激化业主和物业公司之间的矛盾。对于此类行为,社区居委会和相关政府部门有什么责任?是否需要协助业委会和物业公司履行自治职能?法定义务还是可选择义务?这个没有明确的法律规定。所以实践中不同社区的治理效能存在很大差异,有的居委会存在卸责的倾向,凡是涉及物业公司的责任范围,就推脱不管;有的居委会则会积极协助调解矛盾,给予物业公司和业委会支持,形成社区治理的合力,从而取得了较好的治理绩效。因此,社区居委会和物业公司、业委会之间的关系边界具有模糊性和职能交叉性。

社区的许多行政管理事务,和社区自治事务之间的边界并非泾渭分明,两者之间存在对居民行为约束管理的交融性,实质上均属于居民由内生需求的社区公共品。在国家垄断合法性暴力的现代民族国家,有效的行政介入是对社区自治的支持。[①] 社区公共服务的内容具有多元性,包括行政性服务、社会化服务、物业服务、市政服务等。同样,社区公共服务事务和社区自治事务也没有清晰的边界,也存在诸多重叠性领域。前面提到物业管理对于住宅小区居民而言为公共品,供给的责任机制为小区全体居民,为社区自治领域,采取市场机制外包给物业公司只是公共品的生产机制。市政服务是采取使用者付费的准市场机制,由政府特许经营的市政公司来负责生产,但是社区居委会也要负责协调市政服务生产使用过程中出现的矛盾,以及基础设施的改造。

而行政性服务中与社区自治事务也有很多交叉地带,如开展社区文体活动以满足居民的精神文化需求,政府相关部门也会向社区

[①] 叶敏:《社区自治能力培育中的国家介入——以上海嘉定外冈镇"老大人"社区自治创新为例》,《南京农业大学学报》(社会科学版)2015年第15卷第3期。

下达相应的行政任务，同时这也是社区自治的内容。以深圳市为例，深圳市由于推行了社区居站分离改革，由新设的社区工作站专门承接行政事务，居委会则回归社区自治功能，在重要节日举办文艺活动时，常常出现社区工作站和社区居委会各自开展的重复性活动。而由于活动对象是相同的，实践中就会形成资源的竞争，只能开展覆盖范围有限的小型活动。因此，社区公共事务中行政、服务和自治职能之间就不是边界清晰的三分法，而是边界模糊和职能交叉的模式（如图4-1、图4-2）。

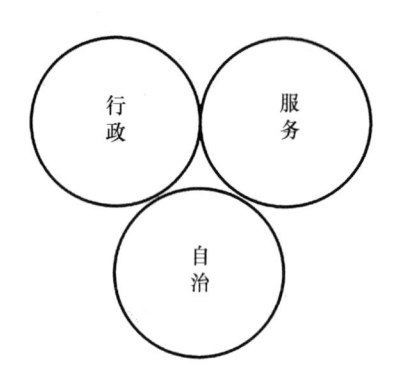

图4-1 行政、服务与自治的边界清晰模式

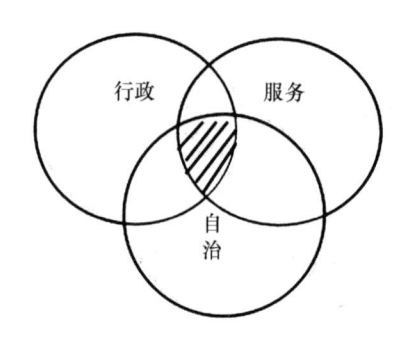

图4-2 行政、服务与自治的边界交叉模式

在行政、服务和自治职能间边界清晰模式下，根据公共品的属性采取不同的供给机制，就可以直接地对应采取行政机制（政府责任、

科层制生产）、准市场机制（政府责任、服务外包生产）和自治机制（居民责任、自治生产）。但由于没有区分公共品供给的责任机制和生产机制，行政、服务和自治间边界清晰的三分法，是对我国社区公共事务的不恰当分类。实际上，我国社区公共事务具有模糊性、混合性和综合性特征，行政、服务和自治职能之间边界相对模糊，存在职能交叉和重叠领域，那么在微观的社区层级内也就不适宜采取实体性分权的治理机制。

（三）公共事务在不同社区的非均质化分配

虽然以上社区公共事务是统一性的，但是由于社区社会基础的差异，致使社区公共事务在不同社区呈现非均质化分配状态，最典型的表现为老旧社区和商品房社区。笔者到老旧社区和商品房社区调研时有直观的感受，老旧社区居委会办公室熙熙攘攘很是"热闹"，来找居委会的居民比较多，而在商品房社区居委会访谈时，则比较安静，常常一个上午都没有一个居民来访。自20世纪90年代末推行住房制度商品化改革后，住宅小区物业管理的责任也随之转移到房产所有人，倡导引进市场化的专业物业公司管理。由市场对城市住房进行资源配置，在阶层分化的社会结构下，便会出现居住的分层，形成高端住宅社区、中端住宅社区和低端住宅区的分化。不同档次的社区聚集着不同的居民群体，根本差异在于支付能力的分化。

老旧社区属于城市的中低端住宅社区，商品房社区大多属于中高档住宅社区。老旧社区的居委会干部比较忙，也是抱怨社区工作负担过重的主要类型，而商品房社区的居委会干部则相对比较清闲，日常性工作事务并不算多，因为很多和居民生活相关的事务都由物业公司分担了。两者工作事务产生那么大差异的主要变量为有无专业物业管理、老年人数量和困难人口数量。老旧社区一般是物业弃管和业主自治失灵型社区，小区居民对物业管理的需求只有通过社区居委会提供行政兜底型服务。同时，老旧社区的老龄化严重，老年人口数量大，相应的对于老年人提供的服务就多，第三章我们从社区参与的生命历程U型曲线知道，老年人退休后开始回归社区生活，对社区生活的需求和对社区居委会的依赖性回升。此外，老旧社区的城市贫困人口偏

127

多，因此相应的低保评定、社会救助、失业人员再就业等民生事务也较多，而商品房社区往往一个低保户都没有，那社区工作相应就少很多。

  案例4—1：武汉市洪山区GS街道ZHC社区下辖3个商品房小区，总共有2000多户，约8000人，党员有40多人，无低保户。下辖的3个商品房小区均属于中档住宅小区，都聘请有专业化的物业公司提供物业服务。而GS街道下辖的HD社区则是一个单位房改房老旧社区，属于开放式低档住宅小区，没有物业公司，总共1000多户，3000多个居民，党员有300个，低保户26户，低保边缘户（困难户，但尚未达到低保条件）有60多户。不同社区的社区工作者岗位设置是一样的，即社区两委＋专干。即使ZHC社区没有低保户，同样也统一设置低保专干岗位，只是平时兼做其他条线工作。相较之下，HD社区虽然管辖人口不及ZHC社区，但是几乎所有同类工作的工作量都要多于ZHC社区，如党建、社会救助、高龄补贴、老年人工作以及大城管环境卫生检查工作等。[①]

  相较于新商品房社区，老旧社区占据社区干部工作精力比较多的事务主要为小区物业管理、困难人群帮扶以及老龄工作。前面我们分析住宅小区的物业管理本质上是全体业主基于建筑物区分所有权而产生的共同管理，责任机制属于全体业主。但是老旧社区的居住人群以城市中下层相对贫困户（a类）、老年人（b类）和城市过渡群体（c_1类为少数城市买房过渡者、c_2类为租房过渡者）三大类居住为主，他们对小区物业服务质量的支付意愿和支付能力都不足，再加上许多老旧社区属于开放式社区，从物理条件上由于没有围墙而难以将外部性内部化。所以，没有利润空间市场化的专业物业公司不愿意进驻或物业公司弃管，同时也难以组建成立业主委员会实行业主自管，在市场机制和自治机制都失灵的情况下，行政力量介入为老旧社区提供行政兜底式物业管理服务。物业管理的责任机制由完全由居民支付向国家部分转移，实质上这是国家发挥再分配功能的体现，为城市居

[①] 参见访谈记录，武汉市洪山区GS街道ZHC社区2016年8月24日下午、8月29日上午；HD社区2016年9月9日上午、下午。

民提供统一的基础性保障服务。

关于行政兜底型物业管理服务生产机制，许多城市也在不断探索中，目前大致有以下四种：一是传统的社区居委会生产模式，即主要由社区居委会负责向居民收取卫生费和治安费，并聘请清洁工和保安等提供保洁、治安、停车管理等基本的物业服务；二是社会组织模式，以杭州市上城区的准物业管理模式为代表，2012年在街道成立"邻里服务中心"，在民政局注册为民办非企业性质的社会组织，各社区相应成立准物业管理处，由社区两委成员和临聘人员组成，象征性地向居民收取准物业费0.15元/平方米（可根据成本变动上浮20%），并提供保洁、保序、保安、保修和保绿等"五保"式物业服务，物业成本缺口由政府财政兜底；① 三是企业模式，以武汉"红色物业"为代表，即在区政府层级注册成立一家物业公司，为全区无物管的老旧小区提供低偿的物业服务；四是市场外包模式，以佛山禅城区街道服务外包为代表，以前佛山市是采取第一种传统的社区居委会生产模式，2015年街道办事处开始将市政环卫服务外包给保洁公司，同时把无物业公司管理的老旧社区的物业管理责任一并承揽过来，均交由外包的保洁公司负责。

前面三种模式是政府和居民共同承担责任，居民为主体责任，政府履行再分配的兜底责任，而第四种模式则是政府独揽了老旧社区的物业管理责任。前面两种模式都需要社区居委会参与具体的物业服务生产，这部分细小琐碎的物业服务事务则占据了社区干部的很多精力，社区工作量就比较大，社区干部也就比较忙。而后面两种模式由于有专业物业公司负责，社区居委会则从具体的物业服务生产过程中解放出来，社区工作量就要减少很多。同样为老旧社区，不同的城市社区公共事务工作量也是存在很大差异的。社区公共事务在不同的社区非均质化分配，除了老旧社区和新商品房社区之间的差异外，同类社区之间也可能存在差异，如社区辖区单位的多寡、三小场所的多寡，社区工作对象和工作事务的重点也是不同的。

---

① 参见访谈记录，杭州市上城区ZY街道邻里服务中心王主任2016年7月18日下午。

第三节　社区权威的生成：行政、服务与自治之间的关系

针对为何将行政和服务职能从居委会剥离后，居委会没有实现预期的自治，反倒在社区治理中边缘化？上一节从社区行政、服务和自治事务的内容维度，分析了居委会去行政化后而陷入"无事可做"的境地。本小节进一步从社区行政、服务和自治事务之间的关系维度，来分析居委会去行政化后将陷入"无能做事"的困境。

一　社区权威的来源：形式权威与实质权威

去行政化后的居委会在社区治理中的边缘化状态，说明无法获得群众的认可和信服，在群众中没有威望。那么，我国社区基层组织权威的来源是什么？按照民主政治理论，社区基层组织主要有两种权力来源机制：一是自上而下的行政性授权，即社区居委会干部是行政委任产生的；二是自下而上的民主选举性授权，即社区居委会干部是由居民投票选举产生的。权力来源背后是向谁负责的问题，行政性授权由于被认为是向上对政府负责而被批判，而自下而上的民主选举性授权，则会形成向下对选民负责而被推崇。[①] 从20世纪90年代末开始，城市社区和乡村村庄掀起了民主选举与基层民主建设的热潮。很多城市社区也试点居委会直选改革，将行政性授权转变为民主选举性授权机制，以期实现居民自治。大部分城市社区在实践中则采取的是一种混合型授权，即融合了行政性授权和选举性授权两种机制，一般社区居委会干部是由街道提名，但是由居民选举通过，也常常被认为是"走个形式"。但是在我国社区治理实践中，行政性授权和民主性授权都无法自动产生群众认可和信服的权威。

刘迟借鉴韦伯对形式理性与实质理性的区分，将社区权威划分形式权威和实质权威，与笔者的想法不谋而合，下面就同样借用这一对

---

① 张静：《基层政权：乡村制度诸问题》（增订本），上海人民出版社2007年版。

概念来进行分析。① 这里的形式权威指社区基层组织是获得相关法律和制度认可而具有特定的合法性身份,实际上是一种制度化权威,如社区居委会的地位被写进《居民委员会组织法》和《宪法》,且有一系列民主选举制度设置。实质权威指的则是社区基层组织获得大多数居民群众的认可与信服,从对制度的遵从而转化为对社区基层组织的主观认同与信服。形式权威是社区基层组织获得合法性身份的标志,但是形式权威要过渡到实质权威,尚需要一定的转化机制。不管是基于行政性授权、民主选举性授权还是混合性授权成立的社区居委会,在实践中都面临形式权威如何向实质权威转化的难题。社区去行政化改革后的居委会,虽然经由居民直选产生,但是在社区治理中处于边缘化状态,说明其在形式权威向实质权威转化的失败,并未获得群众的认可。同样,未经去行政化改革的城市大多数社区,采取同样的混合型授权来源机制,但是不同社区居委会获得群众认可度往往也是不一样的。这就需要进一步去探索社区实质权威的来源机制是什么,即形式权威向实质权威的转化机制有哪些?

二 拉近与群众的距离:嵌入在求助关系与陌生人社区结构上的治理

中国城市社区是一个相对的陌生人社区,第三章分析了中国人的求助关系是嵌入在"差序格局"式的社会关系结构中的,即将以自我为中心的社会关系分成自己人—熟人—陌生人的序列,求助关系一般不会随意发生在陌生人之间。同样,不管是民选的还是行政任命的社区居委会干部,在开展居民自治社区工作时都会面临"差序格局"式的社会关系结构。这给社区治理带来的挑战首先表现在,居民在和社区居委会干部不熟的情形下,遇到困难或需求就不会向居委会反映和请求帮助。有效的求助体系是社区工作的核心,而居民的"求"则是第一步,只有居民向社区居委会释放"求"的信号,社区干部接下来才能作出"助"的回应。那么,社区干部在获得了基层组织

---

① 刘迟:《基层社区组织权威生成的制度空间研究》,博士学位论文,上海大学,2009年。

的合法性身份或形式权威后,还需要积极拉近与群众的距离,将干群之间的陌生人关系转化为熟人关系,在与居民的社会交往与互动中,积累非正式资源,如感情、面子与人情等。在此基础上,社区居委会与居民群众之间应建立的是"鱼和水"的关系,而不应是"油和水"的关系。

新任组织要被居民接纳都需要一个过程,要比有一定工作经验的社区干部付出更多的努力。让居民了解和接受需要建立在时间和互动频率的基础上,这是获得居民认可的必然过程。社区干部主动深入群众,增加与居民交流的机会,更易获得居民的理解与支持。[①] 有经验的社区居委会干部也深知自己的权力是建立在居民信任的基础上的,政策的执行和工作的开展都需要获得居民的支持,因此有经验的社区干部会通过各种方法与居民密切互动,拉近与居民的距离。同样,从居民的角度去看,社区居委会干部与居民联系的紧密度和亲疏度,是能否获得居民认可和信任的基础。那么,对于社区基层组织而言,有哪些主要的方法来认识居民,拉近与居民的距离呢?

前面提到城市社区居民存在较强的个人隐私意识,这给社区工作带来很大的挑战,尤其是商品房社区。社区居委会干部与居民接触互动,以及获取居民信息,就有较高的成本。因此,对于有丰富社区工作经验的干部在实践中都会抓住一切可能的机会,主动与居民互动以建立联系。实践中,社区居委会干部认识居民的途径主要有如下几种。

一是入户家访。一般在组建新社区时,新成立的社区居委会干部会入户家访,一方面是登记采集居民的家户信息,对社区居民进行摸底;另一方面在入户的过程会向居民介绍新成立的居委会,认识居民并了解居民的需求。再如,杭州市上城区创新的社区网格化管理机制,除了社区"一把手"外,要求每个社区干部包一个网格,每个月至少入户走访网格内的30户居民,建立了制度化的干群联系机制,密切了干群关系。

二是公共信息采集入户。此类公共信息采集大致可以分为两类:

[①] 刘迟:《基层社区组织权威生成的制度空间研究》,博士学位论文,上海大学,2009年,第64—70页。

一类是针对特定群体的信息采集,如计生工作中的育龄妇女信息、低保困难群体信息、高龄老人信息等;一类是普遍性群体的信息采集,如人口普查、经济普查等。由于城市社区入户相对困难,入户机会比较宝贵,有经验的社区居委会干部在入户的过程中,除了完成需要采集信息的"规定动作"外,还会积极主动地利用机会实现一些"自选动作"。笔者在多个城市调研期间,多次跟随社区干部入户采集信息,发现一些比较有经验的较年长些的社区干部在入户时,除了采集需要完成的信息任务外,还会根据现场情境与居民套近乎,了解居民的需求,主动告知居民可能需要的一些相关政策与服务,或者居民也会趁社区干部上门的时候表达诉求或反映一些社区问题。而比较年轻无经验的干部,在入户采集信息与居民互动的过程中则相对生硬,往往只是为了完成任务。

案例4—2:在佛山市禅城区SWZ街道LH社区调研时,笔者有一次跟随社区干部陈姨入户采集计生工作中家庭人口信息变动情况,其中有一户刚生了二胎,需要登记在册,入户时女主人在家。在信息采集结束后,陈姨并没有立即走,登记时看到家里有老人在帮她带孩子,老大快到入学年龄,陈姨在逗孩子玩乐后,唠嗑问帮带孩子的是婆婆还是妈妈,有无办老年证,并主动告诉老年证办理、子女入学的政策。由于这些也正是她们所关心的,所以就聊得比较愉快。结束后,陈姨分享她的工作经验:"一回生、二回熟、三回成朋友。你主动提供居民需要的服务,一来二往互动多了就有了感情,以后他们就会支持你的工作。"[1]

三是在为居民办事和提供服务的过程中认识居民。由于全国大多数城市社区居委会成员都不是在地化的,基本上是由地方政府统一招聘后分配到各社区,然后再由居民选举通过。外来的社区干部如何认识居民并建立群众基础,是接下来工作能否顺利开展的关键。除了入户外,社区干部日常性接触居民主要就是通过工作来结识居民,有需要入户提供服务的,也有居民到居委会来办事的。这里的社区工作就包括行政、服务与自治事务,特别是民生服务类工

---

[1] 参见访谈记录,佛山市禅城区SWZ街道LH社区2016年3月16日下午。

作，社区居委会干部通过为居民提供良好的服务，在服务的过程认识居民和拉近与居民的距离。

案例4—3：在武汉市洪山区GS街道ZHC社区调研时，社区书记兼居委会主任的王主任每次有居民来办事，她都会趁机和居民聊几句，拉拉家常。有一次约60岁的刘阿姨抱着小孙子和儿媳妇一起到社区办理新出生小孩的医保。社保专干在帮她们办理时，王书记就过来和她们主动聊天。办好后，她儿媳妇抱着小孙子先回去了，王书记和那个刘阿姨像两个老朋友似的拉家常。刘阿姨说自己在这个小区住了10年，这还是第一次和居委会打交道。听后，我真是惊叹于王书记与居民打交道的能力。在问及经验时，王书记说像刘阿姨这种即使住在小区10年以上，可能一次都不和居委会打交道的居民很多，所以只好抓住一切机会和来办事的居民搭讪，熟悉以后工作就好开展。①

四是举办社区活动。社区居委会干部熟悉居民的另外一个主要方式就是通过开展各类社区活动吸引居民的参与，从居民参与社区活动中来认识和熟悉居民，这也是比较快速有效的方式。社区居委会开展的活动类型，内容比较广泛，有培育的各类社会团体，如舞蹈队、歌唱队、书法队、太极拳队、剪纸队等，也有组织的志愿者公益活动，也有一年重大节庆日的文艺汇演或趣味体育比赛等。中老年人退休后从生产线上退下来，逐渐回归社区，对文体活动具有较强的内生需求，社区举办符合居民需求的活动往往能够吸引老年人的积极参与。社区居委会干部在为居民提供文体活动服务的过程中，就能与居民形成持久密切的互动交往，不断累积情感和面子等非正式资源，从而逐渐由陌生人转化为熟人。一般情况下，也正是这批文体活动积极分子，将会被社区干部吸纳和转化为社区治理可以依靠的骨干。

总而言之，通过以上方式，社区居委会干部通过主动深入群众，拉近与居民的距离，将与居民之间的陌生人关系向熟人关系转化，在互动的过程中积累情感和面子等非正式治理资源，再造一个局域性熟

---

① 参见访谈记录，武汉市洪山区GS街道ZHC社区王书记2016年11月3日下午。

人社会①。社区居委会干部在被居民由陌生人转化为熟人，乃至自己人的关系序列时，社区内出现的或居民自家的"大事小情"，居民可能都会向社区居委会反映或求助，正所谓"有困难，找社区居委会"。那么，社区治理就会形成"小事不出社区"良好治理秩序。反之，居民对社区居委会干部不熟时，社区内出现的"大事小情"便不会向居委会反映或求助，那么矛盾就可能更多地溢出到社区之外或向上转移。当然，社区居委会干部与居民之间的情感积累，是和时间以及互动的频率相关的。

三 为居民办事的能力：回应群众需求的有效治理

通过拉近与群众的距离，社区居委会干部与居民建立起熟人关系和人情关系，是获得群众认可的基础。但仅仅与居民熟悉和建立人情化的关系，尚不足以生成对社区居委会干部的认可与权威，更为关键的是要有为居民办事的能力，积极地回应群众的有效需求。学界很多学者也都注意到了社区居委会干部在做工作的过程中，对人情和面子等非正式关系的依赖，但强调的多是私人性的人情互动，而忽视了干群之间人情关系具有的公共性一面。因为社区居委会干部与居民之间的关系互动，不是基于纯粹私人领域而形成私人关系，结成的人情关系也不是基于社区干部私人与居民之间的人情往来，而是基于社区干部的官方身份与居民之间形成的亲密干群关系，因而具有一定的公共性。然而仅仅具有制度性的正式身份，并不能直接形成亲密的非正式人情关系，需要社区干部在工作实践中与居民形成具体互动，兼具有私人性的一面。因此，社区居委会干部与居民之间形成的情感积累，在老干部退休、离职或调岗后，并不能被新上任者直接继承，还是需要新干部在工作实践中重新建立与居民的情感关系。

当然，社区居委会干部与居民之间通过时间和互动频率而建立起比较熟悉的人情化关系，是社区治理中的润滑剂，有助于社区工作的

---

① "局域性熟人社会"主要是与预期社区作为一个紧密联系的共同体而形成的整体式或全域式熟人社会相对的，强调在城市社区不可能形成所有居民都彼此熟悉的全域式熟人社会，但是可以形成部分居民参与并相互熟悉的局域性熟人社会。

开展。但是仅仅靠非正式的人情和面子资源,并不能直接转化为居民对社区基层组织的主体性认同,因为居民看人情和面子而对社区工作的支持,有可能并不是居民主观上认可,而可能是迫于人情的压力而"被迫"或"被动"的参与和同意,因此这也是不可持续的,久而久之,居民可能选择中断或退出这种关系。而真正能唤起居民主观上认可与信任的,是社区居委会能够积极回应和帮助解决居民"所求"之事。居民之"所求"和社区干部之"所助"之间的互动关系,决定了社区实质权威的生成。

如果社区居委会能够积极回应和协助解决居民"所求"之事,帮助处理居民反应的"大事小情",则能获得群众肯定的评价和认可。那么这就会进一步促使居民向居委会反映问题和请求帮助,社区干部在对居民熟悉了解的基础上更有能力回应群众的诉求,在这个正向互动的过程中,就能生产出居民对社区干部主观上的信任和认可,也就生成了社区基层组织的权威和居民的主动式参与。反之,如果居民之"所求",社区基层组织没有积极回应,觉得不属于自己的工作职责或管辖事务,就可能让居民产生距离感;再或者社区基层组织主观上愿意,但是没有能力协助解决,那么居民就会觉得找居委会没有用。不管是哪种情况,都会让居民产生对社区基层组织的不信任,从而就会疏远与基层组织的联系。

因此,社区基层组织拉近与居民的距离,主动增加与群众的联系,将干群之间的陌生人关系转化为熟人乃至自己人关系,是社区形式权威转化为实质权威的前提。而社区基层组织积极回应群众的有效需求和为民办事的能力则是获得群众主观性认可和信任的关键,是社区形式权威转化为实质权威的核心。[①] 换而言之,居委会工作的熟练度、与社区居民接触的亲疏度以及解决居民事务的数量和质量都是居民衡量的具体指标。而深圳市居站分离改革后的居委会在社区治理中陷入边缘化的境地,不仅"无事可做",而且"无能做事",那么就无法拉近与群众的距离,获得居民的认可与信任,也就无法实现从民

[①] 刘迟:《基层社区组织权威生成的制度空间研究》,博士学位论文,上海大学,2009年,第105—122页。

主选举获得的形式权威进一步转化为实质权威。

四 实质权威生成的体制空间：行政、服务与自治事务之间的关系

紧接着下一个问题便是为什么居站分离改革模式下被剥离行政职能的社区居委会，在社区治理中无法实现形式权威向实质权威的转化？这是由社区公共事务行政、服务和自治职能之间的关系决定的。政学两届在推动社区治理现代化改革时，都认为社区空间的过度行政化挤压了居民自治的空间，社区居委会的过度行政化使得居委会产生角色错位与迷失，因此一直致力于社区去行政化改革，以让居委会回归居民自治的功能。换而言之，主流学者认为社区居委会承担的行政性事务是严重的负担，与为居民服务和居民自治是内在对立的。通过对社区社会关系和公共事务的性质的分析，笔者认为社区居委会承担的行政性和服务性事务及其背后的官方身份不只是工作负担，更是基层组织的重要治理资源，能够在使用的过程中转化为回应居民求助需求的治理能力。

之所以被剥离行政职能后居委会在社区治理中就边缘化了，一方面从"事"本身来看，由于社区行政、服务和自治事务的边界模糊与职能交叉，将很多所谓的"行政"和"服务"职能与自治职能剥离后，导致居委会自治内容"空心化"，居委会也就失去了利用行政和服务职能在为居民服务的过程，认识居民和拉近与居民距离的机会，以及通过提供良好服务来获得居民肯定性评价的机会。另一方面，责任的转让也意味着权力的转移，将行政和服务职责从社区居委会中剥离，意味着居委会具有的体制性官方身份也随之转移。此时居委会确实不用承担行政性事务，工作也清闲了，实现了去行政化的目标，但同时也陷入了没有能力为居民服务和办事的尴尬境地。如居民反映最多也最关心的问题为社区违章违建、物业管理和二次供水等事务，基本上无法仅仅依靠社区居民自治来解决，而需要与政府职能部门、市政公司、物业公司等社区外部系统发生连接。[1] 去行政化后的

---

[1] 石发勇：《城市社区民主建设与制度性约束——上海市居委会改革个案研究》，《社会》2005年第2期。

社区居委会，由于失去了体制性官方身份与权威，在向上对接协调政府职能部门和横向上联系协调驻区单位的能力也就大大地削弱了。因此，失去体制性官方身份的社区居委会协调和整合资源，回应群众需求和为居民办事的能力就极大地下降了。这也是去行政化后民选产生的社区居委会无法实现理论预期的居民自治功能的体制性困境。

因此，我国社区行政和服务职能并不必然与居民自治对立，行政和服务职责及其承载的体制性官方身份，使得社区居委会成为区别于普通民间组织，而具有法定性、唯一性和权威性的群众性自治组织，这为居委会提供了治理资源和治理能力。当社区居委会能利用体制性身份优势，通过拉近与群众的距离和积极回应群众需求，获得群众的认可和信任，实现从形式权威向实质权威转化时，实质上也就实现了居民自治性一面，实现行政职能与自治职责的融合，国家性与社会性的统一。当然，具有宪法和法律赋予体制性空间的社区居委会，在实践中并不必然能够实现从形式权威向实质权威的转化。

当社区居委会在社区治理实践中，仅仅停留在形式权威上，那么可能与居民自治产生潜在的紧张关系，因为社区基层组织并未获得大多数居民的认可与信任，在群众眼里可能就只是为政府"跑腿"办事的代理人。确实，不正当的过度行政干预或者过多的行政任务转移给社区居委会，可能会产生与居民的利益冲突，影响居民对基层组织的认同，特别是很多形式主义的"冗余行政"，如各类烦琐的迎检、台账和考核评比等。因此，社区治理改革的重心应该放在如何去除"冗余行政"和提升社区基层组织的治理能力上，而不应是社区去行政化改革。

第四节　社区公共事务分类体系的重构

按照行政、服务与自治的三分法对社区公共事务进行分类，对应采取行政机制、市场机制与自治机制，进而明晰不同组织之间的功能边界，推动社区治理组织的变革，形成社区多元化权力结构。此种分类法和改革方案具有一种形式美和简约对称美，但是却不符合我国社区治理实践。从前面的章节分析来看，实践中的社区公共事务：从内

第四章 社区权威的生成与公共事务的再分类

容上来看，大致有政治功能类、行政管理类、公共服务类以及社区自治类。从关系上来看，社区行政、服务和自治事务之间并非边界清晰且分离的关系，而是属于边界模糊且交叉的图式。那么，在微观的社区层面，就无法直接按照行政、市场与自治机制的方式对社区治理组织进行变革，因为社区公共事务边界的模糊，决定了总是有些"分不清"的事务。有效的分类是治理的前提，因此我们需要对社区公共事务分类体系进行重构。

在以美国为代表的分权自治体制下，不管是纵向政府之间事权的划分，还是政府与社会之间事权的边界，都是基于公共品的溢出范围来确定的。周黎安认为政府与市场上的企业不同之处在于多目标性与垄断性特征[①]，而且与美国根据公共产品的溢出范围来划分事权不同，我国则是根据公共事务导致统治风险的溢出范围来划定纵向政府之间的事权。[②]虽然法律上规定我国城市社区居委会为群众性自治组织，但由于其法定性、权威性和唯一性特征，实质上是国家在城市社会基层政权建设的有机构成，嵌入在城市治理链条中。因此，社区居委会和普通的民间社会组织不同，自诞生之日起就具有较强的政治属性。

那么，社区居委会虽然不是正式的政府组织，却具有法定的体制性官方身份，在某种程度上分享了政府的多目标性和垄断性特征，其承担的政治职能以及协助行政职能便是表现。基于社区公共事务属性与特征的考察，笔者进一步结合社区内公共品外部性的溢出范围与公

[①] "政府的多目标性是指政府需要同时服务于多重任务和职能，既要提供各式各样的公共服务，又要征税、发展经济、维持社会稳定。相比之下，企业组织的目标比较单一，就是追求利润最大化。政府的多重目标之间还可能相互冲突，而且在一定的财力约束下，还必须对不同目标有所权衡与取舍，如何维持多目标的平衡并实现目标就成为一个重要挑战。垄断性是指政府既垄断了国家暴力机器，同时又是公共事务的垄断提供者。这里公共事务的垄断者是指有些公共事务，如审批、办证、纳税、诉讼等只有通过政府才能完成，而有些公共服务，如养老、教育、修路等则不是必须通过政府完成，属于非政府垄断性事务。"参见周黎安《行政发包的组织边界——兼论"官吏分途"与"层级分流"现象》，《社会》2016年第1期。不过需要注意，这里提出的政府对公共事务的垄断性特征，是相较于企业或社会组织等其他主体而言的，在这个意义上中西方的政府具有共性。然而，试图在政府中引入竞争机制以打破政府对公共事务的垄断地位时，在中西方不同体制下却形成了两种不同的机制，一个为中央集权下的政府内部竞争，一个为分权体制下的政府外部竞争或准市场竞争，这里先简单提示注意逻辑转变的微妙差异，下文还会再详述。

[②] 周黎安：《行政发包制》，《社会》2014年第6期。

共品供给的垄断性两个维度,对社区公共事务的分类体系进行重构。进而可以分类采取行政、市场、自治机制,并特别提出一种新的治理机制,即以社区居委会为基础的"半行政—半自治"机制,具体如图4-3。

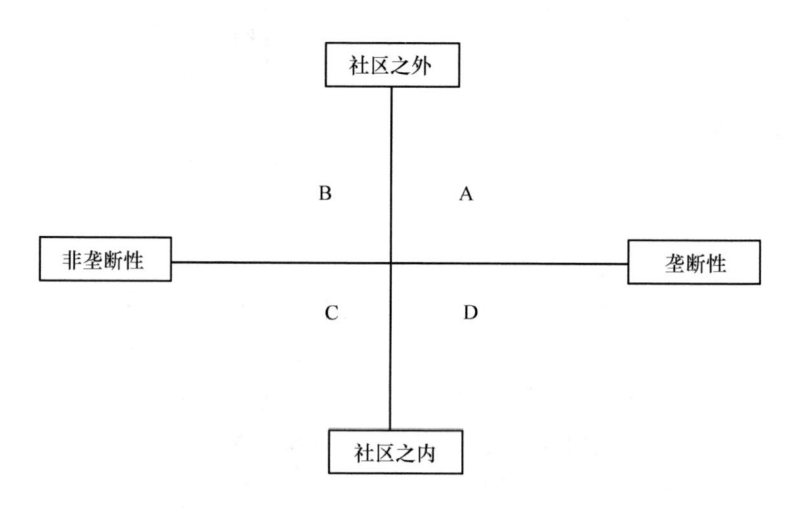

图4-3 社区公共事务的再分类

在A象限内的社区公共事务,兼具暴力垄断性和公共品的外部性溢出到社区之外的双重特征,可划分此象限的主要为行政执法类事务,对于此类事务则适宜采取行政机制。具体而言,如社区违建、违规改变住房结构、违规室内装修、住改商等执法类事务,主要涉及城市规划、城管、住建和工商等政府职能部门,行政强制权的行使只能由行政机制供给,即政府的责任并由政府组织生产。

B象限的社区公共事务,兼具非垄断性和公共品的外部性溢出到社区之外的双重特征,可划分到此象限的主要为市政服务和专业化的社会服务。由于此类事务具有资本密集型或技术密集型特征,适宜采取市场机制或准市场机制供给。我国社区水、电、气等市政服务,采取特许经营的准市场机制来供给的。养老、残疾人康复、问题儿童等社会化服务,过去都是属于家庭责任的范围,但随着国家财政实力的增长和社会福利的增加,此类社会化服务也逐渐由"私人物品"转向"福利物品"。此类相对专业化的社会化服务，适宜采取公共服务外包的准市场机制。

C象限的社区公共事务，兼具非垄断性和公共品的外部性溢出在社区之内的双重特征，可以划分到此象限的主要为居民自治类事务，包括公共品的规模范围小于社区的各类层次的自治或邻里互助事务，如物业管理与业主自治、培育不同种类的社区社会组织、邻里互助以及门栋、院落自治等。由于具有较弱的治理风险，而公共品外部性的溢出范围又在社区之内，能够实现外部性的内部化，因此此类事务治理的责任主体为社区居民，比较适宜采取自治机制。

D象限的社区公共事务，兼具公共服务的垄断性和公共品的外部性溢出在社区之内的双重特征，可以划分此象限的主要为社区居委会承担的辅助行政管理类事务、行政性服务事务、对社区内市政服务和社会化服务的监督和协调以及对社区内各类自治活动的指导、支持与监督事务。与A类象限下侧重政府的暴力垄断性不同，这里的垄断性主要侧重的是社区公共服务的垄断性，如社保、低保等行政性服务办理。此类事务是中国体制下的特色，属于上文述及的社区行政、服务与自治事务的边界交叉地带，因此既不适宜采取完全的行政机制和市场机制，也不适合采取完全的自治机制，而适宜采取"半行政—半自治机制"，以与社区公共事务的属性匹配，这将在第五章进行重点分析。

第五章　链式治理结构：城市社区治理的有机构成

从社区中"人"的要素去看，以地域、关系与认同为核心要素的共同体目标的失落，制度化分权式居民自治也就失去了社会基础。而从社区中"事"的要素去看，社区行政、服务与自治事务边界模糊且职能交叉，具有模糊性、混合性和综合性特征，因此也就无法直接采取边界清晰的行政、市场与自治机制。在对社区邻里关系性质和社区公共事务特征分析的基础上，本章进一步回答这需要什么样的社区基层组织与之相匹配。接着从"条条""块块""国家"三个维度分析政府职能社区化的实践合理性，以及社区居委会的行政与自治职能之间的关系。最后揭示我国社区治理实践形成的是行政—半行政半自治—自治机制相衔接的链式治理结构，而非多元网式治理结构。

第一节　社区基层组织：通才型治理还是专才型治理？

前一章分析了社区公共事务具有边界模糊性、混合性、动态性和非均质性分布等特征，这需要什么样的社区组织与之相匹配？实践中形成了两种不同的治理模式，一种是以"行政化"的社区两委组织为基础的通才型治理模式，此乃为全国大多数城市社区的实践；一种是以社区治理体系"法治化"为导向的专才型治理模式，以深圳市为代表。下面就在对两种模式进行比较分析的基础上再进行回答。

一 通才型治理与专才型治理：两种社区组织模式

奥斯特罗姆等在对美国大中城市地区警察服务制度考察的基础上，提出通才型治理还是专才型治理更有效率的问题。[①] 受其启发，笔者将当下我国城市社区治理组织形态总结为通才型治理和专才型治理两种主要模式。

（一）通才型治理：社区综合治理机制

所谓通才型治理是指社区公共事务实行软性边界式分工，社区工作者都是多面手式通才，通常每一位社区工作者都身兼多职或多个领域的事务。社区工作者也常常用"万金油""多面手""全能型选手"等来形容自己，正是通才型治理的生动写照。在社区居委会与社区工作站之间的关系上，不管是采取"社站内置""居站合一"，还是"居站并行、交叉任职、合署办公"，其实质运行逻辑是相同的，形成的是社区综合治理机制。即组织形态上虽有社区两委与社区工作站的区分，社区工作者包括社区两委成员和社区专干，但是两者之间没有明晰的边界，社区人力资源也都是打通使用的。目前，全国绝大多数城市社区治理组织体系选择的都是通才型治理模式，形成的社区组织结构如图5-1所示。

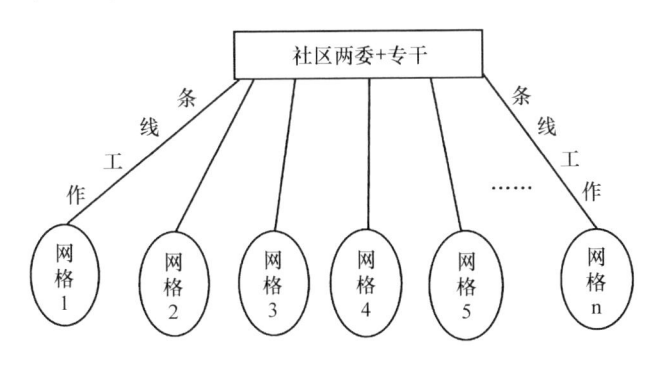

图5-1 社区通才型治理模式

---

① 参见［美］埃莉诺·奥斯特罗姆、帕克斯、惠特克《公共服务的制度建构：都市警察服务的制度结构》，宋全喜、任睿译，上海三联书店2000年版，第125—183页。在本书中奥斯特罗姆等人对都市警察服务供给中考察了通才模式和专职模式的情况，如专职交通警察只负责事故调查职责，而通才交通警察则在负责事故调查职能的同时，可能还要负责交通巡逻、犯罪控制等职能。

在通才型治理模式下，社区党总支书记兼居委会主任和社区工作站站长，负责主持社区全面工作，其余社区工作者按照条块相结合的原则分工负责具体事务。条线工作的分配，一般每一个社区工作者负责一个主职工作，同时兼顾一两个比较简单和业务量不大的条线工作。同时，除了社区"一把手"外，每一个社区工作者还要包一个片区，要综合负责片区内的所有事务，如信息采集、纠纷调解、提供服务等工作。在网格化管理兴起之后，按照一定原则将社区划分为若干个网格，每个网格设置一名网格员，网格员往往由社区工作者兼任。实质上，这里的网格也就是之前包片负责制下的片区，只不过有了正式的组织建制。而且社区公共事务在社区工作者之间"分工不分家"，日常条线工作按照分工来履职，但是遇到季节性工作量大或中心工作时，则会打破分工进行协作共同生产。而上级对社区的考核，也不是直接考核到个人，而是考核社区工作者集体。因此，全体社区工作者共同构成了一个集体性团队。因此，在这种社区工作组织实践下，每一位社区工作者正如"多面手""万金油"所描述的那样都是"通才"，而所有社区工作者共同构成了集体性团队。

（二）专才型治理：社区专业化治理机制

而社区专才型治理是指社区公共事务实行硬性边界式分工，社区工作者属于所负责特定领域的专才，通常每一位社区工作者负责明确的特定领域事务。将社区公共事务按照"行政、服务与自治"的功能进行分类，再分别相应采取行政、市场与自治机制，在社区党委的统一领导下，分别由社区工作站、社区服务中心与社区居委会等不同的组织承接与分工负责，且实施"定岗、定责和定人"的三定方案，将职责明确到岗到人，形成的是社区专业化治理机制。以社区治理多元化与专业化为核心的专才型治理模式，在理论上被期待为未来社区治理现代化改革的方向。目前，还只有极少数城市社区治理组织体系选择的是专才型治理模式，以深圳市为典型代表，形成的社区组织结构如图5-2。

在社区居委会去行政化改革的潮流下，深圳市推行了彻底的

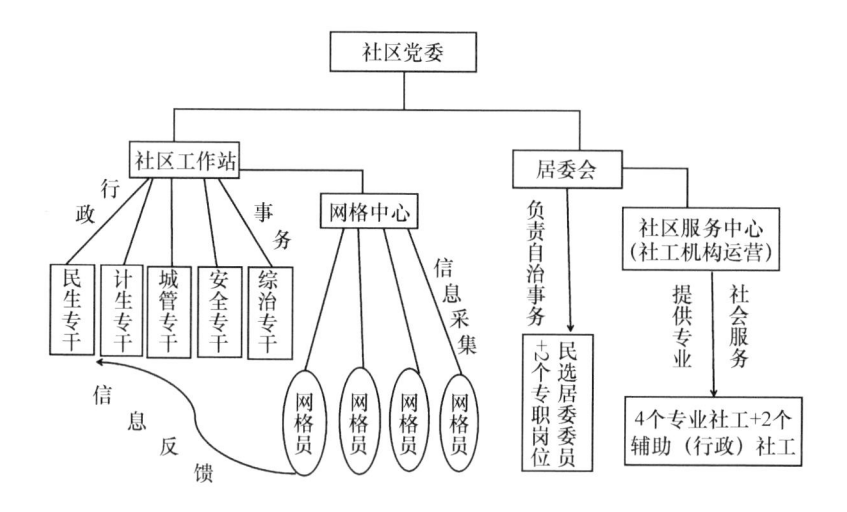

图 5-2　社区专才型治理模式

"居站分离"改革，在社区党组织的统一领导下，设立社区工作站作为政府在社区的办事机构，专门用于承接政府交办的行政事务，其中社区党委书记兼社区工作站站长。社区党委设置1名社区党委书记、1名副书记、1名组织委员（兼宣传委员）。居委会被彻底剥离行政职能，主要负责居民自治事务，实行在地化、志愿化和兼职化。然而，去行政化的居委会却在实践中陷入无事可做的"空心化"和无能做事的"边缘化"困境。为了做大做强居委会，以实现居民自治的目标，深圳市政府在提高居委会委员的生活补贴、配套一定的办公场地和办公经费的同时，还在居委会设置两个专职岗位和社区民生基金制度。此外，在服务外包的理念指导下，将社会服务的生产进一步从居委会中剥离，统一成立社区服务中心，通过招投标引进专业社工机构负责生产。由区民政局统一招标，每一个社区服务中心采取标准化的项目运作，即每年每个社区50万元项目经费，社工机构配备4个专业社工和2个辅助社工，直接为居民提供社会化服务，居委会只负责"掌舵"。

社区工作站专门承接行政事务，实施"定岗、定责和定人"的三定方案。社区工作站统一设置1名站长（由社区党委书记兼任）、1名副站长（兼任网格中心网格长）、1名民生专干、2名计生专

145

干、1名城管专干、1名安全专干、1名综治专干,其中民生专干和计生专干负责做窗口和接听居民来电咨询热线,互为AB角。同时,按照"采办分离"原则,社区另外成立网格中心,专门负责入户采集信息和发现问题。400户左右划分为一个网格,设立1名专职网格员。一方面,网格员将采集到的信息反馈给相应的社区工作站专干,社区专干不需再入户采集信息,负责在办公室将信息录入电脑终端系统。另一方面,网格员将采集的各类信息以及发现的安全隐患问题上传至PDA系统[①],问题的处理由相应的政府职能部门负责。由此可见,专才型治理模式是按照"各司其职"的理念进行组织设计与运行,每一个社区工作者都有特定的专业岗位与职责,上级对社区的考核也直接到岗位,考核结果与个人工作绩效金直接挂钩。

二 通才型与专才型治理效能比较:简约的扁平化组织VS复杂的科层化组织

在对两种模式的构成进行概述之后,可以进一步对两者的治理效能分析比较。从图5-1和图5-2可以直观地看到两种模式运行机制的不同,以及社区组织间关系的差异。社区通才型治理模式形成的是简约化的扁平组织,即社区两委和专干构成的社区工作者是一个集体协作的团队,有分工无分家,组织关系与结构都比较简单,在居民眼中都属于社区居委会干部,没有组织身份上的实质差异。而社区专才型治理模式下形成的则是复杂的多元化科层组织,即将行政事务、信息采集、居民自治和社会服务分属于社区工作站、网格中心、居委会和社区服务中心等不同的组织,各司其职运行,不仅分工而且分家,组织关系与结构比较复杂。

---

① 深圳市"织网工程"是将各部门分散服务管理的信息资源编织到一个统一的数据库,通过信息采集、比对核实和数据交换,进行信息资源共享和挖掘应用,实现信息资源的动态管理,再造政府流程。深圳市从2012年到2014年先后在坪山新区、南山区招商街道和龙岗区南湾街道试点后,于2015年1月正式在全市十个区并网运行。参见李秀峰、韩亚栋、崔兴硕《深圳"织网工程":创新社会治理的新标本》,《行政管理改革》2014年第10期。

（一）社区组织规模与管理者的多寡

下面以万人社区的标准来比较两者之间的差异。全国各城市对于社区网格化管理，基本上都是按照平均 300 户到 400 户的标准划分一个网格，因此万人社区一般可以划分为 8—10 个网格，为便于计算，统一采取 10 个网格作为基准。按照一网格配备一名网格员的标准，就需要配备 10 名网格员。由于社区"一把手"不兼网格，其余社区工作者每人兼一个网格，那么社区通才型治理模式下社区两委＋专干构成的社区组织就需要 11 名社区工作者。

而社区专才型治理模式下的社区组织架构是标准化的，即不管社区下辖的人口规模多少，改革后的社区党委和社区工作站岗位是统一标准化设置。具体为，社区党委下设 1 名社区党委书记、1 名副书记、1 名组织委员（兼宣传委员）；社区工作站下设 1 名社区工作站站长（由社区书记兼任）、1 名副站长、1 名民生专干、2 名计生专干、1 名城管专干、1 名安全专干、1 名综治专干。社区党委和社区工作站的岗位设置在每一个社区都是相同的，两者加起来总共有 10 名。网格中心还需要设立 10 名专职网格员，网格长虽由社区工作站副站长兼任，但不具体兼网格，所以仍然需要 10 名专职网格员，其中产生 1—2 名副网格长。

另外，社区居委会还要通过选举产生 5 名委员，其中 1 名副主任和 4 名委员，虽然民选居委会委员实行兼职化，没有工资，但有一定的生活补贴。而且从 2014 年开始在居委会设立 2 名专职岗位，可由居委会成员担任，也可招聘产生，月工资为 2000 多元。社区服务中心由政府通过招投标将服务外包给专业社工机构，采取项目化运作，50 万元/年，统一采取"4＋2"模式，即 4 个专业社工和 2 个辅助社工，人员工资和活动经费等全部从 50 万元项目款中支出。由于社工工资低，导致社工的流失率与流动率过高，所以要提高社工待遇，但是项目金额没有增加的情形下，以后可能将"4＋2"模式调整为"3＋2"模式，即每个社区项目配备 3 个专业社工和 2 名辅助社工。

那么，在专才型社区治理模式下，为社区服务的各类组织的专职工作者就有：社区党委和社区工作站 10 人、网格员 10 人、居委会 2 人（只计算专职岗位）、社工 5 人（以"3＋2"模式计算），总共 27

人。而在通才型治理模式下，社区两委和专干总共只需要11人。在同等万人规模的社区，专才型模式下形成的复杂多元组织的规模要比通才型模式下的简约扁平化组织的规模多出一倍多。由于社区党委、社区工作站和社区服务中心社工的岗位基本上是固定的，所以需要社区的辖区人口规模足够大时，才能产生规模效益，缩小与通才型模式下组织规模的差距。另外，还有一个需要注意的是深圳市社区工作站辖区的边界不完全与居委会的边界重合，两者重合的为一站一居模式，还有一站两居或一站多居模式。在一站两居或多居模式下，每一个居委会都和一站一居下的居委会一样，拥有同等的人员和资源配备。

最后，再来看管理者数量的多寡。在通才型模式下以社区两委成员和社区工作站专干为主，但是社区工作站往往是虚体，社区党委书记兼居委会主任，也兼社区工作站站长，以社区两委为核心。社区组织的管理层主要就是"一正两副"，即"一正"为社区书记兼居委会主任，"两副"为1名社区副书记和1名社区副主任，总共3人。而在专才型模式下的社区党委、居委会、社区工作站和社区服务中心都是实体性组织，其管理层具体有1名书记（兼主任和站长）、1名副书记、1名副主任、1名副站长（兼网格长）、1名或2名副网格长和1名社区服务中心主任，总共有六七人。那么，专才型模式下的社区组织管理者数量也比通才型模式下的社区组织多出一倍。因此，在同等社区规模下，通才型治理模式下的社区组织规模和管理者数量都要远远少于专才型治理模式。

（二）综合性和模糊化的社区公共事务与工作执行的交易成本

前文分析了我国社区公共事务具有综合性和边界模糊性的特征，那么社区工作的分配就不是泾渭分明的，即实现"行政的归行政、服务的归服务、自治的归自治"的清清爽爽式治理。通才型治理模式下简约化的扁平组织是比较契合综合性和边界模糊化的社区公共事务属性的，因为以社区两委为核心的组织结构是分工不分家的集体协作组织，上级对社区的考核也是对各项工作构成的集体进行考核。对于社区公共事务也没有按照行政、自治与服务职能进行划分，而是将社区所有公共事务按照同类归并和繁简搭配的原则，再结合社区工作者个人的能力以

第五章　链式治理结构：城市社区治理的有机构成

及特征等来分配。

一般常规性的条线工作则是按照分工各自负责完成，但是遇到季节性工作量增大、上级考核检查或者突发事件等仅靠分工负责者难以应对的情形，则可以由社区"一把手"统一协调人员。又或者某个人员外出开会、病假或产假等不在社区居委会办公室时，有居民前来办事，其他社区工作者就会"顶上"，帮得上忙的就会帮忙处理，彼此之间不会"分得那么清"，也不好冷落居民和让居民多跑腿。因此，通才型治理模式下的社区组织对于工作执行的交易成本相对较低。其面临的主要问题可能是组织内工作分配的不公平，由于专职社区工作者除非犯了重大错误或者主动辞职，一般是不会被社区或政府开除的，实践中缺乏对少数"磨洋工者"和"投机者"的有效惩罚制约措施，容易形成"能者多劳"的工作分配后果，从而可能影响社区组织内部的团结与整合。

而专才型模式下形成的复杂多元化社区组织结构下，面对综合性和模糊化的社区公共事务，则不仅不同组织间存在较高的交易成本，而且组织内部由于职责的法定化也存在着较高的交易成本。前文分析了我国社区公共事务并不是行政、服务与自治间边界清晰分离的模式，而按照行政、服务与自治职能分类进行社区组织变革，在实践中就必然会形成大量"分不清"的交叉与模糊地带。那么，此类公共事务的执行就可能在社区组织间产生大量交易成本，如社区工作站与社区居委会之间，社区工作站与社区服务中心之间，以及社区居委会与社区服务中心之间，彼此间可能形成合作、竞争与冲突三种关系，实际上也都真切地存在于不同社区。

案例5—1：深圳市盐田区MS街道DHA社区，在社区书记兼任居委会主任之前，即居委会主任、副主任和委员都是民选和兼职时，一次在开展区级社区文艺比赛时，由社区工作站和居委会联合组织社区文体队伍参加比赛，双方都为居民比赛提供了服务，但是在最后上场比赛时横幅落款的组织者只有DHA社区居委会，而没有社区工作站。为此，社区王书记（兼站长）和居委会主任就起了争执，最后不欢而散。关于重要节庆日的活动策划，两者之间也常常产生分歧，达不成意见。久而久之，社区工作站和居委会就不再合作举办活动，而是各搞各的,这又可能导致恶性竞争和冲突。如有一年的六一儿童节,社区工作站和居委会各自都举办了社区文艺会演,相互争夺居民资源。但由于双方的资金和人力资源都有限,面向的又是同一社区居民,所以举办的活动规模也都比较小,只能局限于小范围内,参与者与观看者都不多。①

在社区公共事务的协调上,不仅多元组织之间存在高昂的交易成本,而且同一组织内部也存在较高的交易成本,特别是承担社区行政性事务的主力——社区工作站与网格中心。在通才型治理模式下,由于简约的社区两委组织属于分工协作的集体,分工不分家,有相对明确的分工但无定岗定责定人。因此,在通才型治理模式下社区两委组织内部,分工是一种软边界,协作是制度化的要求。当然,扁平化的社区两委组织内部也存在一定的组织成本,但是不协作是私人化的,如社区工作者之间因私人恩怨而不相互支持配合。而在专才型治理模式下,每个组织实体都具有法定职责,且组织内部也实行"定岗定责定人",而且上级是直接考核到每个岗位,岗位考核结果与个人绩效奖金直接挂钩,每个人的岗位责任更加清晰,有助于减少组织内关于工作任务分配的扯皮和机会主义行为。

但是,在专才型治理模式下,分工却具有了硬边界,不协作变成了制度化的卸责,协作却成了依靠人情和面子的私人化运作。而且私人之间的恩怨或不和,则会进一步放大社区不协作的影响。没有定岗的事务、模糊性事务或需要协作的事务,就成了日常社区治理的痛。换而言之,在通才型治理模式下,社区公共事务分配中"你的事"和"我的事"之间的区分不明显,往往都是"大家的事",毕竟社区两委组织是一个集体。但是,在专才型治理模式下,社区公共事务分配的观念,往往为"你的事是你的事","我的事是我的事","各人负责各人的"。时间久了,就会造成每个人只熟悉了解自己岗位的事务,彼此互不了解对方的事务,一旦有人不在办公室,其相应的工作就得暂停,只有等他回来,居民才能办理相应的业务。

案例5—2:深圳市罗湖区HB街道WH社区的巫姨,自1993年

---

① 参见访谈记录,深圳市盐田区MS街道DHA社区2017年4月24日。

进入社区居委会工作，历经了深圳市社区治理改革的全过程。巫姨说90年代WH居委会还只有5个人，有相应的分工，但同时又都包一个片，一个人忙不过来时都是大家一起上，平时哪个外出开会或请假不在办公室，有居民来办事，其他人就会"顶上"，而不会说这不关我事。但是近十来年社区治理改革，越改越复杂，尤其是最近实行的定岗定责定人，都把人心给定乱了。本来因为历次改革导致社区工作者就存在事业编、员额编、雇员编、临聘和劳务派遣等不同身份，因同工不同酬而引起不满。但这次改革实行三定，更加剧了人与人之间的隔阂和怨气。有一次，居民来社区办事，属于民生专干的领域，恰好民生专干不在，旁边的计生专干不但没有帮忙，还直接把投诉电话告诉居民，让居民投诉他。①

（三）动态性和非均质化分布的公共事务与社区组织的灵活性和弹性化需求

除了社区公共事务具有综合性和模糊性外，社区公共事务还具有动态性、临时性以及非均质化分布的重要特征。孙柏瑛通过对社区承担工作事项的详细统计和梳理，发现常规性事务和弹性、临时性事务差不多各占50%。②而且不同类型社区，面临的社区工作重点和难点是不同的。统一的公共事务进社区，但因为社区社会属性的不同而需要治理的重点不相同，因此就需要社区组织的灵活性与弹性化应对。举个例子，有些商品房社区没有低保困难户，那么民生专干就没有多少事可做，但是却可能面临社区物业管理矛盾突出的问题。再如，有的社区辖区单位和三小场所比较多，社区协助城市管理和安全隐患管理的任务就比较重，而如果社区没有辖区单位或三小场所，那么这方面的任务就比较轻了。通才型治理模式下的社区两委组织，由于分工的软边界和协作的制度化特征，实践中可以生成灵活性与弹性化的社区治理体制。由社区"一把手"可以结合社区事务特征以及社区工作者的能力和才干等，在组织内部进行调剂分配和统筹使用人力

---

① 参见访谈记录，深圳市罗湖区HB街道WH社区2017年3月30日下午、4月1日下午。
② 孙柏瑛：《城市社区居委会"去行政化"何以可能？》，《南京社会科学》2016年第7期。

资源。

而在专才型治理模式下，三定方案的实施，社区公共事务职能已经按照统一政策设置了固定岗位。统一化和标准化的社区组织岗位设置，和动态性和非均质分布的公共事务对于组织灵活性和弹性化需求之间会产生内在的冲突。因为"定岗定责定人"就相当于把人给"定死"了。如社区工作站只设置了民生专干、计生专干、城管专干、安全专干和综治专干等岗位，而社区的公共事务是动态发展的，大量临时任务以及未设置岗位的事务，由谁负责？如物业管理以及业主自治事务是商品房社区的重点工作，但是定岗时并没有设置物业管理岗位，那么这类工作交由谁负责？访谈的多位社区书记都反映实行"三定"方案后，最大的麻烦就是大量临时任务不好安排，社区主职干部的权力实际上被削弱了。过去由于没有定岗，社区工作事务比较好安排，可以统筹协调。而定岗后，每个人都有自己的"一亩三分田"要耕，安排不属于特定岗位的人去做临时任务或未设置岗位的事务，现在就变成了要依靠社区"一把手"个人的魅力、人情与面子进行动员。

案例5—3：深圳市罗湖区NH街道JB社区的江书记（兼主任、站长），他说现在最头疼的就是大量临时性任务不好分配。每个人都有自己的岗位工作，如果她当时刚好闲着，给你书记一个面子就会去做下。如果她不想买你的账，就可以找借口说自己的本职工作还未完成。由于岗位考核直接影响到个人，即使被拒绝，社区书记也是没有办法。江书记说："分不下去的事务，最后只好由自己和副书记、副站长等几个'领导'亲自去做，反而现在管理层越来越忙。"[1]

案例5—4：深圳市罗湖区DH街道JP社区的刘书记（兼主任、站长），同样反映改革后社区"一把手"统筹社区人力资源做事的能力下降，但由于她担任社区书记（站长）已经有十多年了，在社区工作者中具有个人魅力与权威。所以她说她现在并未严格按照"三定"方案实施，而是在开会时依然强调大家是集体的意识，凭借长期在社区积累的经验与个人魅力，社区工作执行的阻力要小了很多。但

---

[1] 参见访谈记录，深圳市罗湖区NH街道JB社区2017年4月6日下午。

是社区安全专干则认为"三定"方案为社区工作开展带来很大麻烦，如他所在社区的流动人口以及三小场所较多，各种安全隐患较多，安全检查工作一直是社区管理的重点。定岗后只有1名安全专干，下去检查没有任何气势，但是也不好叫其他同事和自己一起入户检查，毕竟每个人都有自己的工作，叫别人去了就像欠了人情，顶多也就只能喊下要检查区域的网格员一起入户，形成不了气势和威慑力。他说："以前虽然也是我负责安全工作，但这其实不是我一个人的事，到了安全检查的时候，社区书记会统一部署安排大家分组入户检查，现在似乎变成我一个人的事了。"①

（四）资源的集中化或分散化配置对社区权威生成的影响

吉登斯将资源划分为物质性资源和权威性资源两类，受其启发笔者同样将资源理解为包括物质性资源和权威性资源两个维度。② 城市社区由于相对清晰的住宅产权形成的是开放性经济结构和社会关系结构，社区内生的物质性资源和权威性资源都是比较稀薄的。同样，具有行政建制的社区基层组织，虽然具有自上而下的行政赋权，但是在社区内也仅仅初具形式权威，不管是办公经费，还是社区工作者人员工资等也都来源于政府财政，社区基层组织掌握的资源是极其有限的。通才型治理模式和专才型治理模式生成的社区治理结构，分别对应了资源的集中化配置和资源的分散化配置两种类型。在通才型治理模式下，有限的资金和人力资源都是集中于以社区两委为核心的基层组织；而在专才型治理模式下，有限的资金和人力资源分散于社区工作站、网格中心、居委会和社区服务中心等不同组织中。

前文分析社区权威的生成机制时提到，社区基层组织嵌入在陌生人社会和中国式求助关系结构下，一方面需要通过时间的积累和密切的互动，将与居民之间的陌生人关系转化为熟人关系，累积情感、面子等非正式资源；另一方面，还需要具备为民办事的能力，满足居民

---

① 参见访谈记录，深圳市罗湖区DH街道JP社区2017年3月16日下午。
② 吉登斯将资源划分为物质性资源与权威性资源两大类，"配置性资源"指对物质工具的支配，这包括物质产品以及在其生产过程中可予以利用的自然力，"权威性资源"指对人类自身的活动行使支配的手段。参见［英］安东尼·吉登斯《社会的构成》，李康、李猛译，生活·读书·新知三联书店1998年版，第7—8页。

的内生需求。从这个视角去看，一些行政事务、服务事务、自治事务或信息采集事务等其实也都是资源，社区基层组织可以通过在办事的过程，增加与居民的互动，形成熟人关系乃至自己人关系，同时可以了解居民的信息以更好地满足居民的公共性需求。资源集中化配置的通才型治理模式，由于每一位社区工作者不仅要服务若干条线工作，还要包一个网格的综合性事务，因此也就更容易熟悉居民，建立起比较密切互动的关系。

而资源分散化配置的专才型治理模式下，不仅将不同的职能和资源分散于不同的组织，且分散到特定的岗位和特定的人。社区组织内部过于精细化的分工，一方面造成社区工作的分割，社区工作者之间相互不熟悉彼此的工作事务；另一方面造成社区工作者与居民之间的碎片化互动和陌生化。专才型治理模式在实践中可能演变为事本主义逻辑，仅仅以完成行政任务为单向度目标，而忽视了在执行公共事务和为居民办事的过程，更为重要的是将社区基层组织具有的形式权威向实质权威转化的能力建设。

举个例子，在采办分离前社区工作站的专干，自己负责的条线工作需要入户采集信息的，需要亲自入户采集信息。在入户的过程中除了登记业务信息外，一般都还会趁入户的机会与居民进行类似嘘寒问暖的非正式互动，以拉近与居民的距离；而且每一个社区工作者还要包一个片区，除了自己条线工作外，片区内涉及居民的综合事务都要管。因此，社区工作站的专干与居民的互动比较多，对居民还比较熟悉。而采办分离改革后，社区工作站专干不用入户采集信息了，由专职的网格员负责入户采集信息和发现问题后，将信息反馈给相应的专干，再由他们录入特定的电脑终端系统。社区工作站专干现在只需要坐办公室处理工作和接待居民，而不用入户向居民采集信息了。用一位社区专干的话说："现在不需要入户，对居民也不怎么认识了解，不熟悉了。"

综上，通才型治理模式形成的资源集中化分配的社区一元治理组织，与我国城市社区的社会性质、社区公共事务属性以及行政体制更为契合。相较于专才型治理模式形成的资源分散化分配的社区多元治理组织，通才型治理模式兼具集中性、灵活性与弹性化，具有低成本、高效率和高效能的治理优势。当然，通才型治理模式也并不是完美无缺的，如上文提到的因为责任考核不直接到个人，就可能存在"能者多劳"的不公平分配结果，以及社区两委组织也不必然就能在实践中生成实质权威等问题。但是，我国城市管理实践中自然生成的通才型治理模式，即以社区两委为核心的城市基层组织的体制性优势，尚未得到应有的认识和重视，特别是在西方治理理论指导下形成的社区多元化治理结构的比较下所展现的优势。

第二节 "条条"进社区：行政辅助职能的分流与生产机制的选择

专才型治理模式也是为了应对政府职能社区化带来的社区居委会过度行政化问题而产生的。政府职能社区化导致大量行政事务转移至社区，尤其是行政管理类事务，往往还辅以签订目标管理责任书或者安全责任书等考核监督方式，这常常被诟病为"责任大、权力小、利益小"的责权利不匹配。社区工作者也常常抱怨，行政管理类事务明明就是相关政府职能部门的事务，社区既没有执法权，也缺乏相应的专业技术与能力，政府部门却把责任转移给社区，还要考核社区。虽然先后开展了几轮社区去行政化改革，但是依然无法阻挡"条条"进社区的趋势，学界只是对此现象一味地展开批判，而没有深入分析其内在机理。本小节主要回答"条条"进社区的逻辑以及内在机制。

一 "条条"与社区的权责分工配置：核心职能与辅助职能

前文基于公共品外部性溢出范围和垄断性两个维度对社区公共事务分类体系进行了重构，其中外部性溢出社区以外且具有垄断性的公共事务，应该采取行政机制供给，即由政府负责提供且组织科层制生产。那么，诸多行政管理（执法）职能纷纷转移进社区，该如何解释呢？目前主流的认识对此都是持否定的态度，主要认为社区居委会作为居民自治组织，即使有协助政府的职责，但也只是协助者的角色，本来肩负管理主体责任的政府职能部门，却通过"目标管理责任制"或"一票否决"等考核方式变成了上级考核监督者。这不仅造成权责利的不匹配，而且由于社区工作者缺乏执法权和专业技术能力，可能造成实质上的社会失管。还有的学者通过对"条条"进社区过程的分析，认为民政部门作为社区居委会的"娘家"，主导推进社区去行政化改革面临力不从心的无奈，因为民政部门相较而言是"弱势部门"，无法阻挡其他"强势部门"突破改革方案将职责转移进社区。①

面对实践中这一"无法阻挡"的趋势，在先入为主地进行批判前，首先要反思政府职能社区化有没有内在的合理性？什么样的政府职能转移进社区了？"条条"进社区意味着责任完全转移给社区了吗？笔者将政府部门的职能细分为核心职能和辅助职能两类来透视政府职能社区化现象。所谓的"核心职能"主要是涉及对合法暴力的拥有和使用的执法管理权限，法律上表现为行政强制权，此类统治职能只能由具备执法资格的政府执法部门垄断生产。而"辅助职能"主要是指不涉及对合法暴力的拥有和使用，辅助于相关行政管理或执法职能履行的事务，此类职能并不必须由政府执法部门垄断生产。对于政府核心职能的履行，确实只能采取行政机制供给，而辅助职能则并不是只能采取行政机制。这里核心职能的履行其实就是外部性溢出社区范围外且具有垄断性的社区公共事务，需要采取行政机制供给，一般是由相关政府职能部门垄断执行。

在对核心职能和辅助职能进行区分后，再来看"条条"是如何进社区的。从实践中了解到政府职能社区化，其实并没有将核心职能转移给社区，否则容易产生一线权力失控和滥用的风险，只是将辅助职能转移到社区。一般情况下，区政府职能部门会将相关辅助职能直接转移到街道办事处，由街道再向下分解到社区，因为社区的直接上级是街道办事处。从街道层级来看，街道与区政府职能部门是平级的，但由于区政府职能部门通过运作将部门事务纳入区政府对街道的考核体系后，就转变为街道不得不执行的事务，如城管、市场监督管理、消防安全等事务。也正因为区政府部门只是把部分辅助职能分解到街

---

① 郎晓波：《"进社区"：混合治理空间中的条块关系与行动逻辑——基于浙江 H 市的基层社会治理改革》，《甘肃行政学院学报》2016 年第 4 期。

道，并未把核心职能一并转移给街道，所以街道层级的干部也常常抱怨"条条"专政，本来和街道平级的部门却转变为实际上对街道考核监督的"上级部门"，而且只是把责任转移给街道，并没有相应地转移权力和利益，造成权责利的严重不匹配。由于街道办事处的人力资源有限，无法独自完成相关行政事务，在压力型体制①的运作下，街道只好将任务继续向下分解到社区。对于此，社区工作者也常常抱怨街道只是做个"二传手"，将上级的行政事务直接向下分解给社区。

虽然社区工作者对于"条条"进社区的行政管理类事务抱怨最多，特别是目标责任考核给社区"一把手"以及分管相应业务的社区工作者带来很大压力，但深入了解后发现政府职能部门只是将部分辅助职能分流到社区，同时也只是转移了辅助职能相应的责任。社区需要协助执行的辅助职能是基于社区工作者对居民比较熟悉的信息优势，主要负责信息的发现和上报，或者各类安全隐患的基础性摸排。那么，出了事在问责的时候，也是基于社区工作者有没有做到及时发现和上报，如果社区一级已经尽职，那么就可以免责了。因此，并不是政府职能部门将相关业务和责任转移到社区，就意味着责任的完全转移，政府职能社区化实质上是"条条"和"块块"的责任共担。

二 辅助职能的分流与生产机制选择：条条、工作站、居委会还是社会组织？

涉及政府核心职能的履行只能采取行政机制供给，即由政府部门（条条）负责生产，而辅助职能的执行非必须采取行政机制。在社区治理改革实践中，辅助职能的生产机制出现以下四种可能的路径。

（一）条条垂直整合模式

"条条垂直整合"模式指的是由政府部门各自组织生产。在国家严控正式编制的体制性约束下，政府部门一般也是招聘各类"协管员"等临时工从事辅助职能的生产。为了管理社区空间，上级政府职

---

① 荣敬本、崔之元等：《从压力型体制向民主合作体制的转变：县乡两级政治体制改革》，中央编译出版社1998年版。

能部门纷纷在社区建立自己的"腿",即条条专属队伍。这种"条条垂直整合"模式由于各部门在社区设立的管理人员,垂直管理,互不隶属,只负责条线工作,在实践中可能形成以下后果。其一,单一部门人力资源不足和社区总人力资源过剩并存。一般而言一个条线部门在社区最多设置1—2名协管员,面对至少万人规模的社区,往往显得人手不够用,穷于应付。同时,由于单一条线工作并不是每天都有工作,所以就会导致工作来时一个人的力量不足,而日常时间中劳动力利用密度较低,造成劳动力资源的闲置。其二,多头管理,重复采集信息,严重扰民。因为每一个条线只负责自己条线的工作,面对同一社区居民对象,不同的部门只摸排、采集本条线所需要的信息或问题。在居民那里常造成"刚走一拨人,又来一拨人"的多头分散管理印象,居民常抱怨:"你们为什么不一次性弄完?"因此,"条条垂直整合"模式,产生资源利用与社会管理的低效率,以及居民群众的低满意度。

(二) 社区居委会模式

"社区居委会"模式指的是政府职能部门将部分辅助职能转移给社区居委会负责生产。这就由过去分散的"条条垂管"与"分散生产",转变为由社区居委会"块块统管"和"综合生产"。此种模式虽被学界诟病为导致社区居委会的过度行政化,但在实践中成为全国绝大多数城市选择的主流模式,说明其在社区治理功能的满足上具有比较优势,具体而言如下。一是缓解了社区管理单一部门人力资源不足与总体人力资源过剩的矛盾。因社区工作者之间"分工不分家",事务量多寡不同的条线工作进行搭配,而且某一社区工作者负责的条线工作无力完成时,由社区"一把手"统筹安排,其他社区工作者都会一起帮忙。由"条条垂管"下协管员的单一化服务向社区综合管理下社区工作者的多元化服务转变,由过去单一劳动力的劳动强度大而劳动密度低,向单一劳动力的劳动强度小而劳动密度高转变,降低了劳动力资源的闲置程度。二是可以利用社区居委会对居民相对熟悉与了解的信息优势以及综合性管理的内部信息共享机制,降低分散的条条垂管模式下的多头重复采集信息、信息区隔等问题。

三是由志愿者和正式付酬人员组成的治理机制,要比仅仅使用正式付酬人员的治理机制的行政成本要低很多。奥斯特罗姆在对美国大都市地区的警察和消防安全服务的考察中也发现,由志愿者积极参与和正式付酬人员组成的协作治理,要比仅仅使用正式付酬人员组成的部门的治理成本低而治理效果好。[①] 每个社区在居委会干部的动员培育下,都会形成一支以社区楼栋长和文艺骨干等为代表的积极分子作为社区治理的中坚力量,借助于他们社区居委会更容易及时、全面和准确地熟悉社区居民。

四是可以利用社区居委会与居民互动积累下的情感、面子以及权威等非正式资源进行"柔性化治理",降低行政执行中的交易成本和提高执行力。社区一线工作是与居民面对面互动的劳动密集型服务[②],通过长时间互动由陌生人转化为熟人关系后,社区居委会与居民建立起人际信任,不仅可以使得"刚性化"的社会管理"柔性化"运作,且有助于降低行政执行中的交易成本。笔者在多地调研中都听到社区居委会干部反映,许多政府部门做不到的事情,都要借助他们来完成。如杭州市为了迎接G20峰会要对城市社区安全隐患排查,其中一项需要对居民使用瓶装煤气的情况进行统计摸排,先前煤气公司统计了三个月,依然没有排查清楚且数据严重不准,后交由社区居委会去做,不到半个月就全部摸排清楚,且数据相对准确可靠。

(三) 社区工作站模式

"社区工作站"模式,指的是政府职能部门转移进社区的辅助职能,从社区居委会中剥离,转交给新设立的社区工作站负责生产,典型的为深圳市"居站分离"模式。在"居站分离"模式下,新成立的社区工作站专门执行政府交办事务,人员也由政府聘任产生,而居委会则是由社区居民直选产生,实行属地化与志愿化。"居站分离"改革希望实现让"行政的归行政,自治的归自治"的理论目标。然而,深圳模式在实践中虽然实现了社区居委会去行政化的目的,但也

[①] [美]埃莉诺·奥斯特罗姆、帕克斯、惠特克:《公共服务的制度建构:都市警察服务的制度结构》,宋全喜、任睿译,上海三联书店2000年版,中文版序言,第17—18页。

[②] 劳动密集型服务是与资本密集型服务相对而言的,劳动密集型服务是指服务的生产劳动投入的比例高于其他生产要素,而资本密集型服务则是指服务的生产资本(包括资金量与技术等)投入的比例高于其他生产要素。

产生了居委会的"边缘化"后果。① 社区治理中不仅多元组织之间的交易成本上升，而且治理效能降低。事实上，深圳市近年来开始向居站合一的"传统"回归，事实上宣告了社区工作站模式的"失败"。

（四）契约外包社会组织模式

"契约外包社会组织"模式是指将政府职能部门转移至社区的辅助职能，从社区居委会剥离，通过政府购买服务的方式外包给社会组织负责生产。虽然行政辅助职能不像核心职能那样直接涉及合法暴力的占有和使用，并不必然由行政部门垄断实施。但是由于对社区行政辅助职能的履行，尚具有一定的政治属性和治理风险，所以契约外包社会组织的PPP模式并没有被大多数城市政府接纳，只是少数城市政府选择打造"亮点社区"进行治理创新试验。因为通过契约外包社会组织的生产机制，属于民事合同关系，政府只能基于合同管理约束承包者。作为合约方的社会组织，承担的只是有限的合同责任，而在我国体制下地方政府要对社区公共事务的履行承担政治责任。同时，作为民办非企业法人的社会组织，具有可退出性和解体性。不像西方国家民主政体下的地方政府可以"破产"或"解散"，承担的只是有限责任②，我国地方政府没有退出权，需要承担兜底责任。因此，政府辅助职能分流到社区居委会的模式，相较于契约外包社会组织模式，治理风险更低。

案例5—5：杭州市上城区ZY街道、QB街道领导都对基础行政性服务契约外包社会组织模式表达了忧虑和质疑："社区公共事务外包不仅仅是效率的问题，还涉及政治问责。社会组织干不好，他可以拍拍手走人不干了，你能把他怎么样？大不了，对方可以申请注销解体。出了事，最后的烂摊子还不是要由政府来收拾。而且同样的社区事务，花钱请外来的社会组织来做，为什么不直接交给社区居委会去做呢，他们可以做得更好，更让人放心。"社区干部也反映：把这些行政性服务职能从居委会剥离后，社区居委会就缺少了入户上门与居民互动的机会，干群关系就会疏远，而很多社区群众工作不是仅仅靠

---

① 王星：《"居站分离"实践与城市基层社会管理创新》，《学海》2012年第3期。
② 赵鼎新：《社会与政治运动讲义》（第二版），社会科学文献出版社2012年版。

讲道理和法律能解决的。①

同时，根据新公共管理理论，政府公共服务外包的有效性，需要合同任务的明晰性、单一目标性和效果的可量化性，唯此政府才容易基于合同指标进行绩效的考核监督。② 然而，社区公共事务具有混合性、动态性、临时性以及非均匀分布等特征，也就难以将外包事务的数量与质量目标在合同中清晰约定，只能签订不完全合同。那么，围绕着合同的设计、履行与监督存在着大量交易成本，而且因为合同的不完全性，在合同的履行过程中也会存在较高的投机行为和道德风险。而且与居民面对面互动的社区工作经验，需要长时间的积累才能取得，这种人际互动关系资源与特定的人员具有不可分离与不可转移的属性，实际上具有威廉姆斯提出的"资产专用性"特征。③ 因此，在上述特征下社区公共事务的治理，"养人"比"养事"的行政成本从长远来看会更低。

综上，通过对政府职能的区分，研究发现辅助职能的四种生产机制中，"条条"进社区居委会的生产模式，相对而言具有低治理成本和低治理风险的比较优势，也因此成为全国绝大多数城市政府选择的主流机制。

第三节 "块块"进社区：街居治理共同体的重构

政府职能社区化，除了"条条"进社区外，还涉及"块块"进社区，这里主要是政府体系最末端的街道办事处和社区的关系。由于大量行政性事务通过街道继续向下分解到社区，而社区居委会对此并没有制度化的"否决权"。目前社区治理研究主要存在两种倾向：一是孤立地看待社区，将社区视为一个独立自主的治理单元，着力于推

---

① 参见访谈记录，杭州市上城区民政局座谈会2016年7月21日下午。
② 敬乂嘉：《合作治理——再造公共服务的逻辑》，天津人民出版社2009年版，第83—108页。
③ ［美］奥利佛·E. 威廉姆斯：《资本主义经济制度：论企业签约与市场签约》，段毅才、王伟译，商务印书馆2003年版。

动社区治理结构转型,以实现社区治理的现代化;二是片面地看待街道和社区的关系,将街道视为社区的异己力量,认为社区居委会的过度行政化主要是街道办事处向下转移责任。街道只是作为政府职能向社区转移的"二传手",甚至主张取消街道办事处。这两种认知倾向都无法全面而深刻地把握城市基层治理的机制,以至于先后几轮社区去行政化改革都无法提升城市基层治理效能,居民自治改革陷入内卷化困境。笔者认为不同于乡村社会,街道而非社区才构成我国城市社会比较完整的基础治理单元,而在城市社会的治理单元中街道和社区构成了街居治理共同体,一方面体现为街道向社区分解任务、责任与压力;另一方面街道对社区提供治理资源支持。

一 街道和社区的关系:"政绩共同体"视角及其反思

省、市、区和街道办事处通常被视为城市社会治理的"块块",与"条条"各司其职不同,同级"块块"之间在政治晋升机制和压力型体制下存在较强的竞争性关系和排他性关系,即横向竞争和纵向晋升。自80年代中期兴起的目标责任管理制[1]以来,纵向各级政府通过将考核任务以指标量化的方式层层向下分解,那么横向同级"块块"的竞争成绩是由下级"块块"的成绩构成的。相较于"条条"进社区,"块块"进社区的逻辑更为复杂,尤其是最基层的街道办事处对社区的治理逻辑更为复杂。因为街道办事处作为区政府的派出机关,不属于一级政府,很多权力和职能分散在区政府职能部门("条条"),同时又在行政官僚体系的末端。在大城市政府地区,形成了以街道办事处为基础的竞争单位,市政府每个月对全市街道分类考核排名,而各区政府的竞争排名是以所辖街道的总成绩直接决定的。那么,作为行政体系最末端的街道办事处,其责权利不匹配问题最为突出,基层条块矛盾也最为严重。

街道办事处为了释放自己的压力,也会将目标任务继续向下分解到社区居委会,与社区签订各类目标责任书。由于社区缺乏内生资

---

[1] 王汉生、王一鸽:《目标管理责任制:农村基层政权的实践逻辑》,《社会学研究》2009年第2期。

源，社区居委会办公、活动经费以及项目资金主要来源于街道，加上社区两委成员的工资、福利和人事任命权也都由街道掌握，街道和社区由法律上的指导和被指导关系，变成了事实上的领导和被领导关系，这也为街道办事处向社区分解任务和压力提供了条件和可能。同时，为了调动社区能够积极地完成分解的目标任务，街道办事处也会辅之以相应的利益激励，如设置工资绩效奖集体奖等经济利益激励与工作考核结果直接挂钩。有的学者认为街道和社区之间实质上构成了责任—利益连带的"政绩共同体"，即地方官员及上下之间追求组织利益最大化而形成的攻守同盟。①

这种"政绩共同体"，在当下的行政考核体系下，主要集中在两方面：一方面是基础性任务的目标管理责任制考核上；另一方面为创新性加分项目的创建上，尤其是近几年来中央提出社会建设与社会治理创新目标后，"创新驱动"被塑造为中国地方政府治理成效的评价标准，甚至成为一种意识形态，一些即使是以往各级职能和权力部门的核心工作，如党建工作、民生社会事务工作等，也在街道和社区治理改革过程中被赋予"创新"的色彩。目前，街道和社区的主要创新性工作，集中于社区治理改革与服务的创新，如居民自治、社会组织培育以及公共服务创新等。对于基础性任务的目标管理责任考核，是自上而下分解到各社区必须完成的。

而对于创新性考核加分项目，街道会给予社区大量的自主权去筛选或确定一个宽泛工作目录和清单中的"关键"任务，甚至对那些只要有助于"创新"并上升到地方经验的项目，街道和地方政府将不遗余力地给予社区提供政策和资源支持。② 因此，对于创新性加分项目上，社区具有一定的自主权。整个完整的"创新"链条，一般包括甄别、选择、投入、扶持、包装等环节。"甄别"的标准，既根据上级政府文件或中心工作中占重要位置的工作重心和内容，也来自当地政府亟待化解的社会难题。"选择"则主要是对社区自

---

① 于建嵘：《破解"政绩共同体"的行为逻辑》，《廉政文化研究》2011年第1期。
② 郎晓波：《"进社区"：混合治理空间中的条块关系与行动逻辑——基于浙江省H市的基层社会治理改革》，《甘肃行政学院学报》2016年第4期。

主创新项目的一个再次筛选或评比的过程。选择之后要对项目进行必要的"包装",其结果直接决定街道或上级政府对该项目的投入和支持力度,以及能否在更大范围内推广成为有参照和复制意义的典型样本。① 经过筛选和包装后的社区项目,往往成为地方政府重点打造的"亮点社区"或"示范社区",甚至示范模式会在地方范围内推广,如深圳市居站分离的"盐田模式"随后便在全市得到推广普及。

虽然社区治理与服务创新项目,有可能是回应一线工作中出现的治理与服务难题,但同时也要迎合上级政府的政策导向和按照"先进"的理念进行包装,且在政府干部任期制下,换了一个领导就要创设不同的"创新性工程",容易造成社区创新项目的短期化、工具化和理念化。不管是对于基础性任务的目标责任制考核,还是对于创新性任务的加分制考核,在面对上级政府的考核压力下,街道和社区居委会构成了"政绩共同体",甚至街居的"合谋"。如有些学者观察到的,街道对社区居委会的"选择性应付"行为会睁一只眼闭一只眼。② 在街道对社区的控制,以及社区对街道的依附关系下形成的"政绩共同体",多被学界诟病,认为街道将大量行政性事务向下转移分解到社区居委会,并辅之以相应的利益激励控制,以至于社区主要精力用于应付上级行政性事务,而很少主动回应居民的需求,街居"政绩共同体"的唯上色彩比较严重。

实践中,由于社区工作者的职业化而带来的社区居委会行政化程度较高,街道和居委会构成的"政绩共同体"确实会存在大量政绩驱动与民众内生需求的脱节情况。但是"政绩共同体"只是街道和社区关系的一个维度,尚无法对两者的关系进行精准定位,因为其只是强调了两者在向上级政府负责时的政绩追求及其与民众利益的冲突,而忽视了街居治理与民众需求的一致性方面。"政绩共同体"的视角,实际上隐含了以下三个衍生推论:街道把行政任务和

---

① 郎晓波:《"进社区":混合治理空间中的条块关系与行动逻辑——基于浙江省H市的基层社会治理改革》,《甘肃行政学院学报》2016年第4期。
② 杨爱平、余雁鸿:《选择性应付:社区居委会行动逻辑的组织分析——以G市L社区为例》,《社会学研究》2012年第4期。

责任向下分解转移到社区居委会，并对社区进行考核，街道只是做"二传手"，所以街道不重要，甚至主张取消论；社区居委会主要承接的是街道转移的行政性事务，导致社区的过度行政化；街居"合谋"在政绩驱动下的向上负责，挤压了向社区居民负责的自治空间。

"政绩共同体"视角及衍生推论，实际上是在国家与社会二分法下以不受国家干预的社会自治为价值预设，并以此为观察经验和逻辑分析的起点。而从我国中央—地方—民众的三层互动关系视角，以及我国城市公共服务秩序的生产原理去分析，笔者认为"街居治理共同体"更能精准地概括"块块"进社区下街道和社区的关系。

二 城市治理的基础单元：街居治理共同体的重构

与村庄公共事务的低外部性和强自主性不同，城市社区公共事务具有高外部性和弱自主性特征，社区治理与外部城市系统的交互作用较强，社区就无法像村庄那样是一个相对独立的自治单位。在城市社区，"条条"与社区的接触互动频繁，在社区秩序中发挥了较大的功能，这就涉及"条条"与"块块"的关系。

（一）分流："条条"与社区

当代中国政府在组织结构上，鲜明地表现出纵向层级化和横向部门化的特征，通过层级化把整个行政区域切成了块块，又通过各层级对应的部门化把块块切成条条，从而形成了条块结合的体系。[1] 就领导关系而言，"条条"有三种不同的类型：①实行垂直管理的"条条"，主要包括中央垂管的条条、省垂管的条条；②实行双重领导的"条条"，包括"条块结合、以条为主"和"条块结合，以块为主"两类，双重领导中的一个关键问题是对职能部门干部的考察和任命权，其中地方政府的绝大多数工作部门采取后一种方式，如财政、民政部门等；③完全接受地方政府单独管理的"条条"。由于地方政府的职能部门和工作机构，绝大多数与中央政府相关部委相对口，极少数是各省根据实际需要因地制宜建立的，如盐务管理局等，没有上级

---

[1] 谢庆奎等：《中国政府体制分析》，中国广播电视出版社1995年版，第91页。

对应的"婆婆",只需要对同级政府负责,此类非常少。①

中央和地方各级政府之间的事权划分,也体现在条块关系的调整上,主要是看职能部门("条条")的主要领导关系,如工商局、食药监局、国土局、环保局等部门在中央垂管、省垂管或市垂管体制之间的摇摆调整。与西方典型代议制民主政体国家根据公共品的溢出范围来划分中央与地方政府之间事权不同,周黎安认为我国是根据统治风险、行政成本和人民满意度三者之间的平衡关系,来动态调整与划分中央与地方各级政府之间的事权关系。②虽然西方国家政府管理中也存在条块关系,但都不像当代中国的条块矛盾那么突出,主要是因为我国纵向政府之间"职责同构"和独特的"双重领导"体系,而西方代议制国家纵向政府之间实行"制度性分权"和"职责异构"。一般而言,在我国纵向政府关系结构下,越是往下到基层政府,条块冲突就越突出。

在大城市政府结构下,街道办事处作为上级政府的派出机构,非一级政府,行政职能不完整。虽然"条条"有不同的类型,但是"条块结合、以块为主"的条条,在街道一级都是作为街道办事处的内置部门,虽然也要接受对应上级部门的业务指导,但主要服从于街道的领导,所以在他们看来这是"自己人"。为了便于区分,笔者将属于街道内置部门的"条条"视作街道办事处"块块"的部分。而这里的"条条"特指非街道内置部门以外的条管部门,包括"条块结合、以条为主"的驻街城管中队、派出所、市场监督管理所等,以及未在街道一级设立"腿"的市级或区级职能部门。在大城市社会场域下,由于空间与人口的聚集,在有限的物理空间范围内积聚的人口密度高,与地广人稀的普通农业型地区不同,不同层级政府在同一城市空间内重合分布。最少的县级市是县(市)与街道两级政府重合,一般的地级市为市、区和街道三级重合,省会城市则是省、市、区和街道四级重合,最多的则是首都北京市为五级重合,其中城市政

---

① 周振超:《当代中国"条块关系"研究》,天津人民出版社2009年版,第32—45页。

② 周黎安:《行政发包制》,《社会》2014年第6期。

府以三级重合的地级市和四级重合的省会城市为主。

由于同一城市管辖空间内存在多级政府结构，除了少数由市级政府垂直管理的职能部门外，大多数市级政府职能部门不负责公共事务的直接生产，一般是负责制定政策标准、指挥、监督与考核等。区级政府职能部门中，除了"条块结合、以块为主"的部门，即向下对应成为街道内置部门的，其余职能部门则负责公共事务的直接生产。具体有如下情况。一是区以下没有设置自己的"腿"，如区教育局、住建局等。二是将自己的"腿"设置在街道一级，如区城管局。武汉市城管体制改革后，区城管局在街道一级成立街道中队。在事权的划分上，区城管局主要负责主次干道，街道中队则主要负责街道辖区范围内除了主次干道以外的所有区域。街道城管中队实行"双重领导、以条为主"的管理体制，城管中队正式执法人员的工资和人事权在区城管局，而城管中队的办公经费、福利以及协管员费用由街道负责。三是将自己的"腿"一直延伸到社区一级，如区公安局，不仅在街道设置派出所，还在每个社区设置社区警务室。四是在区以下设置自己的"腿"，但并不是按照街道行政区划设置，而是划分片区设置，如市场监督管理所的设置就是按照经济区域设划分的。

城市空间总体上是由街头空间[①]和社区空间[②]两大部分构成。区级政府职能部门的管辖不仅作用于街头空间，也都要作用于社区空间。在大城市治理体系中，分散在市级和区级职能部门实行专业化管理的"条条"与社区空间的互动关系比较密切。一方面，"条条"分流了大量社区公共事务，对宜居社区良好秩序的形成作用较大；另一方面，社区内部治理"小事"的能力，同样会分流"条条"的专业事务量，减轻上级"条条"的压力与工作量。举例来说，社区纠纷调解的能力比较弱或者缺乏治理责任的话，那么大量纠纷无法在社区内部解决的情形下，就可能涌入法院系统，造成司法诉讼案件的爆炸性增长，法院的事务量就会膨胀，如社区物业纠纷和相邻权纠纷案件。大量物业纠纷与物业管理矛盾的增长，同样也会对区住建局物业

---

① 街头空间，主要是指相对封闭的围墙社区边界以外的城市公共空间地带。
② 社区空间，主要是社区管辖范围内的居住空间区域。

管理科带来很大压力,而区住建局物业科往往不过两三个人。反过来,区政府职能部门不积极回应社区治理的求援,也可能会弱化社区治理的能力,从而加剧社区内部的矛盾。如社区内部违建的治理、违规装修改变住房结构、油烟噪声扰民等涉及执法的问题,由于社区组织没有执法权,有可能会形成治理的失败。

虽然"条条"与社区公共事务之间存在分流机制以及密切互动的关系,但由于不同的"条条"在社区涉及的公共事务密度以及重要度不同,所以除了对社会治安与稳定起到至关重要的公安局将"腿"一直延伸到社区外,绝大多数"条条"在社区没有自己的"腿"。每个"条条"的管理资源有限,管辖空间又比较大,加上对社区空间内居民的信息严重不对称,那么这会带来两个问题。其一,分散而资源有限的"条条"如何"进社区"进行有效管理?其二,对外界资源依赖的社区如何有效求助于"条条",并得到及时回应与支持?对于第一个问题,已在前文通过对核心职能与辅助职能的区分,对"条条进社区"辅助职能的生产机制做出了分析。对于第二个问题,则涉及"条条"与社区公共事务之间双向分流后的整合与衔接。

(二)整合:街道和社区

在城市治理空间下,"条条"与作为城市系统末梢的社区之间的相互分流机制的有序运行,使得"条条"与社区能够实现治理效能,提高资源的使用效率与公共服务质量。但是,两者分工运行如果衔接不畅,则可能会出现相互"推责"和"阻滞"的后果。街道办事处和区政府职能部门之间属于行政平级关系,"条条"履行的是部门专业责任,"块块"则执行"属地管理"责任,但街道办事处往往没有相关职能与权力,因此就可能出现"条条"利用接近区委区政府权力中心的优势,将"条条"的事务纳入区政府对街道办事处的目标管理责任制考核方案中,从而可能形成"条条专政"的权力势能,本质上的平级关系变成事实上的上下级考核与监督关系,就有可能出现"条条"的卸责。而如果不对"块块"进行考核问责的话,同样会出现作为"块块"的街道办事处和社区居委会的"卸责"或"消极治理"。

典型的例子为街道和社区居委会对业主自治的指导与监督,业主委员会首次成立筹备的指导与监督以区住建局物业管理科为主体责任时，街道和社区只是协助履行。那么，在关于住宅小区内业主、物业公司和业委会之间产生的物业管理矛盾，街道和社区居委会大多采取"消极"态度，不愿意多管"闲事"。随着物业纠纷的大量产生，地方法院受理的物业纠纷诉讼案件呈现井喷式增长，区住建局物业管理科也穷于应付。为此，许多城市开始探索将物业管理工作重心下沉的办法，加强"块块"对社区业主自治与物业管理的指导与监督责任，如在街道一级成立内置部门物业科，在社区一级建立社区居委会、业委会和物业公司之间的三方联动机制，或者与法院建立物业管理诉调对接机制等，从而分流和减轻法院和区物业管理科等"条条"的压力。

社区居委会在对社区公共事务的治理中，特别是对外部性溢出社区范围外的公共事务，仅仅依靠社区内部资源与力量无法有效治理时，就需要援引社区外部资源，特别是专业行政职能部门的力量。如果与社区治理密切相关的"条条"与社区能够建立起有效的衔接支持机制，社区基层组织就能够"借力打力"，提高为居民办事和满足群众需求的能力，也就有助于生成基层组织的实质权威。因为城市空间的功能分化，我国社区对于大多数居民而言主要是生活空间，居民对社区事务最关心的还是宜居有序的生活环境，如物业管理、私搭乱建、停车管理等。这些社区公共事务的有效治理，往往依赖社区外部的行政部门的履职与积极支持。正如杭州市上城区的一位社区居委会干部所言："社区居委会没有什么资源，也没有什么权力，有街道和上级各职能部门的支持，我们就能很好地借力打力，办成很多事情。如现在街道城管科、城管中队、交警部门对我们的配合力度大、回应快，社区治理难题比之前好做多了。"[①] 在没有建立起相关的协调机制时，由社区直接向"条条"上报和求援，尤其是易引起冲突或者涉及多个"条条"职能交叉的棘手问题，就可能遭遇"忽视不理"或"踢皮球"等结果。

一般而言，社区居委会在社区治理中遇到无法处理的难题，会直

[①] 参见访谈记录，杭州市上城区 QB 街道 LCJX 社区 2016 年 7 月 19 日上午。

接向街道办事处反映和汇报。由于街道办事处和区级职能部门是平级关系，由街道办事处出面去协调也存在难度，但是街道办事处比社区的位阶要高，且在城市空间治理中，街道也构成了基础竞争单元，因此应该在街道一级建立与"条条"对接协调的整合机制。那么，街道对社区治理需求的支持和及时回应就很重要了。面对上级的行政考核压力，街道向社区分解任务与责任，但社区组织毕竟不属于正式行政官僚体系，因此街道办事处就无法将压力与责任完全向下传导给社区，仅仅做个"二传手"。同时，街道还要建立对社区积极支持和主动培育的机制，构建街居治理共同体。随着城市管理重心下沉，行政管理体制改革中加强街道办事处的权力与地位，便是对实践需求的回应，特别是赋予街道办事处对于区级职能部门及其派驻机构的统筹权力或综合执法协调权。这实际上是在城市治理体系中建立以街道为中心与分散的"条条"对接协调的整合机制，其中街道和社区构成街居治理共同体，成为城市治理的基础单元。

（三）梯度治理：社区综合性治理—专业部门执法—常规化联合执法—运动式治理

以街居治理共同体构成的城市治理基础单元，城市公共事务的供给存在梯度治理体系。

1. 第一阶梯：社区的综合性治理

在通才型治理模式下，以社区两委为核心的基层组织，负责的是社区综合性基础事务，包括各"条条"的辅助职能以及来自上级"块块"的中心工作和临时任务等。正如前文讲述的社区一级对行政性事务的定位主要是基础信息的采集、安全隐患的排查、问题的发现以及小事的处理等，"小事不出社区"，社区在城市治理体系中起到的重要功能就是对大多数"人"和"事"的过滤和筛选。相较于政府职能部门拥有相应的专业技术与执法权力，社区工作属于劳动密集型服务。特别是对行政管理与执法类事务进社区，尤其遭到社区工作者的不理解，认为他们既缺乏相关领域的专业技术判断能力，也缺乏相应的执法权，只能用"肉眼"去看，所以应该收归相关政府职能部门亲自下来检查。

但是通过对行政职能中核心职能与辅助职能的区分，可以发现

"进社区"的一般只是辅助职能，不需要专业技术与执法权力就可以执行的劳动密集型服务。以消防安全检查为例，社区可以入户查看有无乱拉电线、辖区单位有无按照规定安装灭火器等基本情况。在这个初步排查过程中，社区就可以对大多数合法的居民或单位给过滤和筛选掉，同时对于部分不合法者进行告知和劝阻改正，如果对方听从建议及时改正，也相当于在社区一级就消化了。那么，对于少数社区无法识别鉴定的或违法不配合的"钉子户"，社区就可以根据事务的性质分类上报给相应的政府职能部门去专门处理。

2. 第二阶梯："条条"的专业部门执法

正是在社区综合性治理的基础上，作为"条条"的专业行政部门就可以只针对社区空间内的少数"钉子户"治理即可，从而可以节省大量行政资源和优化资源的配置，约束行政部门的进一步膨胀。这也是上述提出的综合性社区与专业部门之间的相互分流机制。

3. 第三阶梯：常规化的联合执法机制

在社区细小琐碎的公共事务中除了明确属于单一职能部门职责的事务外，还有诸多涉及多头管理或交叉管理的事务，需要多个部门联合执法。然而，涉及多个部门的联合执法行动的组织成本较高，针对社区治理中出现的具体事件，每次都要单独申请采取多部门联合执法行动几近于不可能。而实践中根据此类事务发生的数量、密度以及社会影响力等因素，部分城市已经探索出以街道办事处为牵头单位统筹建立多部门联合执法的常规化机制，或建立与分散"条条"的常态化联席机制。

案例5—7：佛山市禅城区SWZ街道于2015年开始试点"一门式执法"，在街道成立"一门式执法"领导小组，组长由街道办事处主任担任，办公室设置在街道环城分局，由环城分局局长担任办公室主任，街道综治办、环城分局、公安分局、安监分局、市场监督管理分局等执法部门为成员单位，日常几个主要部门各抽调1—2人与城管中队合署办公与共同巡逻执法。在遇到需要多头执法事务时，则属于哪个部门的职责就由哪个部门负责出面。在这种模式下，对于大量发生的多头执法事务，通过建立联合执法的常规化机制，就能实现及时地动态管理。

此外，对于大型联合执法行动，一般是由哪个部门需要，就由哪个部门牵头申请和组织。在没有"一门式执法"改革时，联合行动需要拟定联合行动方案，再层层逐级申请。首先经过本部门分管领导审批，再经过本部门局领导审批，再经街道分管领导审批同意后，最后由街道党政办向涉及的各部门发文。整个流程走下来，一般至少要三四天。而现在"一门式执法"办公室成立后，联合执法行动就简单多了，牵头部门只需要直接向"一门式执法"办公室递交申请即可，一天内即可走完流程，上午递交申请，晚上就可以组织联合执法行动。[①]

案例5—8：深圳市宝安区在街道一级成立城管综合执法大队，属于街道办事处的直属机构，下辖1个市容中队和2个查违中队。同时还以街道办事处为中心与"条条"建立各种联席协调机制，如街道设置"预联办"专门与交警部门联系协调联合执法事宜，特别是泥头车整治，城管需要与交警部门联合执法，因为只有交警才有强制拖车权。街道综治办设立专门联络员与派出所行动支援队联系协调联合行动，街道经济发展办公室则定向与市场监督管理所联系对接联合行动。因为有了常态化的"条块"联合执法机制，联合治理成本降低，有益于形成治理合力，基层治理的效能大幅提升。[②]

4. 第四阶梯：大型运动式治理

在日常的动态管理中，通过以上三个阶梯的治理都无法奏效而成为遗留问题，或者社会影响力较大，而且如果不治理的话，存在较大的模仿效应。此类问题的处理，一般程序复杂、耗时长、涉及部门多以及易引起执法冲突等，所以就先"攒着"，等攒到一定量后，再由地方政府牵头以中心工作的方式开展集中整治，对辖区内所有同类问题进行运动式治理。既有对我国运动式治理的研究取得了丰硕成果，多认为运动式治理短期内见效快，但是具有间歇性和反弹性特征，无法成为常态化

[①] 佛山市禅城区的组织设置比较特殊，环城分局是由环卫部门和城管局合并而成，区一级为环城局，街道一级为环城分局，公安、安监、市场监督管理局等部门皆为如此。参见访谈记录，佛山市禅城区SWZ街道2016年3月23日下午。

[②] 参见访谈记录，深圳市宝安区HC街道2017年4月14日下午。

管理机制。① 也有学者注意到运动式治理的常规性特征。②

运动式治理其实构成了我国行政梯度治理体系的有机环节，是对社区的综合性治理、专业部门执法以及常规化的联合执法机制的重要补偿。在梯度治理体系中，四个梯度的行政成本是递增的，且相互之间是动态依赖与分流的关系。如果前一个梯度具有较强的治理能力与治理责任，且不同梯度之间能够有效衔接与支持，那么向上分流的事务就会变少，社会治理比较有序。相反，不同梯度之间若互推卸责任，就会导致大量矛盾的累积和不断上移，社会治理效能差，就会越发依赖成本高昂的运动式治理。

第四节 "国家"进社区：居民自治的培育

最后一个问题是社区行政和自治的关系。在"条条"进社区和"块块"进社区的情形下，以社区两委为核心的基层组织承担了大量辅助行政职能，那么这是不是就一定与居民自治对立呢？社区居委会的官方身份以及承担的辅助行政职能是作为国家的代理人，也是"国家"进社区的表现。在"社会中心论"的治理理论视角下，"国家在场"与"社会自治"是相互排斥和对立的，因此主张社区居委会去行政化改革，以实现居民自治功能。但是在我国中央—地方—民众的三层关系视野下，三者之间会形成复杂的利益互动关系，而不是简单的国家与社会之间的二元关系。那么，我国社区居民自治就不是西方国家与社会制度化分权下的实体性自治，而是一种功能性自治，其有效领域为社区微自治。国家的进入对社区居民自治并不必然是排斥性干预，在经济资本和社会资本双重稀薄的社区场域下，对社区微自治的有效运转可以起到培育与支持的功能。

---

① 参见周雪光《运动型治理机制：中国国家治理的制度逻辑再思考》，《开放时代》2012年第9期；唐皇凤《常态社会与运动式治理——中国社会治安治理中的"严打"政策研究》，《开放时代》2007年第3期；冯仕政《中国国家运动的形成与变异：基于政体的整体性解释》，《开放时代》2011年第1期。

② 欧阳静：《论基层运动型治理——兼与周雪光等商榷》，《开放时代》2014年第6期。

一 微自治：社区居民自治的有效单元

社区公共事务属性的不同，其供给的责任机制与生产机制也是不同的。依据公共品外部性溢出范围和垄断性两个维度对社区公共事务进行分类，自治机制适用的有效领域为公共品溢出范围在社区内和不具有垄断性的社区公共事务。对于自治领域的事务，社区居民是责任机制与生产机制的主体。相较于行政机制基于强制原则、市场机制基于交换原则，而自治机制是基于少数服从多数的民主原则运行。那么，自治机制有效运行的前提需要自治单位内居民利益的相对同质化，只有利益的一致化程度较高时，才比较容易达成共识性需求表达与决策意见。反之，如果自治单位内居民的异质性程度过高，公共品需求差异大或利益分化严重时，就难以达成共识性决策方案，从而可能引起居民社会内部的冲突与撕裂，产生自治失灵。

而自治单位内居民的异质性程度和自治体的规模是直接相关的。其实西方政治学理论传统一直都将规模视为影响国家自治政体的重要变量。早在古典政治时期，柏拉图的理想国实质上就是"小国寡民"，他认为城邦的合适规模应该是能让所有的公民都相互认识和了解，计算出的一个城邦理想的公民数量为5040人。[1] 亚里士多德也认为城邦大小需要合适的规模，一个城邦的人口限度是既足以达成自给生活所需要而又是观察所能遍及的最大数额。[2] 到了近代启蒙运动时期的政治思想家依然关注规模和国家政体的关系。如卢梭认为："一个体制最良好的国家所能具有的幅员有一个界限，为的是使它既不太大以致不能很好地加以治理，也不能太小以致不能维持自己。"[3] 再如孟德斯鸠认为："在一个小的共和国里，公共福利较为明显，较为人们所了解，和每个公民的关系都比较密切。"[4]

虽然随后民族国家与代议制民主制度的兴起，突破了规模对国家

---

[1] ［古希腊］柏拉图：《法律篇》，张智仁、何勤华译，上海人民出版社2001年版，第147—158页。
[2] ［古希腊］亚里士多德：《政治学》，吴寿彭译，商务印书馆1965年版，第361页。
[3] ［法］卢梭：《社会契约论》，何兆武译，商务印书馆2003年版，第59页。
[4] ［法］孟德斯鸠：《论法的精神》，许明龙译，商务印书馆1961年版，第124页。

政体建设的限制，但是自治体的规模仍将对公共生活的质量起到重要影响。如罗伯特·达尔认为："平等、参与、对政府的有效控制、政治理性、友善和公民同质性都会随着国家人口数量和地域面积的增加而大打折扣。"[①] 在国家的疆域与人口规模相对固定后，在西方典型的代议制民主政体国家，一般中央和地方政府之间实行制度化分权，以及实行地方政府自治制度。那么，人们也更加关注与自己的生活最接近和关联度最高的地方自治政府的规模问题，这也是为什么美国人对小规模的地方政府偏爱的内在原因。在美国 35935 个城镇中，超过一半也就是 52% 的政府只负责管理不到 1000 人的市镇。在大都市地区，每个地方政府所管理的人数平均不足 6000 人。[②] 这还远没有我国城市一个社区的人口数量多。以上经典理论探讨的是规模与宏观的国家自治政体，或者与地方自治政府之间的关系。

我国自治体的发育则是从以村庄和社区为基础的城乡基层组织开始的，值得注意的是我国城乡基层自治并非西方制度化分权下的地方实体性自治，而是非制度化分权下的功能性自治。[③] 然而，规模大小对不同性质的自治组织都是重要的变量。1990 年 1 月 1 日实施的《居民委员会组织法》第六条规定："居民委员会根据居民居住状况，按照便于居民自治的原则，一般在一百户至七百户的范围内设立。居民委员会的设立、撤销、规模调整，由不设区的市、市辖区人民政府决定。"在当时的城市居住形态下，居民自治的规模相对合适。而 90 年代后期社区建设的探索，除了上海模式外，沈阳和江汉模式都将社区设置在介于原街道办事处和居委会之间的层级，并得以在全国推广。2000 年社区建设运动在全国推开后，便开启了将原来若干邻近的小居委会合并为一个大社区的过程，同时将居委会重新设置在社区层面，即社区居委会。出于行政管理的便利，城市公共设施与服务供

---

① [美] 罗伯特·A. 达尔、爱德华·R. 塔夫特：《规模与民主》，唐皇凤、刘晔译，上海人民出版社 2013 年版，第 6 页。
② [美] 尼古拉斯·亨利：《公共行政与公共事务》，孙迎春译，中国人民大学出版社 2011 年版，第 303—304 页。
③ 徐勇：《论城市社区建设中的社区居民自治》，《华中师范大学学报》（社会科学版）2001 年第 3 期。

给的规模效益,以及现代居住形态人口密度高等客观因素,也助推了社区规模的增长。相对于美国的小规模地方政府而言,我国大多数万人规模的社区算得上是"超大型社区"了。

案例5—9:深圳市罗湖区HB街道WH社区,在2002年社区建设时由WH居委会和JL居委会合并而成。目前下辖WH、JL和BD三个片区,辖区居住人口高达2万多人。2012年成为区社工委推行的居民自治试点社区,2012年发动居民直选楼长,从楼长中再按照片区选举产生议事代表。同时政府花钱购买服务引进罗伯特议事团队,引导和培育居民民主议事的规则意识。起初在2012年和2013年,区社工委配套社区基金5万元,由民选议事代表按照议事规则商讨社区基金的分配和使用,主要用于满足居民的公共性需求。起初由于社区基金比较少,议事代表尚能根据公共品的受益范围和轻重缓急等原则达成共识,利益分化程度还比较低。

但是到了2014年社区两委换届时,居委会也实行直选,由于作为试点社区,政府允许公开组团竞选和演讲拉票动员。也正是从这次选举开始,社区内部形成了两派,一派被选上成为居委会成员,另一派成了"在野派",也就成了潜在的"反对派"。2014年是个转折点,政府给予的社区基金数额也在增加,三个片区的住房结构与居住群体也不同,JL片区以八九十年代的单位房改房小区为主,房屋偏老旧、基础设施较差,而WH片区和BD片区则是以90年代后兴起的商品房小区为主。JL片区居民迫切想改善基础设施和居住环境,而WH片区和BD片区居民则更想多发展文体娱乐活动。不管是居民的利益诉求,还是居委会选举,都以地缘利益为基础分成了主要的两派,即以JL片区为一派,以WH片区和BD片区为一派。在之后社区民主议事过程中,两派之间就常常利用民主程序规则而"故意"互投"否决票",即只要是对方的提案就一概反对,陷入无休止的争吵而达不成任何有效决议。经过一段时间的运行,双方都"疲惫不堪",议事代表从最初对社区参与的热情高涨而冷却和逐渐退出。[①]

[①] 参见访谈记录,深圳市罗湖区HB街道WH社区3月27日上午、4月2日下午、4月6日下午等。

第五章 链式治理结构：城市社区治理的有机构成

一场轰轰烈烈的居民自治试验，在超大规模的社区治理结构和严重分化的利益结构的夹缝中运行，最终以失败告终，犹如湖面上的一朵水花激起几圈涟漪，旋即复归沉寂。上述试点案例具有普遍性的意义，可以带来至少三点启发：一是竞争性选举民主，并不一定能够带来有效的居民自治；二是我国超大型社区并不是居民自治的有效单元，许多城市社区的规模都是在万人以上，且多由若干个住宅小区组成，社区居民构成复杂且异质性程度高，难以形成利益共识型决策；三是我国城市社区公共事务的属性无法按照行政、服务与自治的边界清晰模式进行分类，从而相应采取行政、市场与自治机制。由于社区公共事务中存在行政、服务与自治边界模糊与职能交叉领域，对于此类事务无法采取任何单一的行政、市场或自治机制，主张国家与社会分权的居民自治机制无法有效满足居民的公共性需求。

那么，在当下超大型社区治理中，行政规划的社区边界范围不是规模适度的居民自治单元，有效的居民自治单位应为社区内部的居民自组织。由于其组织规模往往小于社区的行政边界，笔者将有效的居民自治单元称为"微自治"。[①] 自治机制是指公共品供给的责任主体为居民，通过居民间自我管理、自我服务、自我监督与自我教育的民主方式实现公共品的生产。依据居民内需的公共品外溢范围大小，微自治的规模也不同，小到单元自治、楼栋自治、门栋自治、院落自治，大到一个住宅小区内的业主自治等[②]。根据居民内需的公共品的内容，微自治组织的类型也不同，除了大多数以环境卫生或物业管理为内容的业主自治组织外，还有文体活动自组织、公益性服务志愿组

[①] 自20世纪90年代政学两届掀起了村民自治改革试点与村民自治研究的热潮，继而引发城市居民自治与基层民主改革以来，城乡基层民主自治运行20年来效果不尽如人意。近年来，政学两届开始注意到基层自治的适度规模与有效单元问题，如湖北秭归县政府推行的"幸福村落建设"，便是将村民自治的单元放到行政村下辖的自然村落一级，广东省清远市推动的村民自治单元下沉，同样注意到行政村规模过大而不利于村民自治。

[②] 武汉市较早开始试点以"院落自治"或"门栋自治"为代表的"微自治"探索，后厦门市海沧区开展了以"楼栋自治"为代表的"微自治"试点。具体可参见张大维、陈伟东、孔娜娜《中国城市社区治理单元的重构与创生——以武汉市"院落自治"和"门栋自治"为例》，《城市问题》2006年第4期；白雪娇：《规模适度：居民自治有效实现形式的组织基础》，《东南学术》2014年第5期。

织和居民互助性组织，以及社区老年人协会、妇女协会等社区社会组织。在社区内部以居民为主体的自组织，提供具有互益性或公益性的公共物品，都可以视为社区"微自治"的领域，因此微自治单位的规模具有弹性化特征。社区微自治的有效领域主要为公共产品溢出范围在社区范围内且不具有垄断性的社区公共事务。

二 国家的有效介入：社区居委会与微自治的关系

对社区行政与自治关系的认识，主流是放置在国家—社会二元关系范式下，认为社区行政化是强国家—弱社会的自然结果，国家介入对居民自治产生了挤出效应，因此主张国家的退场和还权于社区，给予居民自治发育的空间。而在以斯考切波为代表的国家学派理论视角下，社区自治并不必然排斥国家的介入，国家的大规模退出并没有带来市民社会的形成和社会自治的良性运行，因而主张国家的有效介入。[①] 其实这也是在国家与社会二元关系范式下得出的论断。

我国国家与社会在抽象与根本利益上具有统一性和一致性，在具体的治理中则呈现为中央政府、地方政府与民众的三层互动关系。前文提到任何两组之间都可能形成利益一致或冲突两种关系，三者之间在不同发展阶段、治理任务以及社会环境下会形成不同的利益交互关系。由于中央政府代表的是全国性、整体性和战略性利益，适合作为国家的代表。那么，国家对具体和局部的地方社会的介入则是策略化的，而非制度化的，主要依据地方民众的个体利益与国家战略利益一致还是冲突。当两者出现利益冲突时，在短期内就会形成国家与社会之间的结构性紧张关系，而当两者利益一致时，则呈现的是国家与社会之间的相互支持。在这个基础上，再来看国家与居民自治的关系。在转型时期中央提出加强"社会建设"和"社会治理"，使得中央、地方与民众三者在城市社区内培育社会组织与居民自治上具有利益一致性。在这个前提下，国家的介入就不必然会挤压社区居民自治的空

[①] 唐文玉：《国家介入与社会组织公共性生长——基于J街道的经验分析》，《学习与实践》2011年第4期；刘春荣：《国家介入与邻里社会资本的生成》，《社会学研究》2007年第2期；叶敏：《社区自治能力培育中的国家介入——以上海嘉定区外冈镇"老大人"社区自治创新为例》，《南京农业大学学报》（社会科学版）2015年第3期。

间，社区居委会的行政职能与自治职能就不必然是相互排斥的。

可以进一步将国家对社区的介入，划分为纵向干预和横向介入两个维度，国家对社会的直接纵向干预可能影响居民自治的自主性，因为国家垄断了与居民直接利益相关的参与决策权；而若国家不进行纵向干预，只是横向介入社会的话则并不会影响居民自治的自主性，因为国家的横向介入主要发挥调平社会关系的功能，保障居民的平等参与权。[①] 城市社区是内生利益稀疏型地区，内部具有经济资本和社会资本双重稀薄的特征，居民对社区参与的内生动力不足，这本也一直是困扰社区建设与居民自治的难题。因此，在城市社区场域下，既不是国家的完全退场，也不是国家的直接纵向干预，而是国家有效的横向介入社会，才有益于社区微自治的有效运转。

社区居委会作为法定的群众性自治组织，具有权威性和唯一性特征，且具有政治属性和法定协助行政职能，在社区公共事务治理中实质上兼具半行政半自治的混合性质。由于社区两委组织的特殊性质，作为国家与社会的连接纽带与桥梁，实际上也是"国家"在社区的"缩影"。社区两委作为城市末梢的基层组织，一方面向上连接政府，协助政府执行各类公共行政与服务事宜；另一方面还要向内发掘社区领袖和积极分子，培育和支持各类社区社会组织和业主自治等居民微自治功能的发展。

案例5—10：深圳市罗湖区DH街道JP社区刘书记（兼主任、站长），40多岁，女，已经在社区工作近20年，担任社区"一把手"12年，群众工作经验丰富。一般社区居委会、业委会和物业公司之间的关系不好相处，但是JP社区的2个住宅小区业委会运转良好。谈及经验，刘书记认为：不能对业委会的成立与运行抱着事不关己的旁观者心态。首先，要帮助业委会进行选举动员与候选人资格把关。当然，不能把他们选上后就不管不问了。其次，你还要给这些居民骨干提供资源支持，适当地设置一些激励机制，帮助他们树立在居民中的权威。因为你不给他们及时提供支持，他们没有任何资源，居民向

[①] 仇叶：《富人治村的类型与基层民主实践机制研究》，《中国农村观察》2017年第1期。

"找回"城市与"祛魅"的居民自治

他们反映问题或找他们办事，他们解决不了，时间久了，居民觉得他们没有什么用，就不会再去找他们，也就起不到什么作用。像我社区下面的2个业委会主任都很能干，他们在管理小区时遇到什么困难向我反映时，我会积极地与他们一起想办法去解决。这样的话，业主（居民）向业委会反映小区物业管理问题，发现业委会不仅能及时回应，而且是有用的，那么向其反映问题的业主就会多起来，业委会就能获得大多数业主的认可和信任，在群众中也就逐渐有了威望，那么业委会的自治工作也就好开展了。最后，我还会在开会或各类居民活动中，有意地树立居民骨干的权威，公开强调他们对社区的贡献等。"[1]

由此可知，社区居民自治的有效运转，并非要排斥国家力量的进入，而是需要国家的有效介入。城市社区微自治功能的有效运转，其实还带有国家主动性培育的色彩。当然，实践中并不是所有的社区微自治功能都能健康运行，或者社区参与都有活力。这个就和社区居委会与各类微自治组织的互动关系密切相关。一般而言，社区居委会干部的群众工作经验越丰富与群众基础越好，社区各类居民自组织和微自治领域越有活力；反之，则相反。在社区两委组织与微自治组织形成良性互动的社区，大都与案例中JP社区的做法相似。其内在机制为：作为国家"身影"在场的社区居委会，要对社区内部能满足居民公共品需求的各类居民自组织，给予主动支持和培育。一方面要积极发掘社区居民领袖和积极分子，另一方面要对之提供资源与权威支持，使之具备办事的能力。社区居委会在给予支持的同时，不直接干预微自治领域的自主性，让居民成为社区微自治领域参与决策的主体。

第五节　链式治理结构下行政—半行政半自治—自治机制的有机衔接

20世纪90年代以后，西方现代公共事务管理已不再是依赖单一

---

[1] 参见访谈记录，深圳市罗湖区DH街道JP社区2017年5月2日上午。

第五章 链式治理结构：城市社区治理的有机构成

主体的单一治理模式，而是出现以功能分离为基础的多元主体之间的治理关系。① 为应对社会日益高度复杂化、不确定性的新治理模式，网络化治理强调横向多元治理主体之间的平等、协商、竞争与合作达成自组织秩序。② 瓦尔特等认为："在网络化治理模式下，网络是由各种各样的行动者构成的，每个行动者都有自己的目标，且在地位上是平等的；网络之所以存在是因为行动者之间的相互依赖；网络行动者采取合作的策略活动来实现自己的目标。"③ 然而，杰索普指出多元平等主体之间的互动式治理秩序，却可能因为利益冲突、权力争夺等陷入治理失败的风险，并提出"元治理"的概念来应对此问题。④

有学者敏锐地注意到中美两国体制在不同层级治理上的差异，在美国越往下往往越是专才治理，反而越往高层的政务官越可能是通才型治理，而在中国则相反越是到基层越是全能型治理或通才型治理。⑤ 两者的差异不仅体现在纵向政府之间的关系，同时还体现在国家、市场与社会之间的关系上。其中，国家与社会之间的关系以及纵向政府之间的权力结构关系，也会影响到社会治理机制的选择。⑥ 社区作为我国城市治理体系的末梢，并非与国家进行制度性分权的自治实体，社区是镶嵌于整个城市系统治理链条中的，因此社区研究就不能孤立地看待社区，将其看作是一个自给自足的自治单元。

在对社区治理要素"人"和"事"分析的基础上，本章则对社区治理机制进行了解剖。在考察了参与到社区公共事务治理中的"条

---

① Davis, G. and Rhodes, R., "From hierarchy to contracts and back again: Reforming the Australian public service", Paper for the Political Studies Association—UK 50th Annual Conference, London, April 10 – 13, 2000.

② [美] 斯蒂芬·戈德史密斯、威廉·D·埃格斯：《网络化治理：公共部门的新形态》。周志忍译，北京大学出版社2008年版。

③ Walter J. M. Kickert, Erik-Hans Klijn, Joop F. M. Koppenjan, *Managing Complex Networks: Strategies for the Public Sector*, London: Sage Publications, 1997.

④ [英] 鲍勃·杰索普：《治理的兴起及其失败的风险：以经济发展为例的论述》，《国际社会科学杂志》（中文版）1999年第1期。

⑤ 周振超：《当代中国政府"条块关系"研究》，天津人民出版社2009年版，第227—228页。

⑥ 汪锦军：《纵向政府权力结构与社会治理：中国"政府与社会"关系的一个分析路径》，《浙江社会科学》2014年第9期。

条"（政府职能部门）、"块块"（地方政府）、社区两委组织、社区微自治领域下的居民自组织等各类组织之间的关系，研究发现我国城市基层社会形成的是行政机制—半行政半自治—自治机制有机结合的链式治理结构，其中具有半行政半自治性质的社区两委组织在社区治理中扮演着中枢神经式的连接功能。这种链式治理结构和治理理论下的网络化治理结构不同，治理理论主张的网络化治理结构是在纵向政府之间以及国家与社会之间均为制度性分权，功能边界清晰且地位平等和独立的基础上，构建合作伙伴关系。面对合作治理中可能面临"治理失败"的风险，以杰索普为代表的学者提出"元治理"的概念，利用政府作为唯一垄断合法暴力的身份，为各领域的自组织合作治理提供制度设计，但是政府依然是作为多元平等合作的主体之一，在治理框架内不能凌驾于其他主体之上。

由于我国纵向政府关系结构以及国家与社会之间并没有制度性分权，那么作为城市治理末梢的社区就不是一个独立的自治实体，也就无法在社区一级形成多元的网式治理结构。虽然我国纵向政府关系结构以及国家与社会之间并没有制度性分权，但是在大城市治理系统中却有根据公共品的溢出范围和垄断性两个维度进行的功能性分工，形成了城市治理的功能链，作为城市末梢的社区是嵌入在城市治理功能链中并成为有机的一环。在链式治理结构中，不同的治理主体代表的公共利益范围大小不同，因此不同的治理组织之间并不是完全独立而平等的关系。

同时也正由于纵向政府间以及国家与社会间没有制度性分权，社区公共事务之间的功能边界模糊且交叉，就无法简单地用网式治理结构下行政、市场与自治机制去直接分类，在行政与自治机制中间存在一个混合性的半行政半自治机制，这是我国链式治理体制的特色。在行政机制—半行政半自治—自治机制构成的链式治理结构下，有效的治理有赖于不同链条之间的有机衔接与相互支持，需要防止的是链条的断裂而失序。这也是为什么社区建设以来的历次社区治理结构改革，以构建社区多元的网式治理结构作为现代化方向无法取得理想效果的原因。至于我国体制为什么会形成链式治理结构，则是留待第六章要重点回答的问题。

第六章 多层级核心政治体制与"统分结合"双层治理

"下改上不改，改了也白改。"这是历次社区去行政化改革失败后常被归责的原因。所谓的"下改"是指以居民自治和社区多元化治理为目标的国家与社会分权式改革。而"上不改"则指向的是我国中央集权体制或威权体制。基层治理结构是嵌入在国家治理体系中的，基层治理的现代化改革应该放置在国家治理体系中去定位。"下改上不改，改了也白改"，正是反映了基层治理与国家治理的有机统一关系。在我国集权体制下，社区建设嵌入在我国城市系统的末梢，并非一个"结构性自治"单位，因此社区治理改革需要放置在城市治理体系中去定位。那么本章的主要内容就是从城市化发展过程来理解我国城市公共秩序的原理，进一步探求我国城市链式治理结构的制度性根源，揭示我国城市治理的体制与内在机制。

第一节 城市开发时期的公共品供给体制与机制

城市化是国家现代化的题中之义，而随着我国城市化的快速发展，乡土中国向城市中国转变，城市治理将在国家治理体系中占据日趋重要的位置。而且中国在短短二三十年的时间，创造了经济腾飞的奇迹，创造了城市化发展的奇迹，而且这是以和平的方式实现的。因此，有必要深入分析与总结我国开辟的独具特色的城市化模式及其治理机制。理解我国城市是如何开发建设和有效运转的是进一步构建城市良好秩序的关键，这也是推进作为城市系统末端的社区治理现代化改革的基础。

一 城市开发建设：原始资本积累与城市经营的奥秘

城市开发建设的关键在于提供相匹配的城市公共服务，包括城市基础设施建设和常规性公共服务。城市发达程度是和城市公共服务水平成正比的，这也是同样具有较高城市化率的拉美国家和欧美发达国家城市化差距的根本原因。城市化率并不是城市化水平的决定性因素，而正是城市公共服务的完善与质量决定了城市化水平的高低。虽然具有可以和发达国家相媲美的城市化率指标，拉美国家却是低水平的城市化，城市内基础设施匮乏和公共服务质量差，充斥着的贫民窟犹如城市肌体的毒瘤。由于城市基础设施建设等公共服务具有投资大、周期长与收益慢等特征，即面临一次性投资与长期性收益之间的矛盾，城市化发展面临原始资本积累的来源难题。前面第三章已对城市公共服务生产的原理做了初步分析。

在金融制度不发达时，城市开发建设主要是靠过去劳动剩余的积累，远远无法满足城市基础设施建设所需的巨额投资，因此城市公共服务供给效率比较低，城市建设速度也比较慢。而且这种依靠提取过去劳动剩余的内部积累模式，一旦在短期内提取过度则可能会面临社会不稳定的统治风险，如我国历史上建立统一的秦朝和隋朝，都因修建长城、阿房宫、大运河等大兴土木而官逼民反。突破性的进步来自近代信用体系的创新，信用制度可以将未来的收益提前兑现，为大规模长周期的设备和基础设施投资提供可能，打破了只靠过去劳动剩余的积累模式。[①]

以美国为代表的西方发达国家对城市公共服务的供给采取的是"债券融资＋税收财政"的模式，即地方政府通过抵押未来的税收收益来发行债券融资，以解决前期建设的一次性投资，城市管理维护阶段的公共服务，主要靠每年征收财产税来供给。财产税是美国地方政府的主要税收来源，政府征收的财产税用于城市公共服务的供给，城市公共服务水平的提高也会带来纳税人房产的增值，实现财政平衡原

---

① 赵燕菁：《正确评价土地财政的功过》，《北京规划建设》2013年第3期。

则。尽管如此，仅仅依靠债券融资尚不足以完全解决城市开发建设的原始资本积累问题，而西方发达资本主义国家则是通过殖民掠夺和战争入侵等外部掠夺模式，解决了城市化启动所需的原始资本积累。[1]

而我国城市化走的是和平而稳健发展的新模式，那么我国工业化和城市化的原始资本积累是如何完成的？中华人民共和国成立后前30年通过计划经济体制和工农业剪刀差以提取农业剩余积累，成为工业化发展的原始资本积累，初步建立了全面而完整的工业化体系。全体国人通过节衣缩食和勒紧裤腰带过日子积累起来的有限原始资本仅能支撑得起实现工业化发展，但是已经无力再推动城市化的建设。同时仅仅依靠工业化发展带来的劳动剩余积累缓慢的增长，也不足以解决城市开发建设的一次性巨额投资需求。所以城市基础设施和公共服务供给严重不足，历史欠账太多，无法满足城市居民的需要。因此，直到20世纪90年代，我国城市都还是实行流动人口控制与排斥政策，否则大量外来人口的涌入，而城市政府供给公共服务的能力不足，则可能导致公共服务的过度拥挤与城市社会的失序。2000年以来，我国开启了快速城市化进程，正是土地财政成就了大规模城市化所需要的原始资本积累。[2]

欧美发达资本主义国家城市化的完成是通过外部掠夺＋债券融资＋税收财政等三个步骤完成的。而我国的土地财政则是将城市开发建设所需的一次性投资和未来70年公共服务成本提前征收变现，将城市开发和城市管理两个过程的成本合二为一的一次性征收。土地财政本质上也是一种融资模式，它极大地扩张了地方政府的信用，盘活了"未来"的资产。[3] 为了能够兑现未来城市公共服务的供给，地方政府就需要将一次性预收的公共服务资金转化为未来可持续的税收财政收益。具体的机制则是通过将商住用地高地价获得的土地财政，在扣除征拆成本和城市开发建设成本后的剩余，用于补贴工业（包括地价和税收政策优惠等），提高地方政府招商引资的竞争优势，大力发

---

[1] 赵燕菁：《土地财政与政治制度》，《北京规划建设》2013年第4期。
[2] 贺雪峰：《城市化的中国道路》，东方出版社2014年版。
[3] 赵燕菁：《关于土地财政的几个说明》，《北京规划建设》2011年第1期。

展工商业经济，以实现工商税收财政的增长。因此，我国城市公共服务供给形成的是"土地融资＋工商税收"模式。

当然，我国土地财政与城市开发建设的实现，还依赖于相关的配套制度建设。首先，我国土地公有的制度红利，土地涨价归公，这是能够形成政府土地财政的基础，也是私有土地制度无法模拟的制度优势。[1] 其次，1994年分税制改革，地方政府税收分成比例较低，同时将土地收益列为地方政府预算外收入，这为地方政府推动城市化提供了动力空间。再次，1998年住宅商品化改革与2003年的土地招拍挂制度建立，形成和规范了土地二级市场的消费者竞争。最后，2000年以来户籍制度的松动，诸多城市制定买房落户政策以及人口自由流动政策，助推了城市化发展。这一系列的制度配套改革，开启了我国自2000年以来和平、快速而高质量的城市化发展进程。

二 竞争性政府：纵向集权与横向竞争的城市治理体制

以美国为代表的"债券融资＋税收财政"模式和我国的"土地融资＋工商税收"模式，是两套不同的城市公共服务供给机制。虽然城市公共服务供给都是以地方政府为中介，但是政府的性质与角色定位却不同。由于美国等发达国家城市公共服务供给支出主要来源于财产税，财产税的征收标准是根据每年城市公共服务的支出成本来核算的。同时，西方发达国家在建立起来直接税收制度上都至少经历了数十年的抗争运动，正如"无代表，不纳税"，政府对直接税的征收是以向民众让渡部分权利为前提的。

西方典型民主政体国家不管是采取单一制还是联邦制的国家权力结构形式，而政府权力结构形式基本上采用的都是分权制，即纵向政府之间实行制度化分权和地方自治体制。纵向政府之间往往根据公共品的外溢范围来划分事权，每一级政府都有自己单独负责的公共领域，各自的职责边界相对清晰。那么，在西方典型代议制民主政体国家下的政府就是公共服务的垄断者，若不受约束与控制的话，具有私利追求的政府代理人就可能利用垄断者的身份获取垄断利益，这是与

---

[1] 桂华：《中国土地制度的宪法秩序》，法律出版社2017年版。

第六章　多层级核心政治体制与"统分结合"双层治理

民众利益直接对立的,所以政府是"必要的恶"这一西方认知具有内在的合理性。因此,在纵向政府之间实行制度化分权和地方自治的同时,一般也会建立起各层级政府对辖区民众的责任机制,即通过竞争性选举实现对政府代理人的政治问责和约束控制。[1] 各级政府的行政首脑都是由各自辖区内的选民选举产生,并在本级政府负责的事务领域内直接向各自辖区内的选民负责,而不用向上级负责,不同层级政府之间在公共事务的治理上属于合作伙伴关系。因此,以美国为代表的"债券融资+税收财政"模式为基础的城市政府,实质上形成的是"垄断+民主"式城市治理体制。

我国不仅在国家权力结构形式上采取的是中央集权的单一制,而且在政府权力结构形式上实行的也是中央集权制,即不管是中央政府内部,还是纵向不同层级政府之间,都只有分工,而无制度化分权。纵向政府之间权力向上集中,不同层级政府之间属于领导与被领导的上下级关系,地方政府是直接层层向上负责,间接向辖区内民众负责。以西方民主政体理论来透视,由于缺乏西方的民主政治机制对政府的约束与控制,因此学界往往将我国集权体制视为"威权"的,以与西方的民主政体相对照。这实质上是以西方代议制民主政体下政府的垄断者角色以及政府与社会的二元对立关系为潜在假设做出的推断,认为在没有民主机制对政府进行政治控制时,政府就必然会侵害民众的利益,公民的权利便得不到保障。

然而,正是在我国集权体制下,在短短一二十年间实现城市化高速发展,居民享受到的城市公共服务水平和质量远超过同等的发展中国家,发达板块经济带上的城市建设甚至可以媲美部分欧美发达国家,这又该如何解释呢?赵燕菁认为实行集权体制并不意味着政府的行为就不受约束与控制,相较于"垄断+民主"的城市治理模式,我国形成的则是独特的"集权+竞争"的城市治理体制,有一套精巧的内在制度平衡机制,助推了快速而高质量的城市化开发建设。[2]

---

[1] 郑永年、王旭:《论中央地方关系中的集权和民主问题》,《战略与管理》2001年第3期。

[2] 赵燕菁:《城市规划职业的经济学思考》,《城市发展研究》2013年第2期。

第四章指出政府相对于企业等市场主体而言，具有多目标性和垄断性特征，这里的垄断性与西方代议制民主政体下政府的垄断者角色的并不完全相同。

在代议制民主政体下政府对公共事务的垄断性，不仅相较于企业或社会组织，而且指在府际关系内部相较于其他的纵向政府与横向政府，因为在纵向政府间分权与地方自治体制下，每一个地方政府都有其独立负责且不受恣意干预的公共事务。然而，在我国集权体制下，政府相较于企业等其他主体而言虽具有垄断性特征，但是横向地方政府之间围绕着中央确立的目标展开了政治晋升锦标赛，将竞争机制引入政府内部，再造了以地方政府为单位的公共服务供给的生产者竞争体系，形成了对地方政府的激励与约束控制机制。下面以我国城市化开发建设的过程与机制为例，来展现"集权+竞争"的城市治理体制的意涵。

自十一届三中全会党中央作出将国家的重心转向以经济建设为中心以来，在由中央发起的以经济发展为核心目标的政治晋升锦标赛体制下，地方政府对于发展经济便具有了强政治激励。工业是城市发展的基础，只有发展工业才能带来大量就业和服务消费，工业发展水平决定了城市的消费能力，因此发展经济就要大力发展工业。1994年分税制改革，地方政府税收分成比例偏低，但是将土地收益全部界定为地方政府的预算外收入，因此地方政府成为我国城市化发展的责任主体。而我国以间接税为主的税收制度、土地公有制度、国有土地有偿使用制度以及住宅商品化改革，为地方政府经营城市提供了制度工具和竞争空间。这使得地方政府可以通过垄断土地一级市场和放开土地二级市场以获得"土地财政"。

我国"土地财政+工商税收"的城市公共服务生产机制，实质上是一种工业与商住第三产业捆绑发展的城市化模式。城市国有建设用地按照性质分为国有划拨用地和国有转让用地，其中国有划拨用地主要为城市公共服务配套用地，如政府机关、学校、医院、市政设施用地等。国有转让土地按照用途分类，主要分为工业用地、商业用地和住宅用地三类。一个城市土地的出让，商住用地占整个土地批租面积的比例是比较小的，赵燕菁等对厦门市土地批租用途构成的考察发现，商住用地只占总土地批租面积的 1/5—1/4，工业用地占大头。[①] 城市公共服务用地由于公益性而采取零地价的行政划拨方式供地，同时政府还要一次性投入巨额资金配套城市基础设施与公共服务，而工业地价也是比较低的，甚至有的地方政府推出零地价或"负地价"。"惊人的"高地价都是出现在商住用地上，因为在商住用地上形成的是消费者竞争机制。

相较之下，在工业地价与城市公共服务配套上，则形成了以地方政府为单位的生产者竞争机制。具体的逻辑为：在我国由中央政府掀起了以经济建设为中心的发展要求，层层向下的地方政府官员只有在经济发展排名中胜出才能获得政治晋升，这对地方政府代理人施加了强政治激励与约束。而地方政府为了发展经济就要大力招商引资和发展工业。而要想招商引资竞赛中胜出，地方政府就需要提供高质量的城市基础设施与公共服务，更好地为企业家服务，以创造有吸引力的营商环境。同时，也只有工业的发展，以及高水平的城市公共服务配套，才能进一步提升商住用地的地价，积聚更多的土地财政，进一步增强城市政府提供更高水平的城市公共服务和补贴工业发展的能力。最后，只有工商业的繁荣与发展，才能源源不断地转化为长期性的工商税收财政。在资本具有稀缺性和高度自由流动性特征约束条件下，作为城市公共服务生产者的地方政府之间围绕着对资本的争夺形成了完全竞争格局，保障了我国城市公共服务供应的水平与质量。

三 城市化时期中央、地方、企业家与民众之间的激励相容[②]关系

与"垄断+民主"的城市公共服务供给机制下，城市政府是直接

[①] 赵燕菁、刘昭吟、庄淑亭：《税收制度与城市分工》，《城市规划学刊》2009 年第 6 期。

[②] 这里借用的是里奥尼德·赫维茨（Leonid Hurwicz）在其创立的机制设计理论中提出的"激励相容"概念，具体的意涵为：在市场经济中，每个理性经济人都会有自利的一面，其个体行为会按自利的规则行动；如果能有一种制度安排使行为人追求个体利益的行为与机构实现集体价值最大化的目标吻合，这一制度安排就是激励相容的。参见［美］奥尼德·赫维茨、斯坦利·瑞特《经济机制设计》，田国强等译，格致出版社 2009 年版。

面向民众提供服务不同，在我国"集权+竞争"的城市公共服务供给机制下，城市政府是直接向企业家服务，间接服务于民众。我国独特的城市公共服务供给机制的有效性，除了以生产者充分竞争为内核外，还存在一个变量，即工业化与城市化初始阶段的社会基础。具体而言，在城市化扩张的初始阶段，以"土地融资+工商税收"为财政基础，并以"纵向集权+横向竞争"为治理基础的城市公共服务供给体制，形成了中央、地方政府、企业家与民众之间利益"激励相容"秩序。因为在城市化的初始阶段，由于民众对城市公共品需求具有多目标性，而且多目标之间可能会产生冲突，如发展工业经济与生态环保之间的矛盾，这就涉及有限的资源如何优化配置的问题。可以将城市居民的内生需求划分为两大类：一类是发展性需求，如就业机会、城市基础设施、医疗、教育、社保等基础性城市公共服务；一类是品质性需求，在城市发展建设的基础上开始对城市生活品质有了更高的需求，如对生命安全的重视，包括食品安全、安全生产，以及对城市环保与清洁美丽等生活舒适宜居的强调。

在中国制造尚处于国际分工体系中的价值链末端，以高污染高耗能低附加值产业为主的城市化起步阶段，发展性需求和品质性需求就会产生冲突。但是，对于城市化开发建设初期的绝大多数城市居民而言，"富起来"是首要目标，在两类需求产生张力的时候，会选择优先满足发展性需求，包括发展经济创造就业机会，完善城市基础设施与基础性城市公共服务等。此时城市居民对低水平的城市生活品质就具有较高的容忍度，而且对发展性目标下的城市公共服务需求具有相对同质化、规模化和标准化等特征。那么，企业家对于城市公共服务的需求与城市居民需求具有一致性，那么地方政府在招商引资大赛中积极为企业家服务，其实也展开了城市公共服务生产的充分竞争。因此，在生产者充分竞争而消费者可以自由选择时，即使没有作为消费者的民众的民主参与，也能生产出有质量的基础性城市公共服务。

地方政府是城市化发展的主体，在城市化的开发建设阶段，"集权+竞争"式城市治理体制，形成了地方政府、企业家与民众之间激励相容的秩序。同时，中央政府也从这套城市化发展模式中获益，因为地方政府通过获取的土地财政转化为城市工商业的发展。1994年实行的分税制改革,将同经济发展直接相关的主体税种如增值税、企业所得税、个人所得税划为中央与地方共享税,且中央政府获得税收分成的大头。[①] 因此,中央的税收财政大幅增加,间接分享了地方的地租收益。中央对地方的管理具有多目标性,既有发展经济的职能,也要社会稳定,同时还有市场监管、环境保护等行政管理执法职能,同样多目标之间有可能产生冲突。我国行政管理体制采取的是层级制和职能制结合的双重领导体制,即"条条"和"块块"相互制衡和监督,由于多目标之间的冲突性,在中央集权体制下越是到基层,条块矛盾就会越突出。

中央在发起地方政府政治晋升锦标赛过程中,掌握了目标设定权、激励控制权与考核监督权,在以经济发展指标为中心、出现重大安全事故或群体性事件一票否决的结果考核控制下,地方政府实际上面临发展与稳定的双重约束,那么地方政府在实践中需要在发展经济和保障民生稳定之间维持一定的平衡。同时,由于在城市化开发建设阶段,地方民众相较于城市生活品质性需求,将发展性需求放在第一顺位,也就对城市管理和公共服务领域的低水平具有一定的容忍度。因此,在城市化的开发建设阶段,我国纵向集权和横向竞争的城市治理体制,创造了一条独特的和平崛起的城市化发展模式。

虽然我国地方政府缺乏来自横向的权力制衡和控制,但并不意味着地方政府的行为就不受责任控制。我国独特的"集权+竞争"式的治理体制的有效运转,有赖于作为公共服务生产者的地方政府之间形成充分竞争关系,而地方政府代理人参与竞争的动力来源于政治晋升博弈。因此,这套治理体制的活力需要建设相关配套制度来保证地方政府竞争的充分性和公正性,以形成对地方政府代理人有效的激励与控制,如合理的官员晋升流动制度、国有土地招拍挂制度等。而一旦通过竞争来激励与约束控制地方官员的机制失灵,在没有横向权力的制衡监督以及上下级政府间信息不对称的集权体制下,那么地方政府对公共事务的垄断性权力就可能失控,从而产生政府官员对民众的

---

① 赵燕菁、刘昭吟、庄淑亭:《税收制度与城市分工》,《城市规划学刊》2009年第6期。

"盘剥"与利益侵害，甚至可能造成"官逼民反"的统治风险。正如有的学者观察的那样，地方政府的领导人由于具有较大的晋升流动空间，因此往往会受到更强的政治约束，积极招商引资发展经济，竭尽所能为企业家提供良好服务，扮演的是"帮助之手"；而对于某些部门领导或中层干部，由于政治升迁无望或空间较小，便不会顾忌政治责任，出现利用权力谋私利情形，如向企业吃拿卡要，成为"掠夺之手"。①

在西方典型的代议制民主政体国家，纵向政府之间根据公共品的溢出范围而实行制度化分权的同时，通过竞争式选举政治领导人的民主制度来约束和控制地方政府代理人，以建立起对民众的责任机制。然而，并不是建立竞争性选举的民主制度，就能自动产生对政府行为的约束与控制，以及政府对民众需求的回应性与责任性。马骏通过对欧洲和美国建国历史的考察发现，仅仅有民主选举制度尚不能建立起有效的对政府行为控制和政治问责的机制，同时还要辅之以现代预算制度的配套建设，西欧老牌资本主义国家是代议制民主选举和现代预算制度同时建设的，而美国则是先有代议制民主选举制度，后才建立起现代预算制度。②

美国在建国后的19世纪民主制时代，虽然建立了代议制民主选举制度，尚没有现代预算制，所以此一时期便出现了历史上臭名昭著的老板政治、两党分肥政治或政党机器政治。在19世纪末开始的进步党人运动的努力下，美国在20世纪二三十年代逐渐建立起现代民主预算制度，以及政治与行政二分的职业文官制度与法理型科层制后，才实施了对地方政府相对有效的控制与政治问责。另外值得注意的是，此一时期也正是美国大规模城市化发展阶段，市民同样对城市基础设施和公共服务优先供给具有相对同质化的需求，利益分化程度较低。因此，美国"垄断+民主"的城市治理体制，以及专业化与理性化的科层官僚组织兴起，是与其城市化时期的社会基础相匹配的。

---

① 周黎安：《中国地方官员的晋升锦标赛模式研究》，《经济研究》2007年第7期。
② 马骏：《实现政治问责的三条道路》，《中国社会科学》2010年第5期。

第二节　城市治理转型：从城市开发逐步迈向城市管理新阶段

上一小节分析了城市公共服务供给的两套不同的体制与治理机制，并着重分析了我国城市化开发建设阶段以直接服务企业家为中心且缺少民主参与的城市公共服务生产体制的有效性及其内在机制。根据组织社会学理论，组织作为调节生产关系的上层建筑，需要根据变化了的生产力与社会环境而做出调适与变革。随着一、二线发达城市中心城区的城市化扩张接近尾声，城市治理的重心将由城市开发建设逐渐迈入城市管理维护的新阶段。加上，随着城市中间阶层的崛起，对城市公共服务的发展性需求逐渐转变为品质性需求。面对变化了的社会环境和社会需求，既有的城市治理机制在实践中产生了许多矛盾，城市治理面临转型。本小节主要分析城市治理转型的动力以及城市政府的治理改革探索经验。

一　城市治理转型的动力基础

城市化是我国现代化建设的方向，这也是过去乃至将来很长一段时间城市治理的中心工作。我国"集权＋竞争"式城市治理体制，在政府内部再造了公共服务生产者竞争体系，开辟了独特的城市化开发建设模式。在短短二十余年内，我国城市化发展取得了令世界瞩目的成就，满足了居民对城市的发展性需求。人民日益增长的物质文化需要与落后的社会生产力之间的矛盾，得到极大缓解。由于城市政府集中力量招商引资和发展经济，城市基础设施和公共服务在短时期内得到超常规和跨越式发展。随着市民对发展性需求的满足，过去粗放式的城市管理与市民日益增加的对城市生活品质性需求的矛盾愈发凸显。党的十九大报告中提出我国社会主要矛盾已经转化为人民日益增长的美好生活需要和不平衡不充分的发展之间的矛盾。这一判断是对我国过去三四十年发展的历时性总结与精准定位。

"人民对美好生活的向往"要比"人民对物质文化的需要"的内涵更加广泛，对公共服务质量要求也更高。而"不平衡不充分的发展"可以体现为区域之间、城乡之间、人与自然以及经济产业结构与质量效益之间等方面。这是对我国社会的总体性判断，同样适用于城市治理矛盾性质的转变，如笔者提出的居民对城市生活的品质性需求对应的就是"人民日益增长的美好生活需要"，而不再是过去"在落后的社会生产力"下，城市政府集中力量应对"日益增长的物质文化需要"的发展性需求。城市治理矛盾性质的深刻转变，构成了城市治理转型的动力基础，具体表现在以下几个方面。

第一，大城市经济发展进入产业转型升级竞争的新阶段。特别是发达地区的大城市已经在推动产业转型升级，大城市政府之间已经展开了新一轮的中高端产业和人才的争夺赛。这意味着地方政府追求经济发展的利益与行政执法管理职能之间的冲突或张力大为缓解，那么"条块关系"及其代表的"央地关系"将发生相应转变。我国作为后发现代化国家，自改革开放以来国家实行以经济建设为中心的发展战略，在过去超常规和跨越式发展且主要以粗放式经济和中低端产业为主的阶段，地方政府发展经济的职能与市场监管、社会管理等行政管理执法职能具有内在的冲突。

一方面，以经济发展指标（GDP）作为地方政府政治晋升的选拔规则，除了社会稳定"一票否决"外，常规性行政管理执法并未进入考核体系，那么地方政府在发展至上的指挥棒下，就会倾向于牺牲市场监管、生态环保等职能以服从于经济发展。另一方面，中央还要兼顾民生和协调地方政府的治理风险，如地方政府"不择手段"的发展经济过热，导致出现重大环境污染事件或食药品安全事件，以及侵害民众利益的事件等。中央对对方政府治理风险的控制，主要采取两种手段：一是采取"一票否决"目标责任制，让地方政府在发展经济和社会稳定之间维持相对平衡；二是通过垂直化管理的"条条"来制衡和监督地方政府"块块"，如市场监督管理、国土和环保等部门的垂直化管理，便是希望达到监督和制约地方政府的行为。愈往下级，条块冲突就愈加严重。

案例6—1：据武汉市洪山区GS街道办事处一个干部回忆，在街道过去尚有发展经济和协税护税职责时，对于注册在本地的工商企业，因为对本地纳税有贡献，街道就会积极给予保护，相关执法管理部门严格执法就会遭遇街道的暗中"阻挠"，而对未注册在本地但在本地经营的工商企业，不仅会配合相关执法部门执法，甚至还会向有关部门举报其违法行为，试图"威胁"以让其更改注册地以争取税源。类似的案例在各地是个普遍现象。①

"条块"之间的矛盾源于两者间的利益冲突，更深层次的则是中央多目标之间的张力，以及中央与地方关系的张力。然而，在产业升级的新时代背景下，地方政府致力于推动中高端产业和科技创新产业发展的目标与行政管理职能之间的张力就会比较小了。因为中高端产业需要在科技与价值含量、品牌声誉以及质量形象等方面提升，关于安全、合法和环保等管理标准是底线，所以地方政府与职能管理部门之间的利益冲突降低，向利益一致性转变。那么，由于中央目标的调整以及央地关系的变化，那么纵向政府之间或条块之间的权责配置也需要做出相应调整，以建立更加匹配的治理体制与机制。

以环保执法为例，在推动产业升级和供给侧改革之际，中央将生态环境保护和绿色发展提升为政策议程，为此开始推动环保部门实行省以下垂直化管理，目的是加大环保执法监管的力度。笔者在深圳市宝安区调研时，据当地环保所的一线执法人员反映，对于深圳这样的城市而言，已经实施了产业升级转型，环保部门并没有来自地方政府施加的压力，条块之间矛盾不明显，依法履行环保部门的法定监管职能即可，现在面临的主要问题反而是基层环保所执法人力和财力资源不足，而要管辖的市场主体过多，以及近年来住宅区居民对油烟噪音扰民投诉的案件激增，导致执法管理能力不足。当地街道办事处通过地方财政雇佣若干名协管员以缓解环保所人力不足问题，支持环保所的执法管理工作。对于深圳这样的一线发达城市，地方政府具有推动产业升级的内生动力，对于高污染和高耗能等落后产业不会进行保护。为了在新一轮产业升级和人才争夺赛中胜出，大城市政府之间开始在生态宜居、清洁美丽、管理服务完善等城市生活品质和营商环境

---

① 参见访谈记录，武汉市洪山区 GS 街道 2016 年 10 月 10 日上午。

软实力上竞争。

案例6—2：深圳市宝安区某环保所的一线执法人员认为：不像中西部地区，环保部门的监管职能与地方政府发展经济的职能可能产生利益冲突，因此需要靠"条条"制衡和监督地方政府，需要实行垂直化管理和保持"条条"相对于"块块"的独立性。像深圳这样处于产业升级转型中的发达型大城市，两者之间的目标从冲突开始转向一致，且由于发达地区地方政府财政实力相较于"条条"部门更为雄厚，环保等职能部门应该将事权下放，更有助于形成执法监管的合力，提升基层治理的能力。[①]

第二，大城市中心城区从以城市开发为主向城市管理与服务为主的新阶段转变。经过前面二三十年的城市化扩张，中心城区的城市开发已接近尾声，城市管理与服务职能凸显。由于工业进园区，经济发展职能主要集中在区级政府，中心城区的街道办事处由于没有可供开发的土地，也就没有了招商引资发展经济的空间，将以管理与服务职能为主。很多大城市已经开始取消街道办事处招商引资等经济职能，如上海市和武汉市等。城市管理与服务类公共事务，具有信息复杂性和不对称性特征，由贴近地方民众的基层政府执行较有优势。但是由于街道办事处作为上级政府的派出机构，很多职能管理部门集中在上级，导致城市基层管理中"看得见的管不着，管得着的看不见"的矛盾比较突出。"条块"之间衔接机制不顺畅，甚至条块之间相互推诿，常常导致政府公共管理与服务的缺位，以及城市基层组织回应居民需求的能力不足。而城市社区的实质权威来源于为居民办事和满足居民内生需求的能力。因此城市政府职能的转变，也需要对城市治理体制与机制作出相应调整。

此外，城市政府职能由发展经济向城市管理与服务职能转变，还将给自上而下的行政考核体系带来挑战。在我国纵向集权的体制下，由于缺乏来自地方横向权力的制约和监督，主要靠上级的激励与控制，其中以目标责任制考核为基础的政治晋升机制，是对地方政府激励与约束的重要机制。但是该晋升机制的有效运转有赖于考核指标的

[①] 参见访谈记录，深圳市宝安区某环保所2017年4月19日上午。

可计量性和单一任务性，以及评选结果的客观性、公正性与可预期性。① 在"以 GDP 论英雄"的行政考核体系下，GDP 的可计量性和单一任务性，契合锦标赛的竞争选拔规则。而城市政府，特别是街道办事处的职能转向管理与服务后，由于城市管理与服务类事务具有多任务性和难以科学计量性，行政考核评选结果的客观性、公正性与可预期性就难以保证，那么晋升机制对地方政府的激励与控制的效果就大打折扣了。这对于中央在新的时期如何激励与约束地方政府提出了挑战，也为城市政府治理改革提出了新的课题。

第三，城市由简单社会向复杂社会转变，以及城市中间阶层崛起与对城市生活品质性需求的上升，这给中央和地方政府带来提供公共服务质量的压力。经过近二十年快速城市化的开发与建设，我国城市面貌日新月异，城市基础设施与公共服务需求已经得到初步满足。城市社会不再是一个简单社会，即利益诉求的相对同质化和利益交换的内部化，而逐步转向复杂社会，具体表现为利益诉求的多元化和利益交换的外部化，共同体式社区治理面临危机。不管是居民还是社区自身都需要和外部城市系统发生更多的联系和交换。作为嵌入在城市系统末端的社区治理呈现为强依附性与弱自主性特征，这将对城市治理转型背景下社区治理改革产生影响。

同时，改革开放 40 多年实逐步现了"富起来"的目标，城市有产者和中间阶层群体的崛起，对城市生活的品质与舒适度提出了更高的要求，对于以牺牲环境、安全和质量等为代价的经济发展的容忍度在下降，如现在市民对生命安全和环保问题的重视。为回应居民的需求，现在政府往往将安全问题纳入政府的"一票否决"考核事项。因此，党的十九大报告对我国社会主要矛盾性质已经发生转变的论断是对时代变迁的精准判断，也是对社会问题的精准诊断。"人民日益增长的美好生活的需要"，已经取代"人民日益增长的物质文化的需要"，成为当下政府工作回应的重点，这也将对民众、中央与地方政府关系的变迁产生影响。

---

① 周黎安：《中国地方官员的晋升锦标赛模式研究》，《经济研究》2007 年第 7 期；周飞舟：《锦标赛体制》，《社会学研究》2009 年第 3 期。

第四，转型时期新增社会矛盾和法治剩余事务的大量出现。在城市开发建设的过程中，由于城市政府以经济发展为中心，一些新增社会矛盾受到忽视而导致政府管理缺位。如近年来中心城区住宅小区物业管理类纠纷的爆炸性增长，物业管理矛盾凸显。随着中心城区开发完毕，已建住宅小区数量较多，宜居的生活环境是居民对于住宅小区的主要需求，那么能否形成良好的物业管理秩序就很关键了。对城市住宅小区物业公司的监管以及业主委员会的成立，业务指导部门为区住建局物业管理科，形成的是"条块结合，以条为主"的行政管理体制。由于区物业管理科人员少，而辖区内住宅小区的数量众多，根本就管不过来。而在"条块结合，以条为主"的管理体制下，作为"块块"的街道办事处和社区居委会虽然有协助和配合的属地管理责任，但往往只是起到辅助作用，并不会积极主动去协调管理，甚至是"能推则推"，呈现的是消极治理状态。因此大量物业纠纷涌入法院，造成物业纠纷类司法诉讼爆炸性增长，但由于司法裁判模式的对抗性，反而可能加剧社会矛盾。对于住宅小区物业管理与业主自治的指导与监督，"条块结合，以条为主"的政府管理体制已经无法适应变化了的形势，需要作出适当的调整。

除了住宅小区物业管理矛盾比较突出外，与居民对城市生活品质性需求提升相关的，还有诸如小区内油烟噪声等环保投诉类案件量也呈直线式上升。而且在快速的社会转型时期，社区内部不断发生的大量琐碎事务中，存在很多法律模糊、法律空白或多头交叉管理地带。由于没有明确的责任归属，所以实践中此类事务就容易出现部门之间或条块之间的推诿扯皮，因为一旦某个组织首次介入管理，就可能会形成惯例，从而演变为该组织的职责了，所以对于此类事务最容易出现管理缺位。由于法律的规定具有滞后性，而我国社会处于快速的转型变迁过程中，城市基层治理就必然会面对处理法律模糊、法律空白或交叉多头管理地带的事务，可称之为"法治剩余"[1]事务。而这些"法治剩余"事务往往是城市居民新增内生需求，其大量性存在反映

---

[1] 桂华：《论法治剩余的行政吸纳——关于"外嫁女"上访的体制解释》，《开放时代》2017年第2期。

的是广泛性和普遍性，那么如何有效地回应"法治剩余"事务的治理也是城市治理体系现代化改革的重要内容。

二 中央、地方与民众三层关系变化与纵向政府间权责配置调整

正是由于我国纵向政府之间是非制度化分权的，纵向政府之间的权责配置是可以随着中央、地方与民众三者之间关系变化而动态调整的，具有体制弹性与灵活性。由于从中央政府、地方政府到民众，代表的公共性程度是依次递减的，那么面临不同的发展阶段与中心任务，中央、地方与民众三者之间的利益互动关系不同，需要采取的治理机制也会不同。因此，中央和地方政府之间的权责配置也需要做出相应调适，集中表现为"集权—分权"或"放权—收权"的变化。而中央的意志是通过各部委（"条条"）来实现的，中央和地方之间的关系到了基层往往就表现为"条块关系"。

在城市化开发建设阶段，中央目标具有多目标性，其中以经济发展为优先目标，同时兼顾稳定与民生等目标。中央对地方政府的激励与考核控制是"以 GDP 论英雄"的规则，那么地方政府在经济发展的强激励下就倾向于"不顾一切"，乃至扭曲或牺牲"民生""法治""环境"等软指标或未进入考核体系的次要目标等。民众的内生需求也具有多目标性，但是在生存性需求和发展性需求尚未得到满足时，更高阶的品质性需求则会暂时处于"抑制"状态。因此，在城市化启动时期，民众对于城市就业机会、基础设施与公共服务等发展性需求的优先追求，便对地方政府以牺牲城市品质换发展的行为具有一定容忍度。但是两者之间始终存在着潜在的张力，且随着经济发展和城市化的快速推进，市民的发展性需求逐渐得到满足后，对城市的品质性需求就会上升和凸显，这对中央和城市政府的压力就会增加。因此，在城市化时期围绕着城市发展与基础设施的改善，中央、地方与民众之间具有内在的利益一致性，这也是以 GDP 为基础的政治晋升机制形塑的"纵向集权＋横向竞争"体制有效的基础。

但是三者之间也存在潜在的冲突和紧张，由于地方政府在经济至上的竞争考核规则下倾向于地方经济利益最大化，可能扭曲或牺牲市场监管、安全管理或民生等目标。然而，虽然为了发展性需求获得满

足，民众对于地方政府牺牲城市品质求发展的行为具有一定的容忍度，但是一旦突破了民众可容忍的限度就会产生对政府的严重不满，甚至有可能会带来治理风险。地方政府治理带来的风险，最终要由中央政府兜底，因此中央政府在以经济发展为关键硬指标来激励地方政府的同时，还要适度的约束与控制地方政府的行为，防范治理风险，兼顾平衡。中央和地方的关系到基层，就主要表现为"条块关系"。由于中央要对地方政府的行为进行适度的监督与控制，就会通过"条条"的上收或"垂直化管理"来实现，就会呈现为"条块冲突"。而且居民对于城市开发建设阶段的大规模基础设施与公共服务有相对同质的需求，因此即使在没有民众民主参与的情况下，通过地方政府间的横向竞争机制也能生产出较高质量的城市基础设施建设等公共服务。

虽然城市化仍是未来较长一段时间的主要任务，但是在经历了二三十年的高速发展后，大中城市中心城区的开发已接近尾声，前期的城市开发阶段开始向城市管理与服务阶段转变。同时，城市居民在"富起来"后，对城市生活的品质性需求就会上升和凸显，就会表现为政府对提供城市公共服务质量的压力。而城市管理与服务的多任务性和难计量性特征，也使得城市政府之间的政治晋升机制形塑的生产者竞争效果大打折扣。而且相较于城市开发阶段居民对大规模城市基础设施的相对同质需求，城市管理与服务阶段民众诉求呈现出多元化、复杂化和异质化特征。那么，在新的城市管理阶段，城市政府如何能够回应民众需求并有效组织生产，这是对城市政府治理能力的挑战。

随着发达地区城市政府对于产业升级转型与高素质人才争夺具有内生的动力，那么在新阶段城市政府以牺牲安全与环境等城市生活品质来换取 GDP 高速发展的动力自然就会减弱。在由过去追求高速发展向追求高质量发展阶段转变后，城市政府为了招商引资发展中高端产业和争夺高素质人才，实际上也已经暗暗掀开了对于城市高品质服务的竞赛。那么在高质量发展阶段，作为"块块"的地方政府与作为执法管理职能部门的"条条"之间的冲突就会大大下降，上级政府希望通过"条条"的垂直化管理来制衡和监督下级政府的必要性在下降，因为地方政府也希望借助执法管理部门的力量对辖区实现有效的监管，提升城市管理与服务的质量与效益。那么"条条"的垂直化管理，特别是对于城市基层政府而言，会加剧"看得见的管不着，管得着的看不见"之间的矛盾。

综上，在我国发达地区的城市由高速发展向高质量发展转型的新时代，中央、地方与民众之间的关系由潜在的紧张与冲突而需要采取适度制衡的治理机制，转变为中央、地方与民众之间的利益一致关系。在追求高质量发展的城市治理新时代，如何重塑城市治理体制与机制，以更好地提供城市服务与满足居民对城市生活品质的需求，将是城市基层治理现代化改革的重大课题。在这种利益一致的前提下，通过"条条"来监督和制衡"块块"的必要性就在下降。同时，由于城市管理与服务类公共事务的信息复杂性和不对称性特征，基层政府具有贴近地方民众的优势，即一方面方便了解和获取地方民众对于公共品需求的偏好，另一方面也便于熟悉地方民众以更好地治理，因此城市管理与服务的重心下移是具有内在合理性的趋势。因此，在追求城市高质量发展的新阶段，中央、地方与民众之间三层利益关系基本一致，这将对纵向政府之间的权责配置以及群众民主参与机制的调整产生内在要求。

三 城市治理转型改革探索：实践的回应

上述城市社会基础的变化构成了城市治理转型的内生动力，需要对纵向政府间关系以及政府与社会的关系作出变革以适应新形势与环境。但是城市治理现代化改革，并不意味着对我国"纵向集权＋横向竞争"体制的抛弃，而彻底转向西方纵向政府之间制度性分权基础上"垄断＋民主"的政治体制。由于我国一、二线发达大城市政府间已经掀起围绕着产业升级与人才争夺为核心的高质量城市管理与服务的竞赛，对于城市治理机制改革具有较强的内生动力，因此许多城市已经自主地开展了一系列卓有成效的创新性探索实践，经验值得总结。

（一）城市管理重心下移：赋权街道办事处

街道办事处作为上级政府的派出机构，不属于职能完整的一级政府。在单位制时期，形成的是以单位制为主和街居制为辅的城市管理体制。当时街道办事处的职能较为简单，很多职能是由垂直管理的"条条"来行使。单位制解体后，随着单位职能社会化和政府管理与服务职能的增加，原来作为辅助的街居体制走向前台，承接的公共事务日益增加。虽然在社区去行政化改革创新试验中，街道办事处的"二传手"角色被认为是社区居委会过度行政化的原因，北京石景山街道、安徽铜陵市、贵州贵阳市以及湖北黄石市等地试点取消街道办事处层级，试图重构城市管理体制。但是，实践证明这一改革并未实现社区去行政化和居民自治的目标，反而进一步加剧了社区行政化和治理机构臃肿化，因此该模式并未获各地赞同和学习推广。

相反，城市管理重心下移，加强街道办事处在城市治理体系中的地位和向街道办事处赋权，成为全国各大城市改革实践的主流趋势。具体而言，针对街道层级的治理改革举措主要有以下几个。其一，取消街道办事处"招商引资"发展经济的职能，转向以城市管理与服务职能为主，且实施城市管理职能下沉改革，典型的代表为城市管理和物业管理职能。起初，城市管理和物业管理职能由区城管局和住建局物业管理科（"条条"）直接行使，承担属地责任的街道办事处只是起到协助与配合的功能，城市管理和物业管理都是与居民生活关系最密切的，而此类事务的爆炸性增长，更加凸显了"管得着的看不见，看得见的管不着"之间的矛盾。为破解此矛盾，许多城市已经探索城市管理体制的改革。先以物业管理为例。深圳、南京和杭州等地近年来在街道办事处内部成立物业管理科，武汉市从2015年开始，街道办事处承担指导业委会首次成立的主体责任，由街道办事处牵头推动社区居委会、业委会与物业公司"三方联动"建设，并将区物业管理科相关职责下放到街道来承担。[①]

[①] 武汉市江汉区于2013年探索出在社区党组织领导下的社区"三方联动"模式，即在社区党组织领导下，通过社区居委会、业委会与物业公司三方有关人员交叉任职，定期召开三方联席会议，推动三方联动，共同治理社区物业管理难题。"街道、社区对业主委员会组建、履职管理不到位"被纳入2015年武汉市"电视问政"治庸问责的"十个突出问题"进行整改。因此，2015年武汉市以政治任务的方式由街道和社区作为责任主体，对全市所有物业小区，符合组建业委会条件的小区要实现应建尽建的目标，在物业小区成立业委会的基础上进一步推动社区"三方联动"建设。

第六章　多层级核心政治体制与"统分结合"双层治理

再来看城市管理工作。街道办事处内设城市管理科，具有城市管理职能，但没有城市管理执法权，此职能由区城市管理综合执法局行使。随后，许多城市也开启了城市管理执法力量下沉到街道的改革。目前形成两种有代表性的城市管理体制，一类为"条块结合、以条为主"的组织方式，以武汉市等地为代表，由区城管局将执法人员下派至街道成立城管执法中队，和区城管局在执法管辖范围上形成分工，区直属中队主要负责主次干道，而街道城管中队则负责街道辖区范围内除主次干道以外的所有区域。① 其中街道城管中队的人事任命和人员工资由上级区城管局负责，而办公经费、人员福利以及协管的聘请则是由街道办事处负责。另一类为"条块结合、以块为主"的组织方式，以深圳市为代表，区城管局不负责一线执法工作，全部下放到街道，成立街道城管执法大队，下辖一支查违中队和一支市容市貌中队，且街道城管执法大队的人事、工资与办公经费全部由街道办事处负责，上级区城管局主要对街道城管执法大队实行业务指导。

相较于过去由区城管局直接管辖，两种方式都增强了街道办事处的治理权力与治理能力，后一种方式更是将执法权完全下放至街道办事处，极大地提升了街道办事处的治权。在"条块结合、以条为主"的管理体制下，执法权主要是由上级"条条"来享有，街道只是分享了部分权能，那么实践中还是常常会产生条块冲突。此时，"条条"还扮演着监督和制衡街道办事处的功能。而在"条块结合、以块为主"的管理体制下，街道办事处享有了完整的执法权能，一方面极大地提升了街道的治权和治理能力，但另一方面也由于"条条"为"块块"所吸纳，有可能产生扭曲或牺牲"条条"的专业目标。

实践中两者的权力如何配置效能最佳，要看"条条"与"块块"的利益一致度。如果"块块"和"条条"管理的目标和利益一致，"块块"扭曲或牺牲"条条"的专业目标的动力就比较弱，那么以"条条"来监督和制衡块块的必要性下降，此时将"条条"的权责下放给"块块"，就有助于提升基层的治理权力与治理能力。相反，如

---

① 魏程琳:《都市街头的国家、社会与暴力——武汉城市管理（1991—2015）》，博士学位论文，华中科技大学，2016年。

果"块块"和"条条"管理的目标和利益有冲突,"块块"牺牲"条条"的专业目标的动力较强,那么此时如果将"条条"完全下放给基层"块块",就有可能导致基层权力失控的风险,因此采取"以条为主"的管理方式,可以适度监督和制衡基层"块块"。

基于武汉市和深圳市两地的调研,笔者发现两种模式各有优劣。对于市容市貌类执法管理职能,由于街道和城管执法中队的目标与利益一致,因此"以块为主"的深圳模式治理效能较好。但是对于违建执法管理职能,由于作为"块块"的街道办事处嵌入地方复杂的社会关系,"以块为主"的管理体制使得街道的权力过大而不受制约,就可能产生扭曲严格执法的专业目标。而"以条为主"的管理体制由于"条条"的相对独立性而可以监督和制衡地方"块块"的恣意行为。因此,城市管理职能的下移和向基层赋权需要分类实施,在提升基层治理能力的同时而不至于发生"一放就乱"的基层权力失控风险。

其二,街道综合执法体制改革,赋予街道办事处综合执法协调权和统筹权,加强属地管理的责任。上海市委2014年"一号课题"社会治理改革方案加强街道办事处在城市治理体系中的重要性,在总编制严控不变的前提下,减少区级编制,增加街道编制。同时赋予街道办事处规划参与权、统筹协调权、人事建议权,推行以街道为牵头单位的行政综合执法体制改革。对于"条块结合、以条为主"的区级职能部门派驻在街道的基层站所,街道办事处对其具有统筹协调权,有助于整合分散的"条条"实现综合执法联动。这个主要是针对在转型时期大量出现的涉及多头执法或交叉执法的"法治剩余"事务的治理需求。

其三,街道"大部制"与"一门式服务"改革。为了完善营商环境和投资环境,提高政府对企业和群众的服务效率和质量,许多城市政府启动了行政审批与管理制度改革。正如武汉市招才局综合管理科科长晏鸿鹰在回答《中国新闻周刊》采访时回答:"城市之间的人才争夺战渐趋白热化,几乎每天都有不同城市出台新的人才政策。武汉今天发布了一个新的人才政策,明天其他城市就会立刻出一个和你类似的,或者比你含金量更高的政策。为了避免这种'撞车',制定

第六章　多层级核心政治体制与"统分结合"双层治理

人才政策的理念，逐渐由原来的'拼资金'，向现在的'拼环境、拼服务'转变。"① 在提高城市管理与服务效益的竞争性环境下，比较有代表性的为街道"大部制"改革和"一门式服务"改革，也被各城市迅速学习和模仿。

案例6—3：佛山市禅城区2008年6月成立街道行政服务中心，各部门分别派人员在服务大厅集中办公，有助于节省群众办事在多个部门之间来回跑的成本。但各部门还是各自受理本部门的业务，常常出现同一部门不同时间以及不同部门之间忙闲不均的情形，如计生窗口办证的人很多，门庭若市，常常需要排很长的队，而环保窗口大部分时间门可罗雀，但是忙季到来时一个人又忙不过来。一个环保窗口的工作人员年终总结，1—11月共办理700多项，12月一个月办理就有3800多项。

为了便利群众办事，提高服务效率，2014年12月禅城区试行"一门式服务"改革，实行"全能型窗口"和"全科社工"，即将原来归属各部门管理的窗口人员的身份转变为行政服务中心人员，与原部门脱钩。将涉及15个职能部门306项审批事务，制定标准化的行政办理流程后，授权给行政服务中心办理，并明晰区、街道、居（村）三级行政审批权限事项。ZC街道行政服务中心设置10个综合窗口，每个窗口都受理全部业务，2个收费和发证窗口。办理事项分为急办件和流转件，急办件需要来了后当场马上办，流转件则是前台综合窗口受理后，能当即办理的就当场办理，无法当场办理的则收了材料后交由后台审核出来，平均压缩了7天时间，提高了服务效率，也解决了不同窗口忙闲不均的情形。同时建立上级对行政服务中心的视屏监控以及群众投诉机制。②

2015年6月29日，武汉市东湖高新区成立政务服务局，将原本分散在不同职能部门中涉及行政职能审批的人员全部划归至政务服务局。这个和禅城区的"一门式服务改革的实质是相同的，不再只是分散的职能部门在服务大厅集中办公，而是在划的过程中明确职责边

---

① 霍思伊：《武汉复兴如何破题》，《中国新闻周刊》2017年10月30日，总第826期。
② 参见访谈记录，佛山市禅城区ZC街道行政服务中心2016年3月30日上午。

界，并将人权和事权都划过来，和原单位没有关系了，相当于原分散的多个职能部门授权新成立的政务服务局集中行使，提高人力资源的使用效率和为企业与群众服务的效率"。

为进一步深化行政审批制度改革，武汉市于2017年3月提出"马上办、网上办、一次办"的改革模式。"马上办"指即来即办，立等可取，企业和民众现场办事可以在1小时内办结。"网上办"让企业和民众随时随地可以在网上办理，24小时均可提交材料，会有专人在规定时间内完成审核。"一次办"是让企业和群众最多跑一次现场，"一件事情、一次办结"。企业和群众在办理"一件事情"时，并不关心政府内部如何流转，经过了多少个部门和多少个审批事项环节，只关心能不能快速而简便的办好。因此，审批服务改革，必须彻底转变工作理念，从以职能部门审批的"一件事项"为中心，转向以企业和群众办理的"一件事情"为中心。[1] 而街道"大部制"改革的目的也是便民利民服务与管理，虽然在合并的大部制内部依旧有分工，但是对于前来办事的群众或企业，则只要进"一家门"即可，而不用像之前那样在多个部门之间来回跑，或被多个部门之间相互推诿、踢皮球。

（二）群众参与：行政考核的民主化与再造竞争性考核体系

前面分析了对于中心城区在由城市开发向城市管理与服务阶段转变后，特别是对于以街道和社区为代表的城市基层组织而言，城市管理与服务将成为治理的核心任务。城市管理与服务类事务相较于GDP考核等"硬指标"而言属于"软指标"，在取消街道招商引资发展经济职能后，出现"软指标"的"硬指标化"。[2] 但是由于城市管理与服务类事务的多任务性和难计量性等特征，给竞争性考核的有效性提出了挑战。为此，许多城市政府开始探索新时期行政考核内容与指标重构的改革，其中最为常见的分为常规项、否决项和加分项三类内容。常规项考核属于大家基本上都能拿到的分，拉不开差距；而否决

---

[1] 霍思伊：《武汉复兴如何破题》，《中国新闻周刊》2017年10月30日，总第826期。
[2] 申端锋：《软指标的硬指标化——关于税改后乡村组织职能转变的一个解释框架》，《甘肃社会科学》2007年第2期。

第六章　多层级核心政治体制与"统分结合"双层治理

项则指的是"一票否决"事务，主要指的是涉及安全与稳定类矛盾，具有一定的概然性；加分项则主要指的是治理与服务类的创新性项目上，此类分值占比大，能拉开差距，成为当下基层组织竞争的焦点。但是此类创新性竞争考核，在官僚体制内部向上负责的"政绩"驱动下，容易演变为"造点"比赛和形象工程打造。

虽然过去以 GDP 为硬指标的考核，在官僚体制内同样会产生向上负责的"政绩冲动"，但是地方政府之间形成的是投资性竞争，地方政府在为企业家服务以创造有竞争力的营商环境的同时，间接地为城市民众提供公共服务，满足了市民对于城市开发的发展性需求。因此，在城市开发阶段以 GDP 为硬指标的行政考核体系，激励地方政府对"政绩"的追求，与群众对于城市公共服务的供给需求具有内在一致性，也是有效率的。但是在城市管理阶段以治理与服务创新加分项为重点的行政考核体系，地方政府之间形成的是消费性竞争，即治理与服务类项目创新属于财政资源的再分配，而且为了在创新竞赛中胜出，需要进行"高大上"的包装与宣传，易陷入官僚体制内部的"封闭运行"，而与群众真实有效的内生需求无关或脱节。因此，很多基层干部现在抱怨较多的是"坏就坏在创新上"，大量精力和资源被耗费在打造形式主义的"亮点"和创新品牌项目上，而社区居民的一些真实需求由于不够"高大上"而无法获得上级项目的支持，政府提供的"高大上"创新型服务又不符合居民的需求，如下面两则案例。

案例6—4：上海市徐汇区 KJ 街道 GS 社区老年人较多，他们喜欢聚在小区的街心花园晒太阳聊天打牌，居民曾多次向社区干部反映申请把街心花园简单改造下，比如可以放置几把桌椅板凳，搭建几顶遮阳伞等，但是由于仅仅用唠嗑或打牌作为申请理由不够"高大上"而无法申请到项目。居民们只好捡一些破旧不用的桌椅板凳，并用一些塑料布围起来以御寒冬。天气好的时候，聚集在街心花园晒太阳的居民多达上百人。[1]

案例6—5：上海市徐汇区 KJ 街道 YLY 社区申请项目建设了"高

---

[1] 参见访谈记录，上海市徐汇区 KJ 街道 GS 社区 2015 年 11 月 23 日下午。

大上"的公共活动室，里面设置的有恳谈室、书屋、乒乓球桌等功能室，但是每天去活动室的人寥寥无几。反而一些老人居民用捡来的木板和塑料布在小区院落里搭建了一个草棚，在里面打麻将娱乐消遣。而且由于属于私搭乱建遭到城管队执法拆除，但是遭到居民的激烈抵抗。问及原因时方知，居民公共活动室不允许打牌，而且居民觉得活动室的功能设计不合理，不符合居民的需求。①

城市政府探索的另外一种行政考核模式较能契合城市管理与服务类事务的特性，即通过居民满意度考核实现行政考核的民主化参与。具体而言，大致有两种不同的表现形式。

一是重构社区工作考核评价体系，增加居民满意度考核指标，并占较高分值比例，成为拉开社区工作考核分值差距的关键指标。如杭州市上城区的"四评一结合的社区工作评价体系"，"四评"具体为：社区居民满意度调查，权重40%；居民自治成效评定（社区治理十佳金点子）权重20%，社区社会组织参与社区治理评估20%，社区公共服务绩效考核10%；"一结合"为：结合社区民情民意采集与反馈调查，占比10%。杭州市上城区的社区工作考核评价体系实际上结合了居民满意度调查，以及社区治理与服务创新加分考核两项新探索，其中以社区治理十佳金点子为代表的居民自治成效评定和社区社会组织参与社区治理评估两项属于社区治理与服务创新类考核，需要打造和包装"亮点"项目才有望胜出。而对于居民满意度调查以及社区民情民意调查考核占分高，也成为社区比分排名拉开差距的关键指标，对社区干部构成了很大压力，这就需要社区干部积极转变为居民服务的态度、激发社区治理的责任和提高为居民办事的能力，以获得居民的认可与满意度。与杭州上城区相似，南京市制定了千分制社区工作考核方案，其中居民满意度调查占分高达200分，也成为社区比分排名拉开差距的关键指标。

二是以12345市长热线为代表的行政流程体系的再造。起初12345市长热线只是一条普通的政务咨询服务热线，从2010年前后部分城市政府为了产业升级和人才争夺，而初步展开了新的城市营商

---

① 参见访谈记录，上海市徐汇区KJ街道YLY社区2015年11月29日上午、下午。

第六章　多层级核心政治体制与"统分结合"双层治理

环境和服务效益竞赛。正是在这个大背景下，12345市长热线成为市级政府激励与控制下级政府，更好地提供城市管理与服务的创新性行政考核方式。南京市政府在全国率先探索将12345市长热线纳入行政机关作风廉政考核方案，在百分制考核中占比20%，通过市政府高位驱动的方式再造行政流程体系。具体流程为：居民有任何在12345市长热线受理范围内的诉求都可以拨打热线反映，由市级政务服务中心话务员接听后，根据诉求再层层下派到应负责执行的单位限时处理，负责的单位按时办结后要在系统进行反馈，后市政务服务中心会进行居民满意度电话回访。12345市长热线居民满意度考核主要由服务作风态度、服务速度（按时办结率）以及结果满意率三个方面构成，然后对同一层级政府单位居民满意度指标考核排名。南京市下辖的11个区政府之间进行考核排名，而区政府的成绩是由其下辖的部门和街道办事处的成绩构成的。那么区政府会进一步在下辖的街道办事处之间以及区政府职能部门之间掀起考核竞赛，街道办事处也会在下辖的社区之间掀起排名考核竞争。

通过将居民满意度指标纳入自上而下的行政考核体系，实际上是上级市政府通过再造行政流程，倒逼基层政府积极主动回应群众的需求，监督和制衡基层行政官僚的惰性与不作为。在层级制和职能制相结合的科层行政流程体系下，居民的诉求是自下而上，层层向上传达至以部门为中心的行政体系内，大量法律模糊、空白以及交叉地带的"法治剩余"事务，往往就在部门间相互"推诿"的过程中拖延而无法得到解决，矛盾不断累积。而在12345市长热线考核的压力下，则会倒逼政府必须限时回应和处理此类"法治剩余"事务。政府回应治理的过程也是直面转型时期新增社会矛盾与"法治剩余"事务，实施分类化治理以动态调整部门间的权责边界，同时也是再生产治理规则的过程。

不管是社区工作考核评价体系的重构，还是以12345市长热线为代表的行政流程体系再造，都是以居民满意度为核心精神的行政考核竞争性指标设计，实质上是通过吸纳群众参与和行政考核民主化的方式实现了对地方政府的横向监督，增强了地方政府的回应性和责任性。其重大意义为：在不必转变为西方代议制民主政体的情形下，我

"找回"城市与"袪魅"的居民自治

国中央集权体制与吸纳群众民主参与横向监督地方政府,以实现行政治理的民主化是兼容的,而且还能保持竞争性政府的效率以及中央集权的统筹协调优势。当然,以居民满意度指标为基础的行政考核体系也不是完美无缺的,虽在监督官僚体系的惰性与消极不作为上效果显著,但同时由于其治理的高效率而可能诱发大量无理诉求涌入,模糊国家与公民之间的责任边界,以及扰乱常规行政体系的运作等后果。这个需要另撰文专门分析,在此只简单提及。

第三节 多层级核心政治体制:我国大城市地区治理经验的理论考察

不管是城市化开发建设阶段,还是处于转型后的城市管理阶段,我国城市公共服务供给都是在纵向集权与横向竞争的体制框架内完成的。随着中央、地方与民众三者之间关系的变化,我国纵向政府之间的权责配置就会呈现出"收权—放权"或"集权—分权"的调整与变化,但是这种"收权—放权"或"集权—分权"的变化是低制度化和高策略性的,因为上级和中央政府仍保留着"相机干预权"或"剩余控制权",纵向政府之间的权责配置调整是在机制层面完成的。[①] 由于我国纵向各级政府之间属于"职责同构",中央—地方—民众三层分析框架同样适用于大城市的社会治理。在一个大城市地区范围内,市级政府就相当于"中央",中间层级(区政府、街道和社区)就相当于"地方"。相较于美国大都市化地区基于制度性分权和地方自治政府形成的多中心政治体制而言,我国以"纵向集权+横向竞争"为核心的城市治理体制既非单中心的,也非多中心的,笔者将之总结提炼为"多层级核心政治体制",以与美国大都市地区的"多中心政治体制"做出区分与比较。这也是形塑社区网式治理结构和链式治理结构类型的制度性根源。

---

① 学界对我国中央和地方关系的探讨,"集权—分权"或"收权—放权"往往交替使用。在我国中央集权体制下,实际上用"收权—放权"来描述分析纵向政府之间的权力配置调整更为贴切,因为纵向政府之间的放权并非西方地方自治体制下的制度性分权,相应地可以称之为"策略性分权"或"机制性分权"。

第六章　多层级核心政治体制与"统分结合"双层治理

一　多中心政治体制：网式治理结构的制度性根源

下面先来看下美国大都市地区"多中心政治体制"形成的过程、机制与后果。美国建国后在国家结构形式上选择的是联邦制，即联邦政府和州政府共同分享国家主权，并予以宪法保障，除了宪法规定列举属于联邦政府的权力外，"保留权力"属于州政府及其人民。美国的政府结构形式采取的是三级政府体系，即联邦政府、州政府和地方政府。美国宪法主要规范的是联邦政府和州政府之间的权力，并未对州政府以下的政府间权力关系进行界定。州政府和地方政府之间的关系，实际上相当于单一制下的"中央"和"地方"关系，而地方政府是由平行的县、乡镇和市三类普通政府，以及学区和专区两类特别政府组成的，其中学区和专区主要是20世纪后才逐渐大规模兴起的。在美国，相对于州和县之间比较稳定的关系而言，州和市（municipality）的关系则充满了博弈，可以说州和市的法律关系是州和地方政府关系的核心。[①]

自市产生以来，州政府和市政府之间一直围绕着以控制与自治为核心的权力分配展开博弈，即在狄龙规则（Dillon's Rule）和地方自治规则（Home Rule）之间的动态平衡。狄龙规则诞生于19世纪后期第二次工业革命后美国处于城市化的鼎盛时期，它认为市政府是州立法机关的创造物，州立法机关对其组织、结构以及权力大小具有绝对的控制力。[②] 由于这与美国强调分权与自治的传统产生强烈冲突，因此狄龙规则自诞生以来就不断受到各种冲击，先后经过密歇根州最高法院库雷法官（即库雷法则）和进步党人运动两次反击高潮，特别是在20世纪初期进步党人改革运动的推动下，狄龙规则发生了实质性改变。[③] 二战后，美国各州相继确立了地方自治制度。可以将地方

[①] 杜英歌：《美国州和市的法律关系研究及对我国地级市发展的启示》，《中国行政管理》2009年第4期。

[②] 董礼洁：《美国城市的法律地位——狄龙规则的过去与现在》，《行政法学研究》2008年第1期。

[③] 陈科霖：《狄龙规则与地方自治：美国的实践经验及对中国的借鉴启示》，《甘肃行政学院学报》2015年第2期。

"找回"城市与"祛魅"的居民自治

自治规则界定为将权力从州的层面向地方层面转移，那么地方自治包含了两层意思：①地方政府拥有管理本地区事务的权力；②地方政府具有阻止州政府干涉地方事务的能力。

虽然地方政府自行管理地方事务的权力会受到联邦政府或州政府不同程度的限制，但是在地方自治规则下，联邦或州政府并不能恣意干涉地方政府行为，往往是通过法律制度或项目资金拨款等方式来推行自己的意志，美国纵向政府之间本质上是制度性分权的。每一个地方政府就是相对独立和自治的，那么其向居民汲取税收并提供公共服务的角色就是垄断性的，因此就需要通过横向的代议制民主政治问责机制来对具有垄断性的地方政府进行约束和控制。这也是为什么美国地方政府的规模普遍都比较小的原因，因为地方政府规模过大，地方民众与官员的距离就会过于疏远，民主政治机制就容易失灵。这从另一侧面说明了美国城市政府属于前文提出的"垄断+民主"的政治体制。随着城市化的不断发展，市民对于城市公共服务需求的增长，城市政府的职能日渐复杂化和多样化，并且其职能存在着极大的不确定性，地方治理事务异常繁多而琐碎，高度集权的狄龙规则显然已不再适应现代城市公共管理的需求。所以，此一时期确立城市自治制度具有内在的合理性，提高了城市政府提供贴合地方民众需求的公共服务的效率。

但是先后经历了城市化扩张和逆城市化发展后，美国形成相邻城市集中连片的大都市地区的分布格局。"将近4/5的美国人集中生活在全国331个都市地区，而这些地区仅仅占据美国1/5的领土。但是每个都市地区平均有102个地方政府，这个数字半个多世纪以来一直没有变化。美国人不仅喜欢拥有众多的地方政府，而且喜欢规模小的地方政府。在美国35935个城镇中，超过一半也就是52%的政府只负责管理不到1000人的市镇。在都市地区，每个地方政府所管理的人数平均不足6000人。"[①] 这种极端地方主义，也被称为地方政府的碎片化，不仅是美国最普遍、最流行的都市治理形式，而且体现了美国

---

① [美]尼古拉斯·亨利：《公共行政与公共事务》，孙迎春译，中国人民大学出版社2011年版，第303页。

第六章　多层级核心政治体制与"统分结合"双层治理

人约束公共行政传统的价值。"而市民和都市地区政府面对的最令人烦恼的问题就是匹配问题,一方面是人民及其公共性问题,而另一方面是政府适当的范围、权限、功能与数量,二者之间如何匹配才能够让政府有效力、效率、及时、公正地处理公民遇到的各种公共问题。这不仅仅是学术问题,而且还是确定公共行政人员和公共领导人改善公民生活质量能力的核心问题。"① 换而言之,在这种"新城市化"时期,由于地方经济发展与公共服务一体化的内生需求,与大都市地区地方政府的细碎化格局之间产生了严重矛盾。②

面对大都市地区这种极端细碎化的地方政府治理现象,美国国内有一种观点认为这是"病态的"或"不健康的",是亟须矫正和改革的。曾经担任阿尔伯克基市市长的大卫·拉斯科认为美国"城市问题"的核心是种族和经济隔离。他通过独特的数据分析,样本是1950 年到1990 年所有320 个都市地区(1990 年时)以及这些地区中的522 个主要城市,得出的结论是:"总的来说,一个都市地区碎片化程度越高,其种族和经济隔离程度也越高……而扭转城市地区的碎片化局面是结束严重种族和经济隔离的关键一步。"③ 因此,以拉斯科为代表的改革派提出了建立统一的"都市政府"方案,以破解都市地区政府碎片化与公共服务一体化需求之间的矛盾。在如何最佳治理都市区域的辩论中,"都市政府"改革派所关心的价值,不仅仅为公共服务供给的效率和效力,而且关心大都市地区内的公平和社会正义。

然而,面对"都市政府"倡导者将这种极端地方主义的都市治理格局视为"病态的",并试图建立统一的"都市政府"的改革潮流,以奥斯特罗姆夫妇为代表的公共选择理论派对之提出了质疑和猛烈抨击。文森特·奥斯特罗姆、蒂伯特与沃伦则认为大都市地区地方政府

---

① [美]尼古拉斯·亨利:《公共行政与公共事务》,孙迎春译,中国人民大学出版社2011 年版,第304 页。
② 王旭、罗思东:《美国新城市化时期的地方政府:区域统筹与地方自治的博弈》,厦门大学出版社2010 年版。
③ [美]尼古拉斯·亨利:《公共行政与公共事务》,孙迎春译,中国人民大学出版社2011 年版,第307—308 页。

的细碎化样态看上去无序的表象背后却潜藏着复杂的秩序机制,并将之总结为一种"多中心政治体制"的大都市治理理论。相反,他们对都市改革派提出的统一"都市政府"方案充满了"恐慌",将之讥讽为"高康大式"的巨型都市政府。一方面,不仅大都市地区公共服务的规模并不全是以整个都市地区为范围的,那么不同公共服务的规模效率,需要相应的公共组织规模也不同。另一方面,这种巨人式"都市政府"由于管理空间幅度过大,且统一的政府具有垄断性,必然就会带来"高高在上"的庞大官僚组织与地方民众的疏远,民众可能无法通过民主政治机制约束与控制"都市政府",带来公民参与的政治效能感差和政治冷漠,最终不仅可能导致笨重的政府官僚机器缺乏回应性,而且可能由于失去民众的有效监督而带来政府责任机制的缺失。[①] 因此,在他们看来这种巨人式统一的"都市政府",相较于都市地区多元分散的地方政府治理,实质上是一种单一决策控制中心的治理。

第四章提到自20世纪六七十年代以来,新公共管理理论和治理理论都旨在打破政府对公共事务的垄断地位,主张在政府中引入市场竞争机制,由政府、企业(第二部门)、社会组织(第三部门)等多元主体共同参与公共事务的治理。他们通过创造性地提出公共事务的提供者与生产者角色的可分离性概念,便打破了政府对公共事务供给的垄断性地位。具体而言,公共事务的提供是地方自治政府内部的民主政治决策过程,而公共事务的具体生产则可以由政府组织科层制直接生产,也可以通过契约将公共服务外包给其他组织,包括其他地方政府、企业或社会组织等不同的主体。如何选择则由每一个地方政府结合公共品的属性以及不同方式的效益比较后确定。

奥斯特罗姆夫妇等认为大都市地区众多分散的地方自治政府并存,有助于形成准市场竞争的公共物品与服务生产体系。[②] 因为虽然每个地方自治政府辖区构成一个独立的集体消费单位和政治决策中

[①] [美]文森特·奥斯特罗姆:《美国联邦主义》,王建勋译,上海三联书店2003年版,第141—167页。

[②] [美]文森特·奥斯特罗姆、罗伯特·比什、埃莉诺·奥斯特罗姆:《美国地方政府》,井敏、陈幽泓译,北京大学出版社2004年版。

第六章　多层级核心政治体制与"统分结合"双层治理

心,对公共事务的提供或安排具有垄断性,但是围绕着公共事务的生产却可以得益于细碎化的地方自治政府格局而形成准市场竞争关系。每个地方政府的规模都偏小,有助于维持民主政治机制的有效性,使得政府对民众的需求具有回应性和责任性,对于地方政府规模边界范围内的公共品供给具有较高的效率。

而对于外部性溢出单个地方自治政府边界的一体化公共服务需求与细碎化的地方政府之间的矛盾,多中心政治体制理论认为实践中基于契约交易与自愿合作精神大致形成了三种路径。一是以专区为代表的单一功能型特殊政府的大量兴起,主要针对的是跨区域且需要稳定供给的公共服务。美国专区政府的数量从1952年的12340个(占当时总共116756个地方政府数量的10.57%)猛增到2002年的35356个(占当年共87849个地方政府总量的40.25%)。[1] 二是政府间服务契约安排。这种安排主要分三种类型:a. 政府间服务协议,指的是一个辖区付钱给另一个辖区为其居民提供某些服务;b. 政府间联合服务协议,是指两个或两个以上政府联合计划、筹款并向所有参与协议的城市居民提供某些服务,其中有55%的地方政府参加了联合服务协议;c. 政府间服务转移,是指一个辖区政府把一项责任永久性转移给另一个政府。对于任何政府来说,永久转移一项责任都是一个严肃问题,因为这会牺牲相应的权利和权力。可是在长达八年的时间里,超过40%的市县政府都进行了这种服务转移安排。[2] 三是政府将公共服务通过契约外包给企业(第二部门)或非营利性社会组织(第三部门),构建公私合作伙伴关系。因此,美国大都市地区多个分散的地方自治政府并存的格局被认为,相对于统一的都市政府方案而言,在保留了小规模政府的民主政治及其回应性优势外,还能形成以地方自治体为核心的公共事务生产者竞争体系,提高公共事务生产的效率。

美国的政府体制很大程度上依赖权力的非集中化,关系的协调是

---

[1] 王旭、罗思东:《美国新城市化时期的地方政府:区域统筹与地方自治的博弈》,厦门大学出版社2010年版,第72页。
[2] [美]尼古拉斯·亨利:《公共行政与公共事务》,孙迎春译,中国人民大学出版社2011年版,第302—303页。

"找回"城市与"祛魅"的居民自治

通过同等地位的权力主体间合作而不是有一个突出的单一权力中心的主宰来实现的。① 由于多个分散并存的地方自治政府之间地位平等，围绕着公共服务的生产犹如平等的市场主体间关系，存在竞争、合作与冲突三种可能，冲突的控制是通过诉诸上级法院进行裁决。② 值得注意的是新公共管理理论和治理理论提出的将竞争机制引入政府以打破政府的垄断性，和我国体制形塑的政府内部竞争模式不同，这里属于政府外部竞争或准市场竞争。由此，美国大都市地区以独立的地方自治体作为一个个结构性集体消费单位，而在公共服务生产单位的选择上形成了基于平等地协商与交换为实质的"多中心政治体制"。多中心政治体制的深层秩序机制就在于"准市场竞争交换与合作治理"模式。其中，地方自治构成为这种多中心体制的实质性保证。③ 在这种多中心政治体制下，不管是横向地方政府之间的关系，还是在政府、企业与非营利性机构等多元主体之间的关系，在公共品的生产上都是基于平等的地位进行协商、合作与竞争，因此在多中心政治体制下，形成的是多元网式治理结构。

多中心政治体制有效运转的基础为地方自治政府之间的地位平等与公平交换，在这个基础上形成了一套十分丰富和复杂的正式与非正式协商、判断和决定他们不同公共利益的合作组织。当成本和收益在整个大都市地区内能统一公平分配时，该地区内不同政府单位的一致行动较容易达成，但是当收益和成本难以公平分配时，多中心政治体制的运行就会面临困难。④ 换而言之，不同的政府单位对一种公共物品的需求度不同，以及从该公共品供给中受益不均，由于违背了公平交换的原则，那么有的单位就倾向于不愿意合作以支付同等的成本份额。美国多中心政治体制面临的突出困境主要表现为种族和阶层隔离，在空间上的投射就呈现为，大都市地区内部区域结构性不平等，

---

① [美] 文森特·奥斯特罗姆、罗伯特·比什、埃莉诺·奥斯特罗姆：《美国地方政府》，井敏、陈幽泓译，北京大学出版社2004年版，第15页。
② [美] 文森特·奥斯特罗姆：《美国联邦主义》，王建勋译，上海三联书店2003年版，第169—202页。
③ 同上书，第155页。
④ 同上书，第162—163页。

以及穷人区与富人区的空间区隔。因为以准市场竞争和自愿合作模式为基础的多中心政治体制，是基于个体主义和经济优先的原则，主要关注的是公共服务供给的效率与效力准则，"有意"忽视了具有社会正义的良善社会秩序等更高阶的公共品的供应。

二 多层级核心政治体制：链式治理结构的制度性根源

分散的地方自治政府对于提供小规模的公共物品与服务是比较有效率的，特别是对于外部性可以在地方内部化的公共品供应，但是对于外部性溢出地方政府边界的公共品供应面临难题。而统一的大都市政府对于供应大规模的公共品是比较有效率的，但是对于辖区内小众化、差异化和多元化公共品需求的回应性差。单中心的大都市政府与多中心的小自治政府两种方案都有内在的缺陷，这根源于都市地区的人民及其公共品规模具有的伸缩性、层次性和动态性特征，需要弹性化的公共组织规模与之匹配。奥斯特罗姆夫妇认为尽管两种方案都不完美，但是多中心政治体制要优于巨人式都市政府方案，因为多中心体制下的小规模自治政府更具有回应性和对地方民众的责任性。而统一的都市政府需要建立庞大的公共行政官僚机器，接受单一中心的权力决策与行政命令，行政链条过长而笨重，难以及时有效回应小规模层次的公共品需求。在制度化分权式的权力分割模式下，"一"和"多"是不相兼容的，在大都市地区体现为统一的都市政府和多个分立的自治政府体系是相互排斥的。而我国的"多层级核心政治体制"突破权力分割模式的限制，开辟的是所有权和使用权分离式的非制度化行政权力分配模式，一个统一的市级政府和多个基层政府可以并存，"一"和"多"是可以兼容的，适应城市公共品规模的多层次性需求。

（一）多层级核心政治体制的基本内涵

相较于美国都市地区是自然形成的非行政区域，我国的大城市地区则有明确的行政边界和行政管理体系。美国大都市地区平均有102个地方自治政府，而这些分散的地方政府之间是互不隶属的平等地位关系，且与他们共同的上一级州政府之间是制度性分权关系，所以呈现的就是多中心治理格局。以武汉市和深圳市为例，武汉市政府下辖

"找回"城市与"祛魅"的居民自治

13个区政府,其中中心城区7个、新城区6个,156个街道办事处、1个镇、3个乡;深圳市下辖8个区,74个街道办事处。如果以政府体系中最基层的街道办事处去看的话,我国大城市地区也有美国大都市地区那么多数量的地方政府。然而,我国城市的治理体制在单位制解体后探索出"三级管理、四级网络"模式,形成了纵向到底和横向到边的组织体系。

但这种体系也不像单一的都市政府那样,建构的是一种公共行政官僚体制,所有的关系都将通过具有单一最高权力中心的命令结构进行协调。①在我国除了少数公共物品与服务是由市级政府直接负责组织生产外,大多数则是向下发包给区政府,且在并存的多个区政府之间进行竞争考核,市政府主要负责制定政策标准、指导、监督与考核下级政府,上级相对于下级而言相当于"裁判员",但相对于自己的上级又是"运动员",层层向下类推。因此,我国城市地区的政府体系,就不完全是单一中心的市级政府,而是在总的核心下面,还有层层次核心的治理体系,笔者称之为"多层级核心政治体制",以与美国大都市地区"多中心政治体制"和"单中心政治体制"形成对照。

大城市地区多层级核心政治体制是我国中央集权体制在城市领域的投射。不同于西方分权体制下中央政府或中间层级政府,一般会进行立法、司法与行政的权力分割,形成三个平等的权力中心相互制衡,制衡的原则和途径由宪法和法律制度予以规定。而且纵向不同层级政府之间实行的也是制度性权力分割,一个层级的政府一般只能直接管理本级政府的事项,不同层级政府之间不存在人事任命关系。在遵守上一层级政府制定的法律,并在一定程度上接受它们的监督和管理外,下一层级政府也不必围绕着"上级"政府转,而主要对法律和当地选民负责。②

而在我国中央集权体制下,政治生活的关键在领导核心。正如邓小平强调的:"任何一个领导集体都要有一个核心,没有核心的领导

---

① [美]文森特·奥斯特罗姆:《美国联邦主义》,王建勋译,上海三联书店2003年版,第200页。
② 周振超:《当代中国政府"条块关系"研究》,天津人民出版社2009年版,第138页。

第六章　多层级核心政治体制与"统分结合"双层治理

是靠不住的。"① 在马克思主义经典作家和毛泽东理论，以及党在确立领导核心的正反两方面经验的基础上，邓小平提出了党的领导核心思想，具体包括三个层次：其一，共产党是中国社会主义事业的领导核心；其二，党中央是全党全国人民的领导核心；其三，党中央领导集体要有一个核心。其中第三点论述是邓小平关于领导核心具有三个层次的观点中最具有特色的一点。② 邓小平指出："中国问题的关键在于共产党要有一个好的政治局，特别是好的政治局常委会。只要这个环节不发生问题，中国就稳如泰山……最关紧要的是有一个团结的领导核心。"③ 该领导核心是全国政治的总轴心和终极权威中心，是各级政府和各个政治权力机构权力的最终来源和权力运作的原始动力。④

那么，在中央政府和各层级政府中，就不存在立法、司法与行政的权力分割，以及形成三个平等的权力中心之间的权力制衡，存在的只是立法、司法与行政之间的权力分工，且都在一个总的领导核心之下开展工作。纵向政府之间也非实行制度性分权，在"下管一级"的人事任命权控制下，下级政府的领导核心是由中央或上级政府的领导核心确立的，因此下级是服从于上级领导核心的，在纵向上是层层向上集权的。而在中央政府之下的每一政府层级都存在若干个并存且相互竞争的次核心，如同中央政府一样每一个地方政府都有其领导核心。同一层级横向上并列的多个地方政府核心，貌似美国大都市地区多中心的地方政府关系，但两者的根本不同在于我国分散的多个地方政府还有一个共同的上级领导核心，以发挥集中指挥、统筹、协调和监督等功能。

在权力的来源上，中央拥有所有事项的所有权，可以管理全党全国所有的事情，即"党政军民学，东西南北中，党是领导一切的"。但受制于时间、精力和能力的限制，中央及其领导核心所处理的事项

---

① 《邓小平文选》第3卷，人民出版社1993年版，第310页。
② 韩宏亮：《邓小平领导核心思想研究》，《青海社会科学》2017年第3期。
③ 《邓小平文选》第3卷，人民出版社1993年版，第365页。
④ 周振超：《当代中国政府"条块关系"研究》，天津人民出版社2009年版，第135页。

是极其有限的，绝大多数事项要向下"分包"和依靠地方政府来完成，也就需要相应地向下"放权"。地方政府对于"承包"的事项管理具有实际控制权和剩余索取权，能够自主地供应地方规模范围内的公共物品与服务。然而，对于"分包"的内容和"放权"的程度都是由中央统筹决定的，可以根据变化了的形势进行动态调整，中央保留的是剩余控制权或相机干预权。相较于权力分割与制衡模式下的多中心政治体制，这实际上是所有权与使用权分置基础上"统分结合"的多层级核心政治体制。在纵向各层级政府中，每一个上级政府相较于管辖的下级政府都相当于是"中央"的缩影。在一个城市地区范围内，市级政府在辖区范围内相当于"中央"，为一个总的核心，其下各层级政府就为次核心，自然也是多层级核心治理体系。

（二）多层级核心政治体制的基本特征与机制

1. 所有权与使用权分离式的非制度化行政权力分配

制度化分权主要有两种方式：第一种为某项权力的整体转让。假如有 A、B 两项权力，权力整体转让的做法是 A 权归中央、B 权归地方。对各级政府的权限进行划分时，首先明确其核心任务领域，进而配备相应的职权。第二种为对同一事项不同管理权限和责任的划分。即 A①、B① 两项权力归中央，A②、B② 归地方政府，各级政府共同承担起某方面的职责。[①] 不管是权力的整体转让，还是部分转让，中央保留对地方事项一定程度上的规制和监督权的前提下，各级政府相对独立地负责自己职责范围内的事项，一个层级的政府一般只能直接管理本级政府权责范围内的事项。那么，不同层级政府之间就是"职责异构"的，不同政府对于归属自己权责范围内的事项，拥有完整的决策、执行与监督考核权力，科层制行政部门（"条条"）主要是对同级政府负责，而不用纵向对上级"条条"负责。

那么在制度化分权和"职责异构"的国家，虽然有条块问题存在，但不存在突出的条块矛盾，因为中央与地方实质上是合作的伙伴关系，中央政府的意志对地方政府的影响主要是通过财政转移支付和

[①] 周振超：《当代中国政府"条块关系"研究》，天津人民出版社 2009 年版，第 139 页。

第六章 多层级核心政治体制与"统分结合"双层治理

法律制度来实现的。地方事项范围内地方政府的绩效评价，主要是由其治理或服务的对象——地方民众来评判，而非由上级政府进行考核。在这种权力分割和转让模式下，都市地区的地方政府体系的自然逻辑就只有：要么为统一的都市政府，要么为多个小规模的地方政府并存，作为整体的"一"和作为部分的"多"之间相互排斥和无法兼容。因此，公共服务的规模与公共组织规模的多层次需求，与都市地区单层次的地方政府组织之间就必然会产生结构性矛盾。

而我国不管是中央政府内部，还是纵向政府之间虽有职责和权力的分工，但无制度化分权，即非所有权与使用权合一的权力分割与转让模式。在多层级核心体制下，中央为全国政治的领导核心，可以管理全国所有事项，拥有所有事项的"所有权"，但囿于时间、精力与能力的限制，绝大多数事务需要依靠地方政府来完成，这就需要中央向地方政府"发包"行政事务和"下放"行政权力。和制度性分权体制下纵向政府之间的权力分割转让模式不同，我国所谓的中央集权体制下，中央集中的是"所有权"，央地或纵向层级政府之间的关系实质上是关于"使用权"的分配调整。① 至于向下"发包"的事项和"放权"的程度，中央可以根据"所有权能"和变化了的情势需要，进行灵活和动态的调整。

这也是为什么在西方制度性分权体制下，中央政府不能越权干预地方政府，一般只能通过项目拨款和法律规制的方式来让地方政府执行自己的意志，否则就会遭遇来自地方的抵制。而我国中央政府可以领导和管理任何地方事务，中央只要想管就管得了，下放给地方的权力，中央也可以随时收回来，而不会遭遇来自地方抵制。在多层级核心政治体制下，有一条层层从属的核心轴，中央向地方政府是层层逐级向下"发包"和"放权"的，下级政府的权力是由上级政府赋予的，下级政府的领导核心也是由上级领导核心任命的，上级政府随时可以直接管理和干预下级政府所处理的任何事项，即上级政府拥有

---

① 行政"所有权"与"使用权"分离的概念的提出，是源于我国集体土地所有制实行家庭联产承包责任制下"所有权"与"使用权"分离，以及实行"统分结合"的双层经营体制的启发。

"剩余控制权",下级政府拥有"实际控制权"和"剩余索取权"。①

那么,在这种所有权与使用权分离式的非制度化行政权力分配下,我国城市地区"三级管理、四级网络"的多层级核心政治体制,使得政府组织规模的多层次性与公共服务规模的多层次性具有较高的匹配度,统一的市级政府和分散的地方政府之间具有兼容性。因为中央保留的是"所有权"和"剩余控制权",在"行政事项"和"使用权"自中央层层逐级向下配置的过程中,上下级政府之间关于行政职能与职权方面实质上是包含和被包含的关系,下级政府的所有事项上级都有权来管。因此,根据城市公共物品与服务的性质与外溢范围不同,市政府可以将提供相应公共服务的职能和权责在各层级不同规模的政府之间进行动态配置,以最大限度地实现公共品供应的外部性内部化。然而,这并不意味着现实中关于公共服务规模的多层次性、政府的多层性与行政职权的合理配置三者之间就能完全吻合,"统与分"的均衡点需要在实践中去探索,以及根据社会情势的变化而动态调整。

这个正如前文分析的,在从城市开发向城市管理与产业升级转型过程中,出现城市经济发展的职能向上层集中,而城市管理与服务的职能则向下层转移的趋势。当下许多城市基层治理体制改革创新方案,纷纷取消中心城区街道办事处"招商引资"发展经济职能,将之上收到区级政府,同时城市管理与服务的重心则向下转移至街道办事处,向街道办事处"赋权",建设以街道为中心牵头统筹的行政综合执法协调机制等。

其内在的机制就在于:改革开放后发展起来的"马路经济",技术与资本含量都比较低,属于劳动密集型加工业与服务业,外部性范围小,将经济发展职能层层下放,有助于在城市内部多个分散的地方政府之间形成适度竞争。而在产业转型升级时期,各大城市之间拼搏竞争的是高科技与高资本含量的中高端产业,属于资本密集型经济(兼具经济资本、技术资本与人力资本),具有较大范围和较高程度的外部性,需要更高层级政府去承接。如武汉市在招商引资发展中高

---

① 周黎安:《行政发包制》,《社会》2014 年第 6 期。

第六章　多层级核心政治体制与"统分结合"双层治理

端产业的过程中，由于各区政府之间竞争日趋白热化，乃至出现了恶性竞争，妨碍了发展，为此武汉市政府便牵头统筹协调招商引资发展经济的职能，从而将资本争夺的过度内部竞争转化为与其他城市的外部竞争，市政府可以发挥在城市内部进行产业布局的合理规划与再分配的统筹职能。

对于大部分城市管理与服务职能而言，一般要与行政对象面对面互动，并依赖行政对象的合作生产，相对而言属于劳动密集型服务类型。城市管理与服务职能在城市不同层级政府之间的配置，主要受到发生案件的密度、发生案件的复杂度与上级监督制衡下级的必要度等三个变量的影响，且发生案件的密度与复杂度与上级监督制衡下级的必要度呈反比关系，其中前两者主要为规模经济的效率属性，后者则为治理风险控制的政治属性。即，发生案件密度越大、复杂度越高，城市管理与服务职能越倾向于向下层配置，反之则向上层集中；而上级监督制衡下级的必要度越高，该城市管理与服务职能则越倾向于向上层配置，反之则向下层转移。这个判断是符合城市职能发展变化实践的，正如文章开头提到政府职能社区化的趋势，先是政府的公共服务职能层层向下转移进社区，如社保、低保、老年人服务等，紧接着政府的公共管理职能层层向下转移进社区，如城管、物业管理等。

在城市开发阶段，由于市民尚以发展性需求满足为优先追求，对"粗放式"城市管理与服务的容忍度较高，此一时期城市管理与服务发生案件的密度与复杂度都不太高，而且上级政府还需要通过"条条"适度监督和制衡下级政府"块块"，因此很多城市管理与服务职能集中在市或区政府，兼具规模经济的效率属性与治理风险控制的政治属性。但在向产业升级与城市品质管理转型阶段，一方面市民对城市的品质性需求提升，城市管理与服务案件发生的密度与复杂度都大大提升，如城市管理、物业管理与环保案件；另一方面，为了在中高端产业与人才争夺赛中胜出需要打造有竞争力的营商环境，这也倒逼各层级政府提高城市管理与服务水平，上级利用"条条"监督制衡下级政府经济过热从而牺牲执法管理目标的必要度下降。因此，在新的城市管理转型阶段，对于劳动密集型的城市管理与服务职能需要向下层小规模政府转移，符合产生规模经济的效率属性与风险控制的政治属性，这也是当下城市管理与服务职能改革呈现重心下移趋势的原因。

2. 行政发包制与科层制融合的行政组织运行

在西方制度化分权体制下，不同层级政府之间实行的是权力分割与转让式行政权力分配方式，那么不同层级政府之间是"职责异构"的，各有不受随意干预而独立负责的公共事务。政府组织建立的是韦伯意义上的法理型科层制，具有弱经济激励、低自由裁量权和强规则控制等特征。在独立负责的行政事项范围内，同级政府的权力来源于地方民众的选举授权，因此只需要横向向辖区内民众负责，而不用向上级政府负责，也就不用上级政府对其绩效考核评价。不同的地方政府在其负责的行政事项内，犹如一个个自治的"独立王国"，这也是前文提出的西方代议制民主政体国家下形成的是垄断性政府的内涵。

而在我国"所有权"和"使用权"分离式非制度化分权体制下，不同层级政府之间是"职责同构"的，下级政府的权力来源于上级政府的层层授权，需要向上级政府负责，且由上级对下级做出行政绩效考核评价。除了少数中央保留垂直管理的事务，其余绝大多数事务是由中央在多层级政府体系内层层向下"发包"，而中央政府是通过中央部委管理全国事务，各层级政府也要成立相应的部门，以与上级政府保持"同构"，承接相应的行政事务，因此在我国变成了独特的"上下、左右一般粗"的政府组织结构。在多层级政府体系内部，除了极少数垂直管理的部门与职能，一般中高层政府不直接面对地方民众和负责具体的职能生产，而主要负责发布命令与指导、监督和考核下级政府，行政事务的生产主要是由基层政府（区/县、乡镇/街道）完成的。

上级政府在自上而下"承包"了行政事务后，将行政指标"切块"后再向下分解给辖区内下级政府。在"下管一级"的人事任命权下，下级政府领导核心是由上级领导核心来任命的，人事选拔考核的规则主要基于上级向下分解的行政任务绩效，这就相当于在下级政府之间发起了纵向晋升锦标赛。而上级政府的行政绩效是由其辖区内所有下级政府的绩效构成的，这成为上级政府与其同级政府之间政治锦标赛竞争中胜出的"资本"。那么，我国横向同级政府之间形成了强竞争关系,不同于西方典型民主政体国家下的垄断性政府。

因此,具有纵向行政发包和横向晋升竞争特征的行政组织并不是严格的韦伯意义上的法理型科层制。周黎安在对比了科层制和契约外包制后,将我国行政体制总结提炼为行政发包制,即属于一种行政内包制。但是需要特别指出的是自中央层层向下"发包"的行政事务并非"整体性发包",而采取"发包"的实质上主要为"政治任务",常规性的行政事务主要还是通过科层体制来执行的。[①] 笔者调研时常常听到基层干部抱怨:"常规的条线工作完成并不难,按部就班去做就好,难的是政治任务,压力最大。"这里的"条线工作"其实就是常规的科层行政任务,"政治任务"就是自上而下层层发包的"中心工作",往往需要每一级政府领导核心运用权威,打破分散的科层制分工以集中资源去完成的任务,遵循的是政治优先原则。但是"政治任务"的履行,并不必然导致常规科层行政业务的停摆,一般只是从各相关部门抽调部分骨干力量组成专项小组的方式来推进,各部门余下人员会继续从事本职工作。所以,我国政府体系是按照行政发包制与科层制融合的行政组织运行的,以"政治任务"的层层发包动员的方式,克服科层制的分散性与激励不足的弱点,致力于完成超常规和跨越式发展的现代化战略目标。

在行政发包制与科层制相融合的行政组织运行过程中,围绕着"中心工作"的完成,同级地方政府之间形成了强竞争关系。在政府体系内部,以经济发展为内容的地方政府之间高度竞争的深层动力,实质上为同级地方政府官员之间的政治晋升竞争激励。这带来两方面的结果:一方面,政府之间的充分竞争带来城市公共物品与服务供给的效率与质量;另一方面,横向政府之间自发合作、协调与整合的困难,突出表现在地方保护主义、政府交叉地带的边界效应等。[②] 相较于法理型科层制内部的一体化领导与整合而言,我国行政体制下横向

[①] 杨华、袁松:《行政包干制:县域治理的逻辑与机制——基于华中某省 D 县的考察》,《开放时代》2017 年第 5 期。

[②] 周黎安、陶婧:《官员晋升竞争与边界效应:以省区交界地带的经济发展为例》,《金融研究》2011 年第 3 期。

政府之间的协调与整合度偏低,但是相较于契约外包模式则要高,毕竟还是在统一的行政体制内部,还要接受共同的上级领导核心的统一领导。

在美国大都市地区下多中心的地方自治政府之间的合作与协调,就是一种契约外包模式,建立在彼此地位平等基础上的合约关系,以公平交换为核心的合作治理秩序。地方政府之间在遇到冲突而无法合作时,一般是诉诸上级法院进行裁决。而在我国多层级核心政治体制下,地方政府之间由于高度竞争而产生冲突时,则是诉诸上级领导核心来统筹、仲裁与协调。除了下级服从上级的行政原则,我国政府还有部分服从整体的大局观作为政治伦理,所以我国横向地方政府之间产生冲突时,通过上级领导核心进行统筹、协调与整合的力度要比分散的多中心政府间准市场交易与合作治理模式大,交易成本也要低很多。

案例6—6:武汉市A区GS街道办事处与B区GD街道在C片区的行政边界犬牙交错、插花地带多,边界交叉地带治理比较混乱,群众投诉比较多。后由市政府出面在A区和B区之间协调,将GS街道大部分地处A区的最东部与B区接壤交叉的辖区整体划归B区,这样便能实现行政管理与服务的外部性内部化,相对比较合理。但是GS街道是A区财政税收排名第一的街道办事处,上述方案A区政府显然吃亏了,不愿意"失土"。经过市政府与A区、B区的多轮博弈与协调,制定了双方相对能接受的利益分配方案后而达成妥协,将大部分GS街道辖区划归B区管辖。在我国行政区划的调整是完全由政府主导的,不需要征求辖区民众的意见。由于B区经济实力高于A区,辖区居民的工资福利以及公共服务要高于A区,所以GS街道辖区内干部和居民也希望被划归B区。

在美国地方自决原则下,地方政府行政区划的调整,如地方政府合并,需要分别经过合并方与被合并方辖区居民的投票同意决定,这基本上宣告了地方政府合并扩大规模的不现实。因此,在我国多层级核心政治体制下,城市地区公共品的规模与政府组织的规模之间产生冲突时,上级政府可以通过调整行政区划的方式以使得两者间相匹配。

3. 层级间责权利不对称的行政原理设计

在西方制度化分权体制下，责权利一致原则是代议制民主政体国家公共行政的原理。不同层级政府之间行政责任转移的同时，相应的行政权力与财政利益也会一并转让。不同政府之间关系的处理，遵循的是财政联邦主义原则①。即使中央政府想推行自己的政策目标，也需要向地方政府进行财政转移支付，才能让其执行中央的目标任务。如尼古拉斯·亨利对美国经验的观察总结："过去几十年中，联邦政府一直用蜜（以联邦资金的形式）和醋（联邦的各种行政命令）作为工具，刺激州政府和地方政府帮助其实施并推行各项国家政策。"② 虽然近年来开始出现"没有经费的联邦行政命令"，但是也遭到地方政府的抵制和抗议。③ 在西方，即便是单一制国家，中央政府如果想让地方政府实现某个公共服务目标和标准，通常的办法是给予地方政府相应的专项资金或转移支付，"中央请客、地方埋单"的情况很少见，或者由中央政府在地方的直属机构直接提供和实施。④

而在我国"所有权"与"使用权"分离式的非制度化分权体制下，围绕着"使用权"的分配自中央层层向下是递减的，行政权力在多层级政府之间自上而下逐渐变小，但同时行政责任却层层向下转移，实行"属地管理"的综合负责制，因此越往下层责权利不匹配程度越高。到基层调研常常听到基层干部抱怨，任务多、责任大、权力小和利益小，责权利严重不对等。历经几轮社区治理改革，尽管多年来一直强调按照"费随事转、权随责走"的责权利一致原则进行改革，但是"雷声大、雨点小"，仅仅停留在政策文件口号上，未见改革成效。其实，不仅最基层的街道和居委会干部会抱怨责权利不匹

---

① 财政联邦主义，是指一个政府给另一个政府的拨款，目的往往是想实现特殊的政策目标，包括联邦政府与州以及地方政府之间的关系，平级州政府之间的关系，州政府内部州政府与地方政府之间的关系。
② ［美］尼古拉斯·亨利：《公共行政与公共事务》，孙迎春译，中国人民大学出版社2011年版，第292页。
③ 没有经费的行政命令，指的是一个政府向下一级政府颁布的行政命令，并将执行该政策的成本转交给接受行政命令的政府。
④ 周黎安：《行政发包制》，《社会》2014年第6期。

配，再往上的区、市政府相对于上一级而言同样也会抱怨责权利不对等。若以西方民主政体国家责权利一致的公共行政理论去看的话，我国各层级政府之间责权利不对称分配现象就是"不健康的"，是需要进行改革的。

然而，在我国纵向政府之间实行非制度化分权和职责同构的体制下，下级政府的权力直接来源于上级，主要向上级负责，并且由上级对下级的治理绩效做出考核评价后，进行人事选拔与任命，而非像民主政体下建立的是对地方民众的责任机制，治理绩效由横向的地方民众做出评价。那么，在中央集权体制下，由于上下级信息严重不对称和非制度化分权特征，决定了我国政府层级间责权利不对称的行政原理设计。[①] 因为在上下级信息严重不对称和非制度化分权的情况下，中央（上级）面临如何有效激励与控制监督地方政府（下级）的难题。中央在保留剩余控制权的前提下，通过层级间责权利不对称的行政设计，在适度控制治理风险的基础上，能够"倒逼"地方政府去积极治理，保持基层治理创新的动力与活力，助推了城市化发展的奇迹。

但这种层级间责权利不对称体制也会将治理冲突的矛头指向基层组织，导致基层组织权威与合法性的流失，这也是社会普遍持有的"中央的政策是好的，但被下面的歪和尚念歪了"以及"中央是恩人，省里是亲人，市里是好人，县里是坏人，乡里是恶人，村里是仇人"等观念背后的机制。我国民众普遍不信任基层干部，反而越往高层越信任，而在西方民主政体国家下则与之相反，越是高层政府，民众越不信任，而越是基层政府，民众的信任度越高。在我国中央集权体制下，基层政府与地方民众之间的治理冲突，其实在根本上是中央与地方民众的短期利益冲突，实质上基层政府是在替中央分散治理风险。而当城市开发和城市化扩张接近尾声，中央与地方民众的利益关系发生转变时，这也为纵向政府之间责权利配置调整和基层治理转型提供了可能条件。

---

① 贺雪峰：《行政体制中的责权利层级不对称问题》，《云南行政学院学报》2015 年第 4 期。

4. 中央、地方与民众的三层互动关系

前面分析了西方分权体制下，纵向政府之间是"职责异构"的，每一层级政府在其独立负责的公共事务领域内，决策安排、组织执行与考核评价都是一体的，而不受其他政府的恣意干预，政府供应公共品的角色是垄断性的。垄断性政府的权力在不受制约监督时，就会出现政府代理人利用垄断性位置谋取私利，政府与社会之间的利益就是对立的。因此，为保护公民的权利就需要通过民主政治问责机制来制约和监督政府，需要发育独立自主的市民社会来限制政府的公权力。这是西方国家与社会二元关系理论的政治社会基础。与制度化分权体制下国家与社会的二元关系不同，我国在中央"所有权"与"使用权"分离式非制度化分权体制下，纵向政府之间是"职责同构"的，公共事务的决策安排、组织执行与考核评价则是分离的。其中决策安排与考核评价权是层层向上集中的，而组织执行则是层层向下分解的，而横向同级地方政府则围绕着决策执行绩效构成政治晋升竞争关系，那么实质上形成的是中央政府、地方政府与民众之间的三层互动关系框架。

具体而言，在多层级核心政治体制下，虽然每一层级政府在执行上级安排的公共事务的同时，也要向辖区民众负责，但是由于权力主要来源于上级，所以下级政府实质上是直接对上负责，眼睛层层向上看，围绕着上级的决策目标而转。然而，这并不意味着地方政府的权力就不受约束和控制，以及缺乏回应性和责任性。因为相较于西方的垄断性政府而言，我国形成的则是竞争性政府，在供应城市公共物品与服务的过程中，在行政体制内部横向政府之间达致充分竞争。正如同消费者将从充分竞争的市场中获益，而不需要民主参与到企业的经营决策中以制约企业主一样，作为公共品消费者的市民也将从充分竞争的市场中受益。只有当形成市场寡头或垄断，导致消费者缺乏在市场中的自由选择权而可能受到"盘剥"时，才需要消费者组织起来以与市场垄断组织谈判、博弈与对抗。所谓的"中央集权"或"威权"体制的描述只是我国体制的一个维度，而横向晋升竞争形成的地方政府之间的充分竞争关系，是对地方政府行为的激励约束与控制，纵向中央集权和横向地方竞争是我国体制的一体两面。

那么，相较于西方实行分权与自治的民主政体国家，垄断性的地方政府直接向辖区民众负责不同，我国集权体制下形成的则是竞争性地方政府直接向上级（中央）政府负责，间接向民众负责的逆向负责与逆向回应机制。因此，社区治理改革就不能简单地放置在西方国家与社会二元关系范式下去定位，而应放置在我国中央、地方与民众的三层互动关系中去理解和把握。由于中央、地方与民众之间中的任何两对关系都可能存在利益一致和利益冲突两种情形，三者之间的利益互动关系在不同发展阶段和社会形势下就会发生变化。而中央"所有权"与"使用权"分离式非制度化分权体制，使得纵向政府之间的权责配置以及社会治理机制，就可以随着中央、地方与民众三者间利益关系的变化而动态与灵活地调整。前面对我国城市化开发建设以及向城市管理新阶段的转型，中央—地方—民众三者间利益关系变化，及其采取的城市治理机制与改革实践的分析，便是生动的经验呈现。

（三）多层级核心政治体制与"统分结合"的双层治理模式

面对大都市社会下公共品规模的多层次性、生产公共品的公共组织规模的多层次性与政治社会（地方政府）边界之间的匹配性难题，中美两国形成了两套不同的城市治理体制与机制。前面将美国大都市地区下形成的多中心政治体制，围绕着大都市社会公共物品与服务的供给总结为准市场竞争交换与合作治理模式。在公共事务的具体生产上，一个地方政府便存在与来自其他地方政府、企业以及社会组织等多元主体的竞争与合作关系。那么，在美国大都市地区多中心政治体制下，围绕着公共品的供给形成的是提供者（地方政府）、生产者（其他地方政府/企业/社会组织等多元主体）与消费者（辖区选民）的三角结构。

在我国多层级核心政治体制下，横向同级地方政府之间在城市公共品供给上构成了强竞争关系，但与多中心政治体制下的地方自治政府之间的地位平等且无隶属关系不同，他们还需要受到共同的上级政府领导核心的统筹、协调与整合。由于在统一领导的权威框架下，市级政府一般会制定全城统一的公共事务决策安排，然后层层向下"分包"，由地方政府负责具体生产执行，且在横向同级政府之间掀起生产绩效竞争。那么，在我国多层级核心政治体制下，围绕着公共品的供给形成的是提供者（中央/上级政府）、生产者（地方政府/下级政府）与消费者（民众）之间的三角结构。相较于政府外部竞争的准市场交易与合作治理模式，我国多层级核心政治体制形塑的则是政府内部竞争式"统分结合"的双层治理模式。由于上级政府拥有"剩余控制权"，便可以结合城市公共品的性质与外部性范围，来统筹决定向下"发包"的事项和"放权"程度，并可以通过行政区划工具来调整作为生产者的地方政府规模以与之相匹配。

在"统分结合"的双层治理体制下，正是由于纵向政府之间非制度化分权，可以实现"宜统则统、宜分则分"的体制灵活性，兼顾城市公共品供给的效率与公平。"分"的目的是形成竞争性政府，再造公共服务生产者竞争体系，实现公共服务供给的效率与效力；而"统"的目的是应对具有规模效应的公共品供给以及再分配正义等公共性难题。我国政府内部公共服务生产者竞争，是基于横向同级政府之间的政治晋升竞争，只不过政治竞争的胜出是以经济指标为主要考核内容，遵循的是政治优先和政治收益原则。而多中心政治体制下公共服务生产者之间的竞争与合作，是基于平等地位的市场主体间的公平交换为精神，遵循的是经济优先和经济收益原则。因此，在我国"统分结合"的双层治理模式下，由于市级政府可以发挥统筹与协调干预功能，一个城市内各区域之间虽然公共服务水平有落差，但城市统一的基础性公共服务水平有保证，并未形成城市内二元结构。只是在更大范围内可能形成区域之间或城市之间的不平衡发展。

第四节 多中心政治体制与多层级核心政治体制的比较

我国社区治理结构转型与社区治理现代化改革的方向，是以奥斯特罗姆夫妇为代表的多中心治理理论为隐含的理论预设之一，如深圳市试行的行政、自治与服务职能分离为基础的社区多元治理组织结构改革，就是在政府、市场与社会等多元合作治理理念主导下的政策设计。以国家与社会分权为目标的居民自治与社区居委会去行政化改革，先后历经几轮不同的改革方案均无法取得理想效果。以多中心治理为现代性蓝图来推动社区治理改革遭遇"失败"后，学界主流则往往直接归责于我国的集权体制或威权体制。

然而，与主流观点将我国集权体制视为社区治理现代化改革的"体制性障碍"不同，通过对我国从城市开发向城市管理阶段转变的城市公共秩序原理的分析，笔者认为与美国大都市地区多中心政治体制下形成的准市场竞争交易与合作治理模式相比较，我国开辟了一条具有独特优势的城市公共品供给体制，即多层级核心政治体制与"统分结合"双层治理机制路径。两种不同的城市公共品供给体制与机制的差异比较见表6-1。

表6-1 两套不同的城市公共品供给体制的比较

	政府性质	行政组织	行政权力	行政原理	国家与社会的关系	协调模式	竞争类型	治理结构	效能比较
多中心政治体制	民主政治+垄断性政府	法理型科层制	权力分割与转让式制度化分权	责权利对称式行政原理	国家与社会间的二元对立关系	准市场交易与合作治理	政府外部竞争+经济优先原则	平面的网式治理结构	都市地区内部二元结构
多层级核心政治体制	中央集权+竞争性政府	行政发包制与科层制的融合	所有权与使用权分离式非制度化分权	责权利不对称行政原理	中央、地方与民众间三层互动关系	统分结合的双层治理	政府内部竞争+政治优先原则	立体的链式治理结构	不同城市间的二元结构

多中心政治体制和多层级核心政治体制在政府的性质、行政权力分配、公共行政原理、国家与社会的关系、协调模式、竞争类型、治理结构与治理效能等一系列相关联的内在机制上都存在差异，这些在上文中已详细分析，在此不再赘述。嵌入在城市多层级核心政治体制下的社区，在层层轴心对称的原则下，社区一级也会形成领导核心，即以社区两委组织为领导核心的社区治理结构，这也是链式治理结构

的制度性根源。那么，以多中心政治体制下形成的网式治理结构去改造我国社区，必然会产生体制性不兼容。在城市治理体制没有彻底改变前，将与美国多中心政治体制相匹配的网式治理结构作为我国社区治理改革现代化的方向，注定会产生居民自治改革的内卷化。因此，社区治理改革现代化的方向应放置在我国城市多层级核心政治体制与"统分结合"双层治理机制下去重新定位与把握。

第七章 结论

本文以国家与社会分权为核心的居民自治改革实践为明线,围绕着社区去行政化改革和社区多元化治理结构转型的经验悖论为直接问题意识。在中央—地方—民众三层关系视野下,笔者先从社区微观层面的"人"、"事"和"组织"三要素来解释社区去行政化改革和多元化治理结构转型"失败"的原因,并提出我国社区治理实践形成的是与多元网式治理结构不同的链式治理结构。继而进一步追问与解释我国链式治理结构形成的深层次体制与机制性根源及其治理效能。在上述分析框架下,研究得出如下几个主要结论。

结论一:当下城市多样化的居住形态主要有村改居社区、保障房社区和商品房社区,根据城市公共服务的支出责任与现代财政平衡原理,需要进一步将之再分类为名义社区与实质社区,其中商品房社区和保障房社区属于本文要研究的城市实质社区,村改居社区属于名义社区。名义社区与实质社区的混淆,导致以"深圳模式"为代表的城市社区治理体制改革的错位。

结论二:在开放性的经济结构下,城市实质社区由于血缘与地缘关系的分离而成为一个纯地域性社区。由家庭关系、社会关系和社区关系共同构成了居民个人的社会资本总量,不同居民的社会资本总量和社会资本构成结构的不同,决定了其对社区邻里交往与社区参与的内生动力强弱。社区参与呈现出"去精英化"、"老年化"以及"浅交往"式公共关系建构等特征,那么城市社区既不是完全"互不相关的邻里",也无法培育为作为居民自治社会基础的以地域、关系、规范与认同为核心要素的共同体,需要重新定位社区建设的目标与社会基础。

结论三：遵循社区公共事务"功能分类—组织分离—权力结构变革"的社区多元化治理路径的"失败"，需要我们重新审视"行政、服务、自治"三分法的理论假设与改革谬误。在对社区公共事务的具体内容、属性特征以及社区权威的生成机制分析基础上，我们基于公共品溢出范围与垄断性两个维度，对社区公共事务的分类体系进行重构，进而提出在纯粹的行政、市场与自治机制之外，我国存在独特的以社区两委组织为核心的半行政—半自治机制。

结论四：在对社区邻里关系性质与社区公共事务属性特征分析的基础上，我们认为以社区两委为核心的通才型治理组织，相较于社区多元化治理结构下的专才型治理模式更为简约高效灵活而富有弹性与回应性。从"条条""块块""国家"三个维度去分析，研究发现政府职能社区化具有实践合理性，但这不必然导致社区居委会的行政与自治职能相互排斥与冲突，因为我国社区治理实践形成的是行政—半行政半自治—自治机制相衔接的链式治理结构，而非多元网式治理结构。

结论五：社区链式治理结构根源于我国城市多层级核心政治体制与"统分结合"的双层治理机制，与网式治理结构根源于美国大都市地区多中心政治体制与准市场竞争交易和合作治理机制形成两套不同的城市公共秩序原理。随着我国大城市中心城区从城市开发向城市管理阶段转型，中央、地方与民众三者间的利益关系发生变化，这将需要对城市地区纵向政府间的权责配置以及社会治理机制做出相应调整与改革。

第一节　中央—地方—民众三层互动关系：社区研究的范式转换

中央于2004年十六届四中全会首次完整提出"构建社会主义和谐社会"，以及"建立健全党委领导、政府负责、社会协同、公众参与的社会管理格局"。再到2012年中共十八大报告将社会管理和民生并列为社会建设的重要内容，并在社会管理体制中增加"法治保障"内容，即"建立健全党委领导、政府负责、社会协同、公众参与、法治保障"的社会管理体制。2013年十八届三中全会将推进国家治理体系和治理能力现代化作为全面深化改革的总目标之一,并专列一章部署创新社会治理体制,以改进社会治理方式、激发社会组织活力、创新有效预防和化解社会矛盾体制等。这被认为是中央在党的正式文件中首次提出"社会治理"的概念。[1]

"社会建设"与"社会治理"最终的关键还是要到城乡基层社区去落实。在国家与社会二元关系范式下,中央对"社会建设"和"社会治理"的提出与重视,被解读为这将改变过去政府管理社会的单中心式一元化治理结构,从而建立起政府、市场、社会与公民共同参与的多元化治理结构。然而,不管是西方的市民社会理论下强调社区对国家权力的限制以及社会与国家的对抗性,还是治理理论转而强调双方的合作性维度,实质上都是以国家与社会之间制度化分权为前提的,国家、市场与社会之间有清晰的组织与功能边界。

那么,在国家—社会二元关系范式下,市民社会发育论与政社合作治理论,成为社区治理现代化改革的方向与理论指南,这也使得学界对社区治理的研究披上浓厚的价值干预与社会改造色彩。其遵循的逻辑大致如下:Ⅰ.将社区邻里培育为具有地域边界、亲密关系、内生规范以及认同与归属的共同体,以作为居民自治功能的社会基础;Ⅱ.在国家与社会分权思想下,社区居委会的行政与自治职能相互排斥与冲突,社区过度行政化则会对居民自治产生"挤出效应";Ⅲ.将混合性的社区公共事务进一步分类为行政、服务与自治功能,以分别采取行政、市场与自治机制,即将行政事务收归行政机构,公共服务采取契约外包或政府购买方式生产,而居委会则回归社会自治功能;Ⅳ.行政、服务与自治职能分别由不同的社区组织承担,明晰组织间的功能边界,这便打破了过去行政、服务与自治职能由社区居委会统领的一元化治理结构,再造社区多元化的组织结构;Ⅴ.而这些最终指向的是社区深层权力结构的变革,由过去的社区一元化权力结构向社区多元化权力结构变迁,从而希望自下而上逐渐实现政府与

---

[1] 邵光学、刘娟:《从"社会管理"到"社会治理"——浅谈中国共产党执政理念的新变化》,《学术论坛》2014年第2期。

社区的分权，明晰国家与社会的权力边界。

然而，历次社区去行政化改革与社区多元化治理结构转型并没有取得理论预期的效果，第二章呈现了社区建设运动以来先后四轮社区去行政化改革过程，社区居委会始终在过度行政化与边缘化之间摇摆，在政府职能社区化的内生需求下，居民自治改革陷入内卷化困境。在西方国家—社会二元关系视角下，社区去行政化改革"失败"的原因在于"下改上不改，改了也白改"，即归责于我国的体制性障碍。事实上，基于国家与社会分权形成的社区多元网式治理结构确实与我国体制产生了不兼容，以西方国家—社会二元关系范式下的治理理论为参照系，自然得出我国体制是"落后的"和需要改革的结论。但这是在西方文明中心论的假设下，对西方理论的直接"拿来主义"适用，并以此为标尺来判断我国体制的优劣。由于短期内完全彻底改变我国体制是不现实的，那么社区治理改革便不断陷入名与实的背离。

正如徐勇指出的："我国社区居委会作为法定群众性自治组织是政府下放权力的结果，是国家法律认可的具有唯一性的权威性组织，政府下放权力不是为了制造一个与自己对立的组织，而是为了更好地实现对城市社会的治理，那么这种放权是根据管理需要的功能性分权，而不是以市民社会为基础的实体性分权。"[①] 相应的，我国社区居民自治本质上是一种"功能性自治"，而不是基于国家与社会制度化分权的"实体性自治"。中央提出的"社会建设"与"社会治理"任务，也是基于我国变化了的社会形势与发展阶段而做出的战略性举措。因此，简单地照搬西方的国家与社会二元关系理论范式去定义和解读改革方向，无法有效指导与回应我国社区治理实践的需要。因此，研究主张社区治理研究需要破除西方文明与制度中心论的价值理念，从西方国家—社会二元关系范式转换为更契合我国本土化实践的中央—地方—民众的三层互动关系理论框架。

---

① 徐勇：《论城市社区建设中的社区居民自治》，《华中师范大学学报》（人文社会科学版）2001年第3期。

将抽象的国家与社会的关系具体化为实践中的中央—地方—民众之间的三层互动关系，来重新认识中央在新时期与新形势提出的"社会建设"和"社会治理"的新战略。中央政府代表国家关注的是整体性、长期性、根本性的战略利益，积极推动的是社会福利的包容性增长，可以将之视为整个社会的最大公共利益维护者，但面对变化了的新时期与形势任务，国家的战略性目标也会相应调整，同时还要兼顾多目标之间的相对平衡。地方政府具有两面性，一方面作为中央（上级）政府的代理人，要执行中央政策与国家战略，但同时作为一个相对独立的地方利益主体，代表的只是局部或地方性公共利益；另一方面，地方政府的垄断性权力在不受监督和制约时，也有可能在利益驱动下蜕变为谋求部门、行业以及官员个人的狭隘私利。

而民众往往是从个体的、具体的和短期的利益出发去表达诉求，代表的是个人利益，不同民众的利益诉求在一个阶段内可能相对同质化，可以形成简单的"少数/多数"区分，但也可能是更加复杂化、多元化和异质化的。民众内部的利益分化程度将对政府提供公共服务决策以及社会治理机制产生影响。按照"属地管理"的原则，民众对公共服务的需求主要是由地方政府来提供的，地方政府回应地方公共服务需求的能力及绩效将会进一步对中央的合法性产生影响，从而可能迫使中央调整纵向政府之间的权责关系。代表国家的中央政府要回应的是全社会的整体性、长期性与战略性利益，抽象的国家与社会在根本利益上具有内在的一致性，但中央的战略性利益与民众个体的短期利益可能产生冲突。

一方面，中央政府需要借助地方政府执行国家政策与战略目标，治理地方民众和维护社会稳定，那么地方政府在提供公共服务的同时，就有可能在执行国家任务时与民众发生治理冲突；另一方面，中央政府还需要借助民众的力量反映和监督地方政府的行为，防止因上下级信息不对称导致对地方政府权力约束与控制的软化，而带来地方政府谋取私利化和对民众的盘剥。那么，随着国家战略目标的调整以及多目标之间平衡关系的变化，中央、地方与民众三者之间的治理关系也将发生变化，具体而言可能存在三种关系：①中央和地方政府的执政利益一致，联合治理民众的关系，如图7-1，特别是国家的战略利益与民众的个体利益相冲突的情形；②中央政府与民众联合一致，形成对地方政府的监督问责关系，如图7-2，特别是中央与民众的利益一致时，监督作为代理人的地方政府的履职行为；③地方政府与民众围绕着地方社会利益联合一致对抗中央政府，如图7-3，这是中央政府所极力避免的，因为可能形成"地方割据"或"国家分裂"。

```
┌──────────────┐      ┌──────────┐
│  中央—地方政府 │ ───→ │   民众    │
└──────────────┘      └──────────┘
```

图7-1 中央、地方、民众三者之间关系类型一

```
┌──────────────┐      ┌──────────┐
│  中央政府—民众 │ ───→ │  地方政府 │
└──────────────┘      └──────────┘
```

图7-2 中央、地方、民众三者之间关系类型二

```
┌──────────┐      ┌──────────────┐
│  中央政府 │ ←─── │  地方政府—民众 │
└──────────┘      └──────────────┘
```

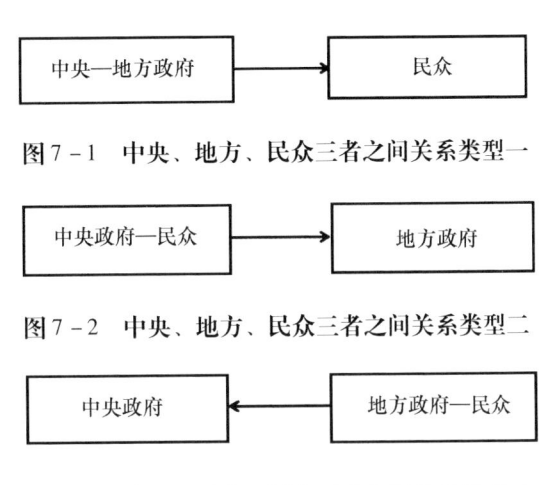

图7-3 中央、地方、民众三者之间关系类型三

西方国家—社会二元关系的形成，是由典型代议制民主政体国家下纵向政府之间实行制度性分权和地方自治体制决定的。而在我国中央集权体制下，纵向政府之间没有实行制度化分权，下级政府的权力直接来源于上级政府，并直接向上级负责，间接向辖区内民众负责，上下级之间只有分工，而无分权。因此，理解我国中央集权体制下国家与社会的关系，应该放置在具体的"中央—地方—民众"的三层互动关系视野下，在国家与社会治理之间还存在纵向政府权力结构关系及其对社会治理机制影响的变量。中央提出的"社会建设"和"社会治理"任务的内涵与方向，也应该放置在新时期与新形势下中央政府、地方政府与民众三层关系的变化中去理解和把握。而社区治理恰好处于纵向政府权力结构与社会治理机制的连接点，因此社区治理现

239

代化改革的方向也需要放置在我国中央—地方—民众的三层关系视野中去理解与定位。

第二节 "找回"城市：我国城市社区治理的体制性优势

在中央—地方—民众的三层关系视野下，研究进一步将社区放置在我国城市社会场域中去分析，主张在社区治理研究中"找回城市"，而不是将其视为一个个被抽离了具体的时空情境而相对"独立"的治理"孤岛"。这就需要从实践出发重新认识我国城市社区的独特意涵以及城市公共秩序的原理，进而去把握嵌入城市系统末梢的社区治理的体制与机制。

赫尔曼认为美国社区应当是市民社会的典型代表，它们作为政治事务的一个集体性参与单位，代表着各自的地方性意见参与到城市的政治事务中。从各个社区选区代表组成顾问委员会对城市建设提意见、帮助实施一些发展计划，参与公共政策制定的协商过程。[1] 典型的美国社区居民协会被认为是公民美德的促进器，因为它使得具有相同背景和价值观的人们能聚集在一起，在地方层面创造出强烈的社区感，让邻居们能够面对面地解决他们的共同问题。[2] 不同于美国代议制民主政体和分权自治体制下，社区在城市社会中首要作为一个政治性和文化性社区，我国城市社会场域中社区则主要是以行政规划边界为范围的行政性社区和生活性社区，自然便不能直接将美国的社区理论及其价值预设嫁接到我国社区土壤上。

虽然"社区"一词是外来的，但是自2000年社区建设运动在全国推广后，应用于我国城市治理实践后便具有了自己独特的意涵与生命力。根据城市公共服务的支出责任与现代财政平衡原理，可以将城市当下村改居社区、保障房社区和商品房社区等多样化的居住形态进

---

[1] Hallman, H. W., *Neighborhoods: Their Place in Urban Life*, California: Sage Publications, 1984.

[2] Dilger, R. J., *Neighborhood Politics: Residential Community Associations in American Governance*, New York & London: New York University Press, 1992.

第七章 结论

一步区分为名义社区与实质社区，商品房社区和保障房社区属于本文要研究的城市实质社区，村改居社区属于名义社区。正是由于未对城市社区的实质意涵做出界定，使得名义社区与实质社区的混淆，导致以深圳为代表的社区治理体制改革的错位。接着从社区微观层面的"人"、"事"和"组织"三要素来分析社区去行政化改革和多元化治理结构转型"失败"的原因。继而指出我国社区治理实践形成的是行政—半行政半自治—自治机制相衔接的链式治理结构，而非边界清晰的行政、市场与自治机制相合作的网式治理结构。最后分析了社区链式治理结构根源于我国城市多层级核心政治体制与"统分结合"的双层治理机制，与网式治理结构根源于美国大都市地区多中心政治体制与准市场交易式合作治理机制形成两套不同的城市公共秩序原理。

两套不同的城市公共秩序原理都试图在具有垄断性特征的政府中引入竞争机制，以约束和控制政府的行为和提高公共服务供给的效率与效力。行政权力分割与转让模式下美国大都市地区以分散化的地方自治政府为单位形成的多中心政治体制，是通过引入准外部市场竞争与交换的方式来提高公共服务供给的效率与效力，而对于外部性溢出地方自治体范围外的公共品供给则是基于地位平等的自治政府之间的协商与交易，以达至合作治理。那么，美国大都市地区多中心政治体制与准市场交易式合作治理模式，对自治政府内部而言具有较强的回应性与责任性优势，但是可能面临的制度成本主要为：细碎化的自治政府之间的外部交易成本过于高昂，以致难以达成合作以提供更大规模的公共品，以及无力解决由于阶层分化导致不同自治体之间公共服务严重失衡带来的社会公正等更高阶的公共品，在空间上的投射就表现为美国富人区与贫民区之间的阶层区隔与种族隔离等，容易形成两极化的城市社会结构，城市弹力低[①]。

[①] 拉斯科认为理解一个都市地区健康与否的主要理念就是"城市弹力"。"城市弹力"指的是一个城市的增长能力，不管是用人填充空余的城市地区，还是通过扩大城市的边界，将住在郊区的人包括进来，或者是两种方法兼而有之。一个城市弹力越大，它就越可能发展。从1950年以来，美国没有弹力的城市都会"经历灾难般的人口流失"，中心城区出现空心化与贫民化，而城市人口的增长完全出现在了周边的郊区。参见〔美〕尼古拉斯·亨利《公共行政与公共事务》，孙迎春译，中国人民大学出版社2011年版，第308页。

我国以所有权与使用权分离式行政权力分配特征下的多层级核心政治体制，则是通过引入政府内部竞争的方式来提高公共服务供给的效率与效力。对于外部性溢出下级地方政府范围的公共品供给，可以由上级政府通过"统的"功能实现"统分结合"的双层治理。那么我国多层级核心政治体制与"统分结合"的双层治理模式兼具效率与公平的优势，但是可能面临的制度成本为行政体系内部的组织成本以及政府脱嵌于社会的风险，主要表现条条、条块之间的矛盾，以及外部行政和社区内部治理的有效衔接难题。然而，由于我国所有权与使用权分离式行政权力分配的特征，使得我国体制可以随着中央、地方与民众三者间的利益关系发生变化，对纵向政府间的权责配置以及社会治理机制做出相应的灵活调整，以在实践中不断解决上述可能存在的制度成本与治理风险。

与美国大都市地区多中心政治体制与合作治理模式相比，我国大城市地区形成的以多层级核心政治体制与"统分结合"双层治理机制为本质的城市公共服务供给模式的经济效率并不低，而同时却有助于解决城市地区内的公平与正义等社会效率难题，构成了体制性优势。虽然我国住房商品化改革后，由于阶层分化而导致住房购买能力的差异，城市内也形成低档、中档和高档住宅小区的分化，集中表现为不同档次住宅小区间公共服务水平的差异。但需要注意的是一个城市内部社区公共服务水平之间的最高落差只是基础性服务和增值性服务之间的区别。

所谓的基础性服务是指在"统分结合"的双层治理模式下，由城市政府在辖区范围内统一提供相对均等化的公共服务。而增值性服务则是指相对封闭的住宅小区围墙内与围墙外的服务落差，这部分公共服务落差是由居民自主支付的。同时，我国城市政府还会通过发挥"统筹"与"再分配"的功能，公共财政资源的分配适度向低档社区倾斜，比如各城市都在推行的老旧小区庭院改造与提档升级服务，以及提供由行政兜底的准物业化管理服务等，以缩小不同小区之间的公共服务落差。我国城市社会内部虽然出现了阶层分化，但是并没有形成居住空间的阶层区隔，呈现的是住宅小区内部社会具有异质性，而不同档次住宅小区之间具有社会流动性特征，反映了我国城市内部的发展型结构，具有较高的城市弹力。综上，研究认为这是我国的体制性优势，而非基于西方国家—社会二元范式下所"臆想"的体制性障碍。

第三节 "祛魅"的居民自治：社区治理现代化改革的政策选择

在西方国家—社会二元关系理论范式的指导下，我国法律制度规定的居民自治便被"实体化"和"神圣化"了，居民自治和多元化治理便成为社区治理现代化改革的方向与逻辑起点，与之不相符的社区治理实践经验则直接被视为"落后的"和需要改革的对象。将行政职能从社区居委会中剥离，收归行政机构采取行政机制；将服务职能从居委会中剥离，采取政府购买服务或服务外包社会组织的方式以采取准市场机制；进而，让社区居委会回归自治功能。但这实际上瓦解了我国社区居委会发挥半行政半自治机制的纽带功能，以期重塑行政、市场与自治机制之间的网络式合作治理结构。然而，先后几轮以居民自治为目标的社区居委会去行政化和多元化治理结构改革都遭遇"失败"时，社区网式治理结构与我国城市链式治理体制产生了系统性不兼容。因此，社区治理现代化改革的方向与路径，需要在对居民自治"祛魅化"理解的前提下重新做出政策选择。

作为嵌入在城市系统末端的社区治理，位于纵向政府权力结构与社区社会治理的中介性位置，以社区两委组织为核心的半行政半自治机制，也正是处于我国行政—半行政半自治—自治机制相衔接的链式治理结构中的关键环节。前文分析了不同性质的社区公共事务在城市治理链中分流与整合的过程与机制，那么良好的社区公共秩序有赖于行政—半行政半自治—自治机制的有效衔接与相互支持，要防止不同治理链之间因断裂而失序。

随着大城市中心城区逐渐从城市开发向城市管理阶段过渡，城市社会也由简单社会向复杂社会转变，大量"法治剩余"事务的涌现，以及城市经济职能向上移，而城市管理与服务职能向下移，中央、地方与民众三者间的利益关系发生变化，那么大城市地区纵向政府之间的权责配置以及社会治理机制需要做出相应调整与改革。因此，在转型时期我国社区治理现代化改革的方向重点不在于以政府与社会分权为基础的社区去行政化改革和新一轮以三社联动为代表的社区多元共治，而在于建设社区公共事务治理中行政—半行政半自治—自治机制之间的制度化支持与衔接机制，具体如下。

首先，城市社区建设目标与社会基础的精准定位。20世纪90年代由于单位制渐趋解体，城市社会面临失序与解体的风险，社区制便作为应对城市社会再组织化而提出的战略性举措。然而部分居民精英群体通过市场化和社会化机制实现自主式再组织，如加入职业团体、趣缘团体或学缘团体等，因此对社区的依赖性弱以及社区参与的内生动力不足。社区参与呈现出"去精英化"、"老年化"以及"浅交往"式公共关系建构等特征，相对于社会化机制参与者主要为生产者精英群体，社区机制的主要参与者则可称为"剩余群体"。城市社区既不是完全"互不相关的邻里"，也无法培育为理论预期的"共同体"。因此，政府负责的社区化机制应是对居民自主式社会化机制的兜底与补充关系，社区建设的目标与治理主体则应该是对社区有内生需求的"剩余群体"的再组织，而不应是以共同体建设为目标的社区全员式参与。

其次，加强链式治理结构下中间环节"统"的能力，即以社区两委组织为核心的半行政半自治机制的综合治理能力。因为根据社区公共事务的分类治理，社区两委组织一端向上对接专业化的部门行政机制，另一端向下连接社区内部居民微自治机制。由于城市社区两委组织的职业化与行政化，那么在转型时期就需要建设有效的考核与激励机制，提升社区基层组织的治理动力与治理责任，使得在向上级政府负责的同时向居民负责。当社区两委组织综合治理能力较强时，一方面会积极向上协调部门资源、横向协调辖区单位资源，来为居民办事和回应居民的内生需求；另一方面需要积极挖掘社区骨干与积极分子，孵化和培育社区社会组织，将对社区有依赖的"剩余群体"再组织，并对社区内各类居民"微自治"组织与活动提供支持、指导与监督。

最后，提升行政机制对社区半行政半自治机制的支持与回应性治理能力。由于社区治理是嵌入在城市系统的末梢环节，社区对外部城市系统具有较强的依附性与弱自主性，特别是对于外部性溢出社区范围外和具有垄断性的社区公共事务，无法完全依靠以社区两委为核心的半行政半自治机制以及社区内部的微自治机制自主解决，而需要向上借助街道办事处以及区政府职能部门等行政机制的力量。因此提升外部行政机制对社区治理求援的及时回应与支持就很重要了。这就需要一方面将街道作为城市治理的基础单元，对于新时期与新形势下"条条"（专业职能部门）与"块块"（街道办事处）目标一致或没有利益冲突的城市管理与服务职能，可以向下赋权街道办事处，加强街道在城市基层治理体系中的"统筹"与"综合协调"的能力；另一方面在城市治理单元内需要以街居治理共同体的视角来推进街道和社区治理改革，而不应将二者割裂和分别孤立地推进改革，在加强街道办事处的治理权力与治理能力的同时，要建设街道对社区治理的制度化回应机制，从而实现社区公共事务治理中行政—半行政半自治—自治机制之间的相互支持与协作治理。

第四节　我国城市的结构化分类与研究展望

在对居民自治祛魅化理解的前提下，笔者大胆打破社区治理研究遵循的对国家与社会二元关系范式验证的主流路径，进而主张应转向更契合我国本土化实践的"中央—地方—民众"三层互动关系的新分析框架，并提出在社区治理研究中应找回城市，即在理解城市公共秩序形成的体制与机制的基础上，再去定位和把握嵌入城市系统末梢的社区治理现代化改革的方向。这是本研究的最大创新之处，其次才是在这个新框架下通过小心求证与分析而得出的一系列具体结论。而本研究的不足之处主要为尚缺乏对我国城市的结构化分类，研究结论的经验来源主要限定为一、二线发达大城市（包含大城市及以上等级）。

由于笔者的田野调查地点包含一线城市、新一线、二线、三线和四线城市，也包含超大城市、特大城市、大城市以及中小城市等不同梯度的城市，明显可以感受到不同梯度城市的治理差异还比较大。以黄冈市为例，黄冈市作为地级市，下辖一区二市七县，但是黄冈市城区只有黄州区，城区常住人口不足 50 万，属于典型的中西部小城市，而且黄州城区只有一个完全城市化的街道办事处。[①] 市、区和街道三级政府机构管理的城市空间高度重合，这将影响纵向政府权力与职能的配置，权力与职能向市级政府相对集中。同时，作为地处中西部地区的四线小城市，城市化发展仍是城市政府的中心任务，政府财政实力不足，当地社区居委会人员的部分福利与工作经费至今居然还要靠自筹。这些都与上海、深圳、杭州等发达型大城市形成巨大反差。

通过在不同城市的调研，研究发现其中有两个变量对城市的结构化分类比较重要：其一，城市规模与城市政府结构，主要指城区常住人口规模以及区政府数量；其二，城市化发展阶段与城市发达程度，这个会影响城市治理的中心工作、城市政府的财政实力以及治理工具的选择。这两个变量相结合将可能影响中央、地方与民众三者利益关系，纵向政府之间权责关系配置，以及社会治理的机制的选择等。我国城市类型众多，差别也较大，如何将纷繁多样的个案城市进行结构化分类，并在此基础上进一步深化认识城市公共秩序与社区治理改革问题，将非常具有价值。而这无法在一本书中全部穷尽，在此仅仅抛砖引玉，展望未来进一步研究的方向。

---

① 黄州区下辖 3 个街道办事处，但是另外 2 个是刚由乡镇改为街道办事处的，尚处于城市化过程中，下辖的绝大部分还是村庄，故此这里只计算城区内完全城市化的街道办事处。

参考文献

中国作者著作

曹荣湘选编：《走出囚徒困境：社会资本与制度分析》，上海三联书店2003年版。

陈丹：《城市住宅区业主自治运行实效研究——基于集体决策的视角》，法律出版社2014年版。

陈鹏：《住房产权与社区政体——B市业主维权与自治的实证研究》，社会科学文献出版社2015年版。

陈伟东：《社区自治—自组织网络与制度设置》，中国社会科学出版社2004年版。

陈振明：《理解公共事务》，北京大学出版社2007年版。

《邓小平文选》，第3卷，人民出版社1993年版。

费孝通：《学术自述与反思》，生活·读书·新知三联书店1996年版。

费孝通：《乡土中国》（修订版），上海人民出版社2013年版。

傅小随等：《社会治理组织体系深圳样本分析——党政体制、社区架构与社会组织》，中国社会科学出版社2015年版。

桂华：《中国土地制度的宪法秩序》，法律出版社2017年版。

桂勇：《邻里空间：城市基层的行动、组织与互动》，上海人民出版社2008年版。

郭圣莉：《城市社会重构与国家政权建设——建国初期上海国家政权建设分析》，天津人民出版社2006年版。

郭圣莉、刘晓亮：《转型社会的制度变革：上海城市管理与社区治理体制构建》，华东理工大学出版社2013年版。

郭于华、沈原、陈鹏主编：《居住的政治：当代都市的业主维权和社区建设》，广西师范大学出版社2014年版。

何艳玲：《都市街区中的国家与社会：乐街调查》，社会科学文献出版社2007年版。

贺雪峰：《城市化的中国道路》，东方出版社2014年版。

贺雪峰主编：《华中村治研究：立场、观点与方法》（2016年卷），社会科学文献出版社2016年版。

侯伊莎：《激活和谐社会的细胞——"盐田模式"的制度研究》，中央编译出版社2007年版。

胡鞍钢、王绍光、周建明、韩毓海：《人间正道》，中国人民大学出版社2011年版。

金耀基：《从传统到现代》，中国人民大学出版1999年版。

敬乂嘉：《合作治理——再造公共服务的逻辑》，天津人民出版社2009年版。

李培林：《当前社区研究的三个面向》，载《清华社会学评论》（第七辑），社会科学文献出版社2017年版。

梁漱溟：《中国文化要义》，上海人民出版社2005年版。

刘春荣：《另类的邻里动员：关键群众和社区选举的实践》，载赵汀阳主编《年度学术2007》，中国人民大学出版社2007年版。

荣敬本、崔之元等：《从压力型体制向民主合作体制的转变：县乡两级政治体制改革》，中央编译出版社1998年版。

石发勇：《准公民社区：国家关系网络与城市基层治理》，社会科学文献出版社2013年版。

孙立平：《"过程—事件分析"与当代中国农村国家农民关系的实践形态》，载谢立中主编《结构—制度分析，还是过程—事件分析？》，社会科学文献出版社2010年版。

唐忠新：《中国城市社区建设概论》，天津人民出版社2000年版。

田先红主编：《信访研究：国家治理的视角》，社会科学文献出版社2017年版。

王德福：《做人之道：熟人社会里的自我实现》，商务印书馆 2014 年版。

王信贤：《镶嵌抑或自主性？——中国大陆环保组织的发展：官僚竞争的观点》，载《地方政府创新与市民社会发展国际研讨会论文集（下）》，浙江大学出版社 2007 年版。

王旭、罗思东：《美国新城市化时期的地方政府：区域统筹与地方自治的博弈》，厦门大学出版社 2010 年版。

王旭：《美国城市发展模式》，清华大学出版社 2006 年版。

吴晓林：《房权政治：中国城市社区业主维权》，中央编译出版社 2016 年版。

谢立中主编：《结构—制度分析，还是过程—事件分析？》，社会科学文献出版社 2010 年版。

谢庆奎等：《中国政府体制分析》，中国广播电视出版社 1995 年版。

鄢一龙、白钢、章永乐等：《大道之行：中国共产党与中国社会主义》，中国人民大学出版社 2015 年版。

尹维真：《中国城市基层管理体制创新》，中国社会科学出版社 2003 年版。

詹成付主编：《社区建设工作进展报告》，中国社会出版社 2005 年版。

张济顺：《远去的都市：1950 年代的上海》，社会科学文献出版社 2015 年版。

张静：《基层政权：乡村制度诸问题》（增订本），上海人民出版社 2007 年版。

张志红：《当代中国政府间纵向关系研究》，天津人民出版社 2005 年版。

周其仁：《城乡中国》（上），中信出版社 2013 年版。

周其仁：《城乡中国》（下），中信出版社 2014 年版。

周雪光：《组织社会学十讲》，社会科学文献出版社 2009 年版。

周雪光：《国家与生活机遇——中国城市中的再分配与分层（1949—1994）》，郝大海等译，中国人民大学出版社 2015 年版。

周振超：《当代中国政府"条块关系"研究》，天津人民出版社 2009

年版。
朱健刚：《国与家之间：上海邻里的市民团体与社区运动的民族志》，社会科学文献出版社 2010 年版。

外国作者著作

［美］埃莉诺·奥斯特罗姆、帕克斯、惠特克：《公共服务的制度建构：都市警察服务的制度结构》，宋全喜、任睿译，上海三联书店 2000 年版。

［法］埃米尔·涂尔干：《社会分工论》，渠敬东译，生活·读书·新知三联书店 2000 年版。

［英］安东尼·吉登斯：《社会的构成》，李康、李猛译，三联书店 1998 年版。

［美］奥利佛·E. 威廉姆斯：《资本主义经济制度：论企业签约与市场签约》，段毅才、王伟译，商务印书馆 2003 年版。

［美］奥尼德·赫维茨、斯坦利·瑞特：《经济机制设计》，田国强等译，格致出版社 2009 年版。

［古希腊］柏拉图：《理想国》，郭斌和、张竹明译，商务印书馆 1986 年版。

［古希腊］柏拉图：《法律篇》，张智仁、何勤华译，上海人民出版社 2001 年版。

［美］查尔斯·赖特·米尔斯：《权力精英》，王昆、许荣译，南京大学出版社 2004 年版。

［美］戴维·奥斯本、特德·盖布勒：《改革政府：企业家精神如何改革着公共部门》，周敦仁等译，上海译文出版社 2006 年版。

［德］斐迪南·滕尼斯：《共同体与社会》，林荣远译，商务印书馆 1999 年版。

［美］弗朗斯西·福山：《信任：社会美德与创造经济繁荣》，郭华译，广西师范大学出版社 2016 年版。

［美］盖伊·彼得斯：《政府未来的治理模式》，吴爱明、夏宏图译，中国人民大学出版社 2013 年版。

［英］亨利·梅因：《古代法》，郭亮译，法律出版社 2016 年版。

［美］简·雅各布斯：《美国大城市的生与死》，金衡山译，译林出版社2015年版。

［英］卡尔·波兰尼：《大转型：我们时代的政治与经济起源》，冯钢、刘阳译，浙江人民出版社2007年版。

［美］刘易斯·芒福德：《城市发展史——起源、演变和前景》，倪文彦、宋俊岭译，中国建筑工业出版社1989年版。

［法］卢梭：《社会契约论》，何兆武译，商务印书馆2003年版。

［美］罗伯特·A.达尔：《多元主义民主的困境：自治与控制》，周军华等译，吉林人民出版社2006年版。

［美］罗伯特·A.达尔：《谁统治：一个美国城市的民主和权力》，范春辉、张宇译，江苏人民出版社2011年版。

［美］罗伯特·A.达尔、爱德华·R.塔夫特：《规模与民主》，唐皇凤、刘晔译，上海人民出版社2013年版。

［意］罗伯特·米歇尔斯：《寡头统治铁律：现代民主制度中的政党社会学》，任军锋等译，天津人民出版社2003年版。

［美］罗伯特·帕特南：《独自打保龄球：美国社区的衰落与复兴》，刘波等译，北京大学出版社2011年版。

［美］罗伯特·帕特南：《使民主运转起来：现代意大利的公民传统》，王列、赖海榕译，中国人民大学出版社2015年版。

［美］罗纳德·博特：《结构洞：竞争的社会结构》，任敏、李璐、林虹译，上海人民出版社2008年版。

［英］马丁·阿尔布劳：《全球时代：超越现代性之外的国家与社会》，高湘泽、冯玲译，商务印书馆2001年版。

［德］马克斯·韦伯：《经济与社会》，阎克文译，上海人民出版社2010年版。

［美］迈克尔·麦金尼斯主编：《多中心治道与发展》，王文章等译，上海三联书店2000年版。

［美］麦克·布洛维：《公共社会学》，社会科学文献出版社2007年版。

［法］孟德斯鸠：《论法的精神》，许明龙译，商务印书馆1961年版。

［美］尼古拉斯·亨利：《公共行政与公共事务》，孙迎春译，中国人

民大学出版社 2011 年版。

［美］乔尔·S. 米格代尔：《社会中的国家：国家与社会如何相互改变与相互构成》，李阳、郭一聪译，江苏人民出版社 2013 年版。

［美］萨瓦斯：《民营化与公私部门的伙伴关系》，周志忍译，中国人民大学出版社 2002 年版。

［美］桑德斯：《社区论》，徐震译，黎明文化事业股份有限公司 1982 年版。

［美］斯蒂芬·戈德史密斯、威廉·D. 埃格斯：《网络化治理：公共部门的新形态》，周志忍译，北京大学出版社 2008 年版。

［德］托马斯·海贝勒、君特·舒耕德：《从群众到公民：中国的政治参与》（城市卷），张文红译，中央编译出版社 2009 年版。

［美］威廉·多姆霍夫：《谁统治美国：权力、政治和社会变迁》，吕鹏、文翔译，译林出版社 2009 年版。

［美］文森特·奥斯特罗姆、罗伯特·比什、埃莉诺·奥斯特罗姆：《美国地方政府》，井敏、陈幽泓译，北京大学出版社 2004 年版。

［美］文森特·奥斯特罗姆：《美国联邦主义》，王建勋译，上海三联书店 2003 年版。

［古希腊］亚里士多德：《政治学》，吴寿彭译，商务印书馆 1965 年版。

［美］约翰·霍兰：《隐秩序：适应性造就复杂性》，周晓牧、韩晖译，上海科技教育出版社 2000 年版。

［美］珍妮特·V. 登哈特、罗伯特·登哈特：《新公共服务——服务，而不是掌舵》，丁煌译，中国人民大学出版社 2010 年版。

Dilger, R. J., *Neighborhood Politics：Residential Community Associations in American Governance*, New York & London：New York University Press, 1992.

Fisher, C. S, *The Urban Experience*, New York：Harcourt Brace Jovanovich, 1984.

Hallman, H. W., *Neighborhoods：Their Place in Urban Life*, California：Sage Publications, 1984.

Gans, H. J., The Urban Villager's：Group and Class in the Life of Italian-

Americans, New York: The Free Press, 1962.

Marshall, T. H. and Tom Bottomore, *Citizenship and Social Class*, London: Pluto Press, 1992.

Orfield Myron, *American Metropolitics: The New Suburban Reality*, Washington, D. C., Brookings Institution Press, 2002.

Stein. M. R., *The Eclipse of community*, Princeton: Princeton University Press, 1960.

Tomba Luigi, *The Government Next Door: neighborhood Politics in Urban China*, Ithaca & London: Cornell University Press, 2014.

Walter J. Kickert, Erik-Hans Klijn, and Joop F. Koppenjan, *Managing Complex Networks: Strategies for the Public Sector*, London: Sage Publications, 1997.

论文

安希孟：《家、国、同胞，与天下万民——中西哲人及基督教的家庭观》，《宗教学研究》2005年第1期。

白雪娇：《规模适度：居民自治有效实现形式的组织基础》，《东南学术》2014年第5期。

曹正汉：《中国上下分治的治理体制及其稳定机制》，《社会学研究》2011年第1期。

曹正汉：《中国的集权与分权："风险论"与历史证据》，《社会》2017年第3期。

陈福平、黎熙元：《当代社区的两种空间：地域与社会网络》，《社会》2008年第5期。

陈华彬：《论建筑物区分所有权的构成——兼议〈物权法〉第70条的规定》，《清华法学》2008年第2期。

陈华彬：《论建筑物区分所有权的概念》，《法治研究》2010年第7期。

陈科霖：《狄龙规则与地方自治：美国的实践经验及对中国的借鉴启示》，《甘肃行政学院学报》2015年第2期。

陈鹏：《当代中国城市业主的法权抗争——关于业主维权活动的一个

分析框架》，《社会学研究》2010 年第 1 期。

陈鹏：《国家—市场—社会三维视野下的业委会研究——以 B 市商品房社区为例》，《公共管理学报》2013 年第 3 期。

陈伟东：《论城市社区民主的制度结构—以武汉市江汉区社区建设实验为例》，《社会主义研究》2001 年第 3 期。

陈伟东：《武汉市江汉区社区建设目标模式、制度创新及可行性》，《城市发展研究》2001 年第 8 期。

陈伟东：《社区行政化不经济的社会重组机制》，《中州学刊》2005 年第 2 期。

陈映芳：《行动力与制度限制：都市运动中的中产阶层》，《社会学研究》2006 年第 4 期。

程玉申、周敏：《国外有关城市社区的研究评述》，《社会学研究》1998 年第 4 期。

仇叶：《实体主义与关系主义视角下的社区治理研究的分殊与融合》，《南京农业大学学报》（社会科学版）2016 年第 1 期。

仇叶：《住宅小区物业管理纠纷的根源——基于合同治理结构变形与约束软化视角的解读》，《城市问题》2016 年第 1 期。

仇叶：《富人治村的类型与基层民主实践机制研究》，《中国农村观察》2017 年第 1 期。

崔之元：《"混合宪法"与对中国政治的三层分析》，《战略与管理》1998 年第 3 期。

董礼洁：《美国城市的法律地位——狄龙规则的过去与现在》，《行政法学研究》2008 年第 1 期。

费孝通：《居民自治：中国城市社区建设的新目标》，《江海学刊》2002 年第 3 期。

费孝通：《对上海社区建设的一点思考——在"组织与体制：上海社区发展理论研讨会"上的讲话》，《社会学研究》2002 年第 4 期。

冯钢：《现代社区何以可能》，《浙江学刊》2002 年第 2 期。

冯仕政：《中国国家运动的形成与变异：基于政体的整体性解释》，《开放时代》2011 年第 1 期。

傅鼎生：《物权原理与物业管理》，《政治与法律》2004 年第 6 期。

傅剑峰：《从宁波直选看选聘分离》，《社区》2004 年第 6 期。

高民政、郭圣莉：《居民自治与城市治理——建国初期城市居民委员会的创建》，《政治学研究》2003 年第 1 期。

桂华：《实践社会学：从 1.0 到 2.0》，《云南行政学院学报》2016 年第 2 期。

桂华：《论法治剩余的行政吸纳——关于"外嫁女"上访的体制解释》，《开放时代》2017 年第 2 期。

桂勇、崔之余：《行政化进程中的城市居委会体制变迁——对上海市的个案研究》，《华中理工大学学报》（社会科学版）2000 年第 3 期。

桂勇：《城市"社区"是否可能？——关于农村邻里空间与城市邻里空间的比较分析》，《贵州师范大学学报》（社会科学版）2005 年第 6 期。

桂勇、黄荣贵：《城市社区：共同体还是"互不相关的邻里"》，《华中师范大学学报》（人文社会科学版）2006 年第 6 期。

桂勇：《邻里政治：城市基层的权力操作策略与国家—社会的粘连模式》，《社会》2007 年第 6 期。

桂勇、黄荣贵：《社区社会资本测量：一项基于经验数据的研究》，《社会学研究》2008 年第 3 期。

郭圣莉、高民政：《建国初期上海市居民委员会创建的历史考察》，《上海行政学院学报》2001 年第 4 期。

郭圣莉、高民政：《1952—1957：上海市居民委员会调整与完善的历史考察》，《上海行政学院学报》2002 年第 2 期。

郭圣莉、高民政：《1958—1966：居民委员会功能的变异与修复——以上海市为例的历史考察与分析》，《上海社会科学院学术季刊》2002 年第 3 期。

郭圣莉：《加入核心团队：社区选举的合意机制及其运作基础分析》，《公共行政评论》2010 年第 1 期。

郭伟和：《街道公共体制改革和国家意志的柔性控制——对黄宗智"国家和社会的第三领域"理论的扩展》，《开放时代》2010 年第 2 期。

郭晓敏：《城市基层社会管理体制改革问题探讨——基于铜陵市撤销街道办事处的实例分析》，《中共合肥市委党校学报》2012 年第 3 期。

韩宏亮：《邓小平领导核心思想研究》，《青海社会科学》2017 年第 3 期。

何海兵：《我国城市基层社会管理体制的变迁：从单位制、街居制到社区制》，《管理世界》2003 年第 6 期。

何艳玲、蔡禾：《中国城市基层自治组织的"内卷化"及其成因》，《中山大学学报》（社会科学版）2005 年第 5 期。

贺雪峰：《国家与农民关系的三层分析——以农民上访为问题意识之来源》，《天津社会科学》2011 年第 4 期。

贺雪峰：《饱和经验法——华中乡土派对经验研究方法的认识》，《社会学评论》2014 年第 1 期。

贺雪峰：《行政体制中的责权利层级不对称问题》，《云南行政学院学报》2015 年第 4 期。

贺雪峰：《华中村治研究中的机制研究》，《云南行政学院学报》2016 年第 2 期。

贺雪峰：《实践社会学 2.0：机制研究（笔谈）》，《云南行政学院学报》2016 年第 2 期。

华伟：《单位制向社区制的回归——中国城市基层管理体制 50 年变迁》，《战略与管理》2000 年第 1 期。

黄荣贵、桂勇：《互联网与业主集体抗争：一项基于定性比较分析方法的研究》，《社会学研究》2009 年第 5 期。

黄锐、文军：《从传统村落到新型都市共同体：转型社区的形成及其基本特质》，《学习与实践》2012 年第 4 期。

黄宗智：《认识中国：走向从实践出发的社会科学》，《中国社会科学》2005 年第 1 期。

黄宗智：《集权的简约治理——中国以准官员和纠纷解决为主的半正式基层行政》，《开放时代》2008 年第 2 期。

霍思伊：《武汉复兴如何破题》，《中国新闻周刊》2017 年 10 月 30 日总第 826 期。

金桥:《基层权力运作的逻辑:上海社区实地研究》,《社会》2010年第3期。

敬乂嘉、刘春荣:《居委会直选与城市基层治理——对2006年上海市居委会直接选举的》,《复旦学报》(社会科学版)2007年第1期。

郎晓波:《"进社区":混合治理空间中的条块关系与行动逻辑——基于浙江H市的基层社会治理改革》,《甘肃行政学院学报》2016年第4期。

李凡:《规范化城市社区选举的成功尝试——对宁波市海曙区社区直接选举的调查和思考》,《中国经济时报》2003年04月21日第T00版。

李辉:《社会报酬与社区积极分子:上海S新村楼组长群体研究》,《社会》2008年第1期。

李学春:《城市社区自治的社会基础》,《西北师范大学学报》(社会科学版)2002年第3期。

李友梅:《城市基层社会的深层权力秩序》,《江苏社会科学》2003年第6期。

李志刚、于涛方、魏立华等:《快速城市化下"转型社区"的社区转型研究》,《城市发展研究》2007年第5期。

刘迟:《基层社区组织权威生成的制度空间研究》,博士学位论文,上海大学,2009年。

刘春荣:《国家介入与邻里社会资本的生成》,《社会学研究》2007年第2期。

刘春荣:《中国城市社区选举的想象:从功能阐释到过程分析》,《社会》2005年第1期。

刘春荣:《选举动员的框架整合——银杏居委会换届选举个案研究》,《社会》2010年第1期。

刘威:《街区邻里政治的动员路径与二重维度——以社区居委会为中心的分析》,《浙江社会科学》2010年第4期。

刘威:《"行动者"缺席抑或复归——街区邻里政治研究的日常生活转向与方法论自觉》,《南京社会科学》2010年第7期。

刘小康:《政府与社会互动:沈阳社区自治模式探微》,《国家行政学院学报》2000年第5期。

刘宣:《快速城市化下"转型社区"空间改造的障碍——广州、深圳案例》,《地理研究》2010年第4期。

刘岩、刘威:《从"公民参与"到"群众参与"——转型期城市社区参与的范式转换与实践逻辑》,《浙江社会科学》2008年第1期。

刘子曦:《激励与扩展:B市业主维权运动中的法律与社会的关系》,《社会学研究》2010年第5期。

刘祖云:《中国都市居民委员会的历史沿革及其特点——中国都市社会基层居民组织的结构与功能研究之一》,《社会学研究》1987年第6期。

卢爱国:《使社区和谐起来:社区公共事务分类治理》,博士学位论文,华中师范大学,2008年。

罗红霞、崔运武:《悖论、因果与对策:关于社区居委会职责的调查思考》,《理论月刊》2015年第7期。

吕德文:《谈谈经验质感》,《社会学评论》2014年第1期。

侣传振、崔琳琳:《从单位制到社区制:国家与社会治理空间的转换——以现代国家政权建设为视角》,《武汉理工大学学报》(社会科学版)2007年第5期。

马骏:《实现政治问责的三条道路》,《中国社会科学》2010年第5期。

马卫红、黄沁蕾、桂勇:《上海市居民社区参与意愿影响因素分析》,《社会》2000年第6期。

马卫红、桂勇、骆天珏:《城市社区研究中的国家社会视角:局限、经验与发展可能》,《学术研究》2008年第11期。

欧阳静:《论基层运动型治理——兼与周雪光等商榷》,《开放时代》2014年第6期。

欧阳觅剑:《深圳模式:"名义"背后的政治智慧》,《南风窗》2004年第20期。

潘小娟:《社区行政化问题探究》,《国家行政学院学报》2007年第1期。

潘泽泉:《社会资本与社区建设》,《社会科学》2008年第7期。

彭勃:《国家权力与城市空间:当代中国城市基层社会治理变革》,《社会科学》2006年第9期。

曲延春、张帆:《"精明买家"的实现:政府购买公共服务的困境与路径选择——基于济南市市中区的调研》,《中国行政管理》2016年第5期。

邵光学、刘娟:《从"社会管理"到"社会治理"——浅谈中国共产党执政理念的新变化》,《学术论坛》2014年第2期。

申端锋:《软指标的硬指标化——关于税改后乡村组织职能转变的一个解释框架》,《甘肃社会科学》2007年第2期。

沈原:《"强干预"与"弱干预":社会学干预方法的两条途径》,《社会学研究》2006年第5期。

沈原:《社会的生产》,《社会》2007年第2期。

沈原:《又一个三十年?转型社会学视野下的社会建设》,《社会》2008年第3期。

施芸卿:《机会空间的营造——以B市被拆迁居民集团行政诉讼为例》,《社会学研究》2007年第2期。

石发勇:《城市社区民主建设与制度性约束——上海市居委会改革个案研究》,《社会》2005年第2期。

石发勇:《关系网络与当代中国基层社会运动:以一个街区环保运动个案为例》,《学海》2005年第3期。

石发勇:《业主委员会、准派系政治与基层治理——以一个上海街区为例》,《社会学研究》2010年第3期。

孙柏瑛:《城市社区居委会"去行政化"何以可能?》,《南京社会科学》2016年第7期。

孙立平:《社区、社会资本与社区发育》,《学海》2001年第4期。

孙立平:《实践社会学与社会转型过程分析》,《中国社会科学》2002年第5期。

唐皇凤:《常态社会与运动式治理——中国社会治安治理中的"严打"政策研究》,《开放时代》2007年第3期。

唐文玉:《国家介入与社会组织公共性生长——基于J街道的经验分析》,《学习与实践》2011年第4期。

唐亚林、陈先书：《社区自治：城市社会基层民主的复归与张扬》，《学术界》2003年第6期。

田毅鹏、刘杰：《中西社会结构之"异"与社会工作的本土化》，《社会科学》2008年第5期。

田毅鹏、张帆：《转型期社区组织的科层化及其走向——以C市J社区为例》，《吉林大学社会科学学报》2014年第3期。

汪波：《城市社区管理体制创新探索——行政、统筹、自治之三元复合体制》，《公共管理科学》2010年第2期。

汪锦军：《纵向政府权力结构与社会治理：中国"政府与社会"关系的一个分析路径》，《浙江社会科学》2014年第9期。

王德福、张雪霖：《社区动员中的精英替代及其弊端分析》，《城市问题》2017年第1期。

王德福：《"社区自治"辨析与反思》，《云南行政学院学报》2017年第2期。

王汉生、王一鸽：《目标管理责任制：农村基层政权的实践逻辑》，《社会学研究》2009年第2期。

王汉生、吴莹：《基层社会中"看得见"与"看不见"的国家——发生在一个商品房小区中的几个"故事"》，《社会学研究》2011年第1期。

王鲁沛、马恩兵：《撤销街道办事处 强化社区自治职能——南京市白下区街道管理体制改革的调查》，《唯实》2003年第2期。

王铭铭：《小地方与大社会——中国社会的社区观察》，《社会学研究》1997年第1期。

王诗宗：《治理理论及其中国适用性——基于公共行政学的视角》，博士学位论文，浙江大学，2009年。

王小章：《何谓社区与社区何为》，《浙江学刊》2002年第2期。

王小章、王志强：《从"社区"到"脱域的共同体"——现代性视野下的社区和社区建设》，《学术论坛》2003年第6期。

王星：《"居站分离"实践与城市基层社会管理创新》，《学海》2012年第3期。

王臻荣：《治理结构的演变：政府、市场与民间组织的主体间关系分析》,《中国行政管理》2014年第11期。

魏程琳:《都市街头的国家、社会与暴力——武汉城市管理(1991—2015)》,博士学位论文,华中科技大学,2016年。

向德平:《社区组织行政化:表现、原因及对策分析》,《学海》2006年第3期。

肖林:《"'社区'研究"与"社区研究"——近年来我国城市社区研究述评》,《社会学研究》2011年第4期。

肖瑛:《从"国家与社会"到"制度与生活":中国社会变革研究的视角转换》,《中国社会科学》2014年第10期。

熊易寒:《社区选举:在政治冷漠与高投票率之间》,《社会》2008年第3期。

徐昌洪:《社区居民委员会行政化及其治理研究》,《社会主义研究》2014年第1期。

徐勇:《论城市社区建设中的社区居民自治》,《华中师范大学学报》(社会科学版)2001年第3期。

徐勇、吴毅、贺雪峰等:《村治研究中的共识与策略》,《浙江学刊》2002年第1期。

燕继荣:《社区治理与社会资本投资——中国社区治理创新的理论解释》,《天津社会科学》2010年第3期。

杨爱平、余雁鸿:《选择性应付:社区居委会行动逻辑的组织分析——以G市L社区为例》,《社会学研究》2012年第4期。

杨宏山:《街道办事处改革:问题、路向及制度条件》,《南京社会科学》2012年第4期。

杨华:《女孩如何在父姓村落获得人生归属?——村落"历史感"与"当地感"的视角》,《妇女研究论丛》2013年第2期。

杨华:《华中乡土派的经验立场》,《社会学评论》2014年第1期。

杨华、袁松:《行政包干制:县域治理的逻辑与机制——基于华中某省D县的考察》,《开放时代》2017年第5期。

杨丽萍:《从非单位到单位——上海非单位人群组织化研究(1949—1962)》,博士学位论文,华东师范大学,2006年。

杨丽萍:《从废除保甲制度到建立居民委员会——以新中国成立前后

的上海为例》,《党的文献》2010 年第 5 期。

杨丽萍:《新中国成立初期的上海里弄整顿》,《当代中国史研究》2010 年第 5 期。

杨敏:《公民参与、群众参与与社区参与》,《社会》2005 年第 5 期。

杨敏:《作为国家治理单元的社区——对城市社区建设运动过程中居民社区参与和社区认知的个案研究》,《社会学研究》2007 年第 4 期。

杨笑思:《西方思想中的"个人—社会"模式及其宗教背景》,《华南师范大学学报》2001 年第 5 期。

叶敏.:《社区自治能力培育中的国家介入——以上海嘉定区外冈镇"老大人"社区自治创新为例》,《南京农业大学学报》(社会科学版)2015 年第 15 卷第 3 期。

尹志刚:《从中国大城市基层政府管理体制改革看城市管理及社会治理(上)——以北京市街道办事处管理体制改革为例》,《北京行政学院学报》2006 年第 5 期。

尹志刚:《从中国大城市基层政府管理体制改革看城市管理及社会治理(下)——以北京市街道办事处管理体制改革为例》,《北京行政学院学报》2006 年第 6 期。

于建嵘:《破解"政绩共同体"的行为逻辑》,《廉政文化研究》2011 年第 1 期。

袁建华、陈滨宇、饶华等:《创新社区管理体制的有效实践——对武汉市江汉区社区"八大员"改革的调查》,《党政干部论坛》2009 年第 7 期。

詹国彬:《需求方缺陷、供给方缺陷与精明买家——政府购买公共服务的困境与破解之道》,《经济社会体制比较》2013 年第 5 期。

张宝锋:《城市社区参与动力缺失原因探源》,《河南社会科学》2005 年第 4 期。

张大维、陈伟东、孔娜娜:《中国城市社区治理单元的重构与创生——以武汉市"院落自治"和"门栋自治"为例》,《城市问题》2006 年第 4 期。

张济顺:《上海里弄:基层政治动员与国家社会一体化走向(1950—

1955）》，《中国社会科学》2004 年第 2 期。

张静：《培育城市公共空间的社会基础——以一起上海社区纠纷为例》，《上海政法学院学报》2006 年第 2 期。

张磊：《业主维权运动产生原因及动员机制——对北京市几个小区个案的考察》，《社会学研究》2005 年第 6 期。

张亮：《上海社区建设面临困境：居民参与不足》，《社会》2001 年第 1 期。

张鸣宇、汪智汉：《转型时期居委会的三重角色——以武汉市 C 社区为例》，《社会主义研究》2005 年第 4 期。

张婷玉：《社区发展与居民参与》，《湖北社会科学》2001 年第 12 期。

张雪霖、王德福：《社区居委会去行政化改革的悖论及其原因探析》，《北京行政学院学报》2016 年第 1 期。

张雪霖：《小区业委会选举景象差异一般机制的解释——基于利益密度与社会异质性二维框架的分析》，《城市问题》2016 年第 12 期。

张雪霖：《私民社会：对业主维权与民主自治实践的反思》，《云南行政学院学报》2017 年第 2 期。

张则武：《深圳城市化历程中的社区变迁》，《特区实践与理论》2011 年第 1 期。

赵灵敏：《深圳城市化中的土地博弈》，《南风窗》2004 年第 20 期。

赵燕菁、庄淑亭：《基于税收制度的政府行为解释》，《城市规划》2008 年第 4 期。

赵燕菁、刘昭吟、庄淑亭：《税收制度与城市分工》，《城市规划学刊》2009 年第 6 期。

赵燕菁：《城市的制度原型》，《城市规划》2009 年第 10 期。

赵燕菁：《关于土地财政的几个说明》，《北京规划建设》2011 年第 1 期。

赵燕菁：《城市规划职业的经济学思考》，《城市发展研究》2013 年第 2 期。

赵燕菁：《正确评价土地财政的功过》，《北京规划建设》2013 年第 3 期。

赵燕菁：《土地财政与政治制度》，《北京规划建设》2013 年第 4 期。

赵燕菁:《城市化的几个基本问题》(上),《北京规划建设》2016 年第 1 期;

赵燕菁:《城市化的几个基本问题》(下),《北京规划建设》2016 年第 3 期。

郑杭生、黄家亮:《论我国社区治理的双重困境与创新之纬》,《东岳论丛》2012 年第 1 期。

郑永年、王旭:《论中央地方关系中的集权和民主问题》,《战略与管理》2001 年第 3 期。

周飞舟:《锦标赛体制》,《社会学研究》2009 年第 3 期。

周黎安:《中国地方官员的晋升锦标赛模式研究》,《经济研究》2007 年第 7 期。

周黎安、陶婧:《官员晋升竞争与边界效应:以省区交界地带的经济发展为例》,《金融研究》2011 年第 3 期。

周黎安:《行政发包制》,《社会》2014 年第 6 期。

周黎安:《行政发包的组织边界:兼论"官吏分途"与"层级分流"现象》,《社会》2016 年第 1 期。

周雪光:《运动型治理机制:中国国家治理的制度逻辑再思考》,《开放时代》2012 年第 9 期。

朱光磊、张志红:《"职责同构"批判》,《北京大学学报》(哲学社会科学版) 2005 年第 1 期。

朱健刚:《城市街区的权力变迁:强国家与强社会模式——对一个街区权力结构的分析》,《战略与管理》1997 年第 4 期。

朱健刚:《论基层治理中政社分离的趋势、挑战与方向》,《中国行政管理》2010 年第 4 期。

朱健刚:《以理抗争:都市集体行动的策略——广州南园的业主维权为例》,《社会》2011 年第 3 期。

庄文嘉:《跨越国家赋予的权利——对广州市业主抗争的个案研究》,《社会》2011 年第 3 期。

[英]鲍勃·杰索普:《治理的兴起及其失败的风险:以经济发展为例的论述》,《国际社会科学杂志》(中文版) 1999 年第 1 期。

Davis, G. and Rhodes, R., "From Hierarchy to Contracts and Back Again: Reforming the Australian Public Service", Paper for the Political Studies Association—UK 50th Annual Conference, London, April 10 – 13, 2000.

Uphoff N. and Krishna A., "Civil Society and Public Sector Institutions: More Than a Zero-sum Relationship", *Public Administration and Development*, Vol. 24, No. 4, 2004.

后　　记

　　无限风光在险峰。选择城市社区治理研究作为博士论文选题，就如同一个人下决心要独自去攀登一座险峰。因我所在的华中乡土派是从乡村研究起家的，在乡村领域已经深耕20余年，积累起不菲的"家产"。将视野开始由农村转向城市还是最近三四年的事情，最早是由吕德文师兄开启城市街头研究，随后魏程琳师兄和刘升师兄跟进，分别以城管为城市街头研究对象写作博士学位论文。然而，城市社区研究在团队中尚未有人涉足。

　　没有"家产"可以继承，唯有白手起家。于我而言，这是一座险峰，一座不知道自己能登至何处的险峰。再回首，犹记得一个人勇闯上海滩时，在一个风雨交加的冬日，连续被两三个小区物业经理拒之门外后，撑着伞呆立在原地不知何去何从，还要继续给自己鼓劲打气决不能放弃，再坚持一下下就好，终于下一个小区物业经理热情地接受了我的访谈，还给我引荐在旁边开会的业委会主任，一直访谈到中午一点半，结束后兴奋到几乎都要跳起来走路。

　　犹记得，想在武汉调研而没有合适的关系，通过武汉市的阳光信访系统，向当地政府写了一份自荐与调研求援信，起初不过是抱着试试看的心态，在就要放弃等待另选城市时，一天上午却接到电话通知："您是张雪霖博士吗？我们街道领导已经阅读了您的信件，欢迎您前来调研，钱书记负责接待您，请您与他联系对接。"那一刻激动得几乎要掩面而泣，这是我听过的最美声音。之后便一个人骑着单车穿梭于街道与社区的大街小巷。

　　犹记得，一个人在深圳每天挤着地铁去社区访谈，由于调研入场的关系很弱，无刻不焦虑着如何公关打开局面，能在深圳的田野上扎

后 记

下根来。一个人在攀登的过程中，有孤独、无助与迷茫，甚至有数次都在心里问自己："你为什么要选择去开拓创新？在团队已轻车熟路的乡村领域选一个主题，不是更轻松容易吗！"不不不，既然选择了挑战险峰，便只顾风雨兼程。一个人在攀登的过程中，也有发现美景时的兴奋、激动与豪迈，记不清正式写作时有多少个日夜失眠而索性直接写到凌晨三四点方入睡。

纵然还有很多不完美之处，但这毕竟只是城市研究探险的起点之作，我已竭尽全力去奋斗拼搏，青春无悔。一路走来，方知其中的不易与艰辛，那些给予过我支持与帮助的人儿是多么的可爱与可贵，需要我时刻铭记与感恩。

首先要感谢的是我的导师贺雪峰教授。在我20岁那年正处于迷茫的时候，因偶然的机会认识了贺老师，自此便一直追随贺老师左右。据说人的一生关键的机会就那么几个，而我无疑是非常幸运的，能成为贺老师的学生，便抓住了这一生最关键的一次机会。贺老师"先天下之忧而忧"的家国情怀，"为天地立心，为生民立命，为往圣继绝学"的使命感，为建立中国社会科学主体性的高远理想，深深地感召着我。为此，他便把团队建设与人才培养当作第一要务，真正以学生的成长为中心，是我心目中永远的"中国好导师"。正是在贺老师的谆谆教导下，近十年的成长积累与沉淀，让我敢于去攀登险峰。"你要破除心中的权威与拐杖。""你要有独立开展山地游击战的能力。"在博士学位论文调研与写作过程中迷茫时，贺老师的每一次点拨与鼓励，都犹如为我的想象力插上了翅膀。千言万语道不尽的是师恩与师情，唯有继续努力奋斗以成为能让导师感到骄傲的学生，我想这或许是最好的报答。

同时还要感谢贺老师带领的华中乡土派这个大家庭。个人的成长都是在团队中实现的。正是有罗兴佐老师、王习明老师以及高年级师兄师姐在前面开路做表率，后面有势头很猛的中低年级师弟师妹在快速追赶，比学赶帮超，不敢有丝毫懈怠。林辉煌师兄是我走向学术人生的第一个贵人，正是通过他我才得以认识贺老师，与团队结缘。除了个人调研之外的绝大部分城市社区调研，王德福师兄都与我并肩战斗，并一直关心与指导我的博士学位论文研究进程，很多想法也源于和他一起讨论时的相互激发。另外，吕德文师兄、郭亮师兄、杨华师兄、桂华师兄、刘锐师兄、魏程琳师兄以及王海娟师姐都热情地指导，以及耐心地与我讨论博士学位论文内容，指点迷津。还要感谢我们年级小团队成员，他们分别是冯川、陈文琼、杜鹏、李永萍、郑涛、王子愿、辛巧巧、谷玉良和葛佳，无论过去、现在与将来，欢笑与泪水我们都一起经历，共同编织五彩的学术人生。同时还要感谢文琼的爱人贾晓锋，热心地为我提供论文中的绘图技术。

还要感谢读博期间贺老师组织的傍晚到东湖森林公园暴走活动，每天与贺老师及中心的兄弟姐妹们一起吃了晚饭，到森林公园暴走10公里，边暴走边畅聊，好不快意人生。还要感谢我的羽毛球搭档雷望红师妹，在没有暴走的时候，我们坚持早上6点钟起床，去体育馆打一小时球，出一身汗，洗个热水澡后，精神抖擞学习一天。后来陆续加入的还有陈文琼、孙敏、杜姣、吴海龙、刘成良、易卓、史明萍、杜鹏、李永萍、沈迁、褚明浩等。正是有你们的陪伴，野蛮其筋骨，强健其体魄，方使得博士学位论文写完后，我没有大病一场，浓密的头发也还在。

感谢中国社会科学出版社！尤其特别感谢本书的编辑马明老师对本书的肯定与认可，以及为此书的编辑与出版付出的大量心血。

在攀登这座险峰中遇到的最大挑战是如何找到关系进入田野。我内心无比感激每一个为我提供调研机会，愿意接受我访谈的所有基层干部和居民朋友，没有你们的善意与开放，就没有我的灵感。在这里我要特别感谢上海市黄浦区的戚主任、武汉市洪山区的苏书记与钱书记，在我最无助的时候，仅仅基于政府公职人员的责任心，却为素不相识的无名小辈，提供了最为用心的调研安排，犹如雪中送炭。还要感谢深圳市的杨钦焕师兄、阿聪哥、彭福林师妹以及社区何书记，为我能够在深圳调研扎下根提供入场机会。还要特别感谢我的大学挚友钟雯，在深圳调研期间不仅收留我，还发动她所有可能的关系，帮我约访谈对象。还有很多很多需要感激的父老乡亲，无法一一列名。

我要将我最赤诚的感激献给我的家人。谢谢我的哥哥张廷和嫂子于倩，一直以来对我的照顾和陪伴式成长。谢谢我的弟弟张标，看到你的成长与进步，感到由衷地喜悦。谢谢我的爱人冯川博士，你恰如

后　记

其时的出现，是上天赐给我的意外惊喜，今后也将继续与你携手绘制独属我们二人的学术人生。最后我要将最特别的爱献给我开明的父亲与母亲，为我提供了自由而宽松的成长环境，我方可以自由地追随吾心，勇敢地去追梦。

张雪霖
2020 年 11 月